今注本二十四史

三國志

晉 陳壽 撰　宋 裴松之 注
楊耀坤　揭克倫 校注

六

魏書〔六〕

中國社會科學出版社

三國志 卷二二

魏書二十二

桓二陳徐衛盧傳第二十二

桓階字伯緒,[1]長沙臨湘人也。[一][2]仕郡功曹。[3]太守孫堅舉階孝廉,[4]除尚書郎。[5]父喪還鄉里。會堅擊劉表戰死,階冒難詣表乞堅喪,表義而與之。後太祖與袁紹相拒於官渡,[6]表舉州以應紹。[7]階說其太守張羨曰:"夫舉事而不本於義,未有不敗者也。故齊桓率諸侯以尊周,[8]晉文逐叔帶以納王。[9]今袁氏反此,而劉牧應之,取禍之道也。明府必欲立功明義,[10]全福遠禍,不宜與之同也。"羨曰:"然則何向而可?"階曰:"曹公雖弱,仗義而起,[11]救朝廷之危,奉王命而討有罪,孰敢不服?今若舉四郡保三江以待其來,[12]而爲之内應,不亦可乎!"羨曰:"善。"乃舉長沙及旁三郡以拒表,遣使詣太祖。太祖大悦。會紹與太祖連戰,軍未得南。而表急攻羨,羨病死。城陷,階遂自匿。久之,劉表辟爲從事祭酒,[13]欲妻以妻妹蔡氏。階自陳已結婚，拒而不受，因辭疾告退。

〔一〕《魏書》曰：階祖父超，父勝，皆歷典州郡。勝爲尚書，[14]著名南方。

[1] 伯緒：潘眉《考證》云："《任城太守孫夫人碑》云'長沙人桓伯序'，'緒'當依碑作'序'，階、序字義相應。"

[2] 長沙：郡名。治所臨湘縣，在今湖南長沙市。

[3] 功曹：官名。漢代郡太守下設功曹史，簡稱功曹，爲郡太守之佐吏，除分掌人事外，並得參與一郡之政務。

[4] 孝廉：漢代選拔官吏的主要科目。孝指孝子，廉指廉潔之士。原本爲二科，後混同爲一科，也不再限於孝子和廉士。東漢後期定制爲不滿四十歲者不得察舉；被舉者先詣公府課試，以觀其能。郡國每年要向中央推舉一至二人。

[5] 尚書郎：官名。東漢之制，取孝廉之有才能者入尚書臺，初入臺稱守尚書郎中，滿一年稱尚書郎，三年稱侍郎，統稱尚書郎，秩四百石。凡置三十六員，分隸六曹尚書治事，主要掌文書起草。

[6] 官渡：地名。在今河南中牟縣東北。

[7] 州：指荆州。當時劉表爲鎮南將軍、荆州牧。

[8] 齊桓：春秋時齊桓公。《論語·憲問》：子曰："管仲相桓公，霸諸侯，一匡天下，民到於今受其賜。"何晏《集解》："馬曰：匡，正也。天子微弱，桓公帥諸侯以尊周室，一正天下。"

[9] 晋文：春秋時晋文公。周襄王十六年（前636），因逐翟后，翟人遂率軍入周，周襄王出奔鄭，王子叔帶立爲王。十七年，周襄王告急於晋文公。晋文公遂護送襄王回國，並誅叔帶。（見《史記》卷四《周本紀》）

[10] 明府：漢代人稱郡太守爲府君，亦稱明府君，簡稱明府。

[11] 仗：百衲本作"杖"，殿本、盧弼《集解》本、校點本作"仗"。按二字義可通，皆憑倚之義。今從殿本等。

　　[12] 四郡：指荆州南部長沙、桂陽、零陵、武陵四郡。　三江：《元和郡縣圖志》卷二七《江南道三·岳州》："巴陵城，對三江口。岷江爲西江，澧江爲中江，湘江爲南江。"巴陵城在今湖南岳陽市。岷江指長江。

　　[13] 從事祭酒：官名。東漢末州府屬官，常爲榮譽散職。位在治中從事下。

　　[14] 尚書：官名。東漢有六曹尚書，即三公曹、民曹、客曹、二千石曹、吏曹、中都官曹等。秩皆六百石，皆稱尚書，不加曹號。（本《晉書》卷二四《職官志》）

　　太祖定荆州，[1]聞其爲張羨謀也，異之，辟爲丞相掾、主簿，[2]遷趙郡太守。[3]魏國初建，爲虎賁中郎將、侍中。[4]時太子未定，而臨菑侯植有寵。階數陳文帝德優齒長，宜爲儲副，公規密諫，前後懇至。〔一〕又毛玠、徐奕以剛塞少黨，而爲西曹掾丁儀所不善，[5]儀屢言其短，賴階左右以自全保。[6]其將順匡救，多此類也。遷尚書，典選舉。曹仁爲關羽所圍，太祖遣徐晃救之，不解。太祖欲自南征，以問羣下。羣下皆謂："王不亟行，今敗矣。"階獨曰："大王以仁等爲足以料事勢不也？"曰："能。""大王恐二人遺力邪？"曰："不。""然則何爲自往？"曰："吾恐虜衆多，而晃等勢不便耳。"階曰："今仁等處重圍之中而守死無貳者，誠以大王遠爲之勢也。夫居萬死之地，必有死爭之心；内懷死争，外有彊救，大王案六軍以示餘力，何憂於敗而欲自往？"太祖善其言，駐軍於摩陂。[7]賊遂退。

〔一〕《魏書》稱階諫曰:"今太子位冠羣子,[8]名昭海内,仁聖達節,天下莫不聞;而大王甫以植而問臣,臣誠惑之。"於是太祖知階篤於守正,深益重焉。

[1] 荆州:刺史治所本在漢壽縣,在今湖南常德市東北。劉表爲刺史,移治所於襄陽縣,在今湖北襄陽市。

[2] 丞相掾:官名。丞相府之屬吏。丞相府設有諸曹,掾即分曹治事。如有東曹掾、户曹掾、金曹掾、兵曹掾等。未書曹之掾,不知屬於何曹。 主簿:即丞相主簿。官名。曹操爲丞相後,於丞相府置主簿四人,皆省録衆事。

[3] 趙郡:治所邯鄲縣,在今河北邯鄲市西南。

[4] 虎賁中郎將:官名。秩比二千石。掌虎賁宿衛。曹魏定爲五品。 侍中:官名。秩比二千石。掌門下衆事,侍從左右,顧問應對。漢靈帝時置侍中寺,不再隸屬少府。獻帝時定員六人,與給事黄門侍郎出入禁中,近侍帷幄,省尚書事。

[5] 西曹掾:官名。東漢、魏、晉諸公府之僚屬,爲西曹長官,掌府吏署用事。

[6] 全保:趙幼文《校箋》謂《册府元龜》卷四六○引作"保全"。按宋本《册府元龜》亦作"全保"。

[7] 摩陂:地名。在今河南郟縣東南。

[8] 位:百衲本、殿本、盧弼《集解》本作"位",校點本作"仁"。趙幼文《校箋》云:"下文已云'仁聖達德',則此似不應有'仁'字。當仍作'位'字爲是。位指位爲五官中郎將也。"今從百衲本等。

文帝踐阼,遷尚書令,[1]封高鄉亭侯,[2]加侍中。

階疾病，帝自臨省，謂曰："吾方託六尺之孤，寄天下之命於卿。勉之！"徙封安樂鄉侯，[3]邑六百戶，又賜階三子爵關內侯。[4]祐以嗣子不封，病卒，又追贈關內侯。後階疾篤，遣使者即拜太常，[5]薨，帝爲之流涕，諡曰貞侯。子嘉嗣。以階弟纂爲散騎侍郎，[6]賜爵關內侯。嘉尚升遷亭公主，會嘉平中，[7]以樂安太守與吳戰於東關，[8]軍敗，沒，諡曰壯侯。子翊嗣。〔一〕

〔一〕《世語》曰：階孫陵，字元徽，有名於晉武帝世，至滎陽太守，[9]卒。

[1] 尚書令：官名。曹魏時爲尚書臺長官，第三品，不再隸屬少府。掌奏、下尚書曹文書衆事，選用署置官吏；總典臺中綱紀法度，無所不統。後又綜理萬機，決策出令。

[2] 亭侯：爵名。漢制，列侯大者食縣邑，小者食鄉、亭。東漢後期遂稱食鄉、亭者爲鄉侯、亭侯。曹魏因之。

[3] 徙封：潘眉《考證》云："凡書法，初封曰封，進爵曰進封，不進爵但更易邑土曰徙封，亦曰更封，亦曰改封，亦曰轉封。桓階初封高鄉亭侯，至是進爵鄉侯，宜書進封，不當曰徙封。"
鄉侯：爵名。漢制，列侯大者食縣邑，小者食鄉、亭。東漢後期遂稱食鄉、亭者爲鄉侯、亭侯。曹魏因之。

[4] 關內侯：爵名。漢制二十級爵之十九級，次於列侯，祇有封户收取租稅而無封地。魏文帝定爵制爲十等，關內侯在亭侯下，仍爲虛封，無食邑。

[5] 太常：官名。秩中二千石，第三品。掌禮儀祭祀，選試博士。

[6] 散騎侍郎：官名。曹魏置，第五品。與散騎常侍、侍中、黃門侍郎等侍從皇帝左右，掌顧問應對，諫諍拾遺，共平尚書

奏事。

［7］嘉平：魏少帝齊王曹芳年號（249—254）。

［8］樂安：郡名。治所高苑縣，在今山東鄒平縣東北苑城鎮。東關：地名。在今安徽巢湖市東南裕溪河東岸。詳解見本書卷四《三少帝紀》齊王芳嘉平四年"東關"注。

［9］滎陽：郡名。治所滎陽縣，在今河南滎陽市東北。

陳羣字長文，潁川許昌人也。[1]祖父寔，父紀，叔父諶，皆有盛名。[一]羣為兒時，寔常奇異之，謂宗人父老曰："此兒必興吾宗。"魯國孔融高才倨傲，[2]年在紀、羣之間，先與紀友，後與羣交，更為紀拜，由是顯名。劉備臨豫州，[3]辟羣為別駕。[4]時陶謙病死，徐州迎備，[5]備欲往，羣說備曰："袁術尚彊，今東，必與之爭。呂布若襲將軍之後，將軍雖得徐州，事必無成。"備遂東，與袁術戰。布果襲下邳，[6]遣兵助術，大破備軍，備恨不用羣言。[7]舉茂才，[8]除柘令，[9]不行，隨紀避難徐州。[10]屬呂布破，[11]太祖辟羣為司空西曹掾屬。[12]時有薦樂安王模、下邳周逵者，[13]太祖辟之。羣封還教，以為模、逵穢德，終必敗，太祖不聽。後模、逵皆坐姦宄誅，太祖以謝羣。羣薦廣陵陳矯、丹楊戴乾，[14]太祖皆用之。後吳人叛，乾忠義死難，矯遂為名臣，世以羣為知人。除蕭、贊、長平令，[15]父卒去官。[16]後以司徒掾舉高第，[17]為治書侍御史，[18]轉參丞相軍事。[19]魏國既建，遷為御史中丞。[20]

〔一〕寔字仲弓，紀字元方，諶字季方。《魏書》曰：寔德冠當時，紀、諶並名重於世。寔爲太丘長，[21]遭黨錮，隱居荆山，[22]遠近宗師之。靈帝崩，何進輔政，引用天下名士，徵寔，欲以爲參軍，[23]以老病，遂不屈節。諶爲司空掾，[24]早卒。紀歷位平原相、侍中、大鴻臚，[25]著書數十篇，世謂之《陳子》。寔之亡也，司空荀爽、太僕令韓融並制總麻，[26]執子孫禮。四方至者車數千乘，自太原郭泰等無不造門。[27]

《傅子》曰：寔亡，天下致弔，會其葬者三萬人，制縗麻者以百數。[28]

《先賢行狀》曰：大將軍何進遣屬弔祠，謚曰文範先生。于時，寔、紀高名並著，而諶又配之，世號曰三君。每宰府辟命，率皆同時，羔鴈成羣，[29]丞掾交至。[30]豫州百（姓）〔城〕皆圖畫寔、紀、諶之形象。[31]

[1]潁川：郡名。治所陽翟縣，在今河南禹州市。　許昌：縣名。治所在今河南許昌市東。

[2]魯國：王國名。治所魯縣，在今山東曲阜市東古城。

[3]臨豫州：爲豫州刺史。豫州刺史治所本在譙縣，在今安徽亳州市。而劉備爲豫州刺史却屯小沛（即沛縣），在今江蘇沛縣。

[4]別駕：官名。別駕從事史的簡稱，爲州牧刺史的主要屬吏，州牧刺史巡行各地時，別乘傳車從行，故名別駕。

[5]徐州：刺史治所郯縣，在今山東郯城縣。

[6]下邳：縣名。治所在今江蘇睢寧縣西北。

[7]羣言：盧弼《集解》引陳景雲説，謂陳群此言爲舊魏史之虛構，陳壽未及刪削。

[8]茂才：即秀才，東漢避光武帝劉秀諱改，爲漢代薦舉人才科目之一。東漢之制，州牧刺史歲舉一人。三國沿之，或稱秀才。

[9]柘：縣名。治所在今河南柘城縣北。

[10] 隨紀：趙幼文《校箋》謂《文選集注·三國名臣贊》引《鈔》"紀"上有"父"字。《册府元龜》卷九四八引亦有"父"字。

[11] 屬呂布破：趙幼文《校箋》謂《文選集注》引《鈔》重"布"字。

[12] 司空西曹掾屬：官名。爲司空府之僚屬，掌吏署用事。正職爲掾，副職爲屬。

[13] 下邳：郡名。治所下邳縣。

[14] 廣陵：郡名。治所廣陵縣，在今江蘇揚州市西北蜀岡上。丹楊：郡名。治所宛陵縣，在今安徽宣城市。又按，殿本、盧弼《集解》本、校點本作"丹陽"，今從百衲本作"丹楊"。

[15] 蕭：縣名。治所在今安徽蕭縣西北。 贊：縣名。即酇縣。治所在今河北永城縣西北酇城鎮。 長平：縣名。治所在今河南西華縣東北。

[16] 父卒：盧弼《集解》云："紀卒於建安四年六月，見邯鄲淳《陳君碑》。"建安，漢獻帝劉協年號（196—220）。

[17] 司徒掾：官名。司徒府之屬吏，東漢時置掾、屬三十一人。 高第：官吏考課成績第一者稱高第。《後漢書》卷一五《鄧晨傳》："晨好樂郡職，由是復拜爲中山太守，吏民稱之，常爲冀州高第。"李賢注："中山屬冀州，於冀州所部課常爲第一。"

[18] 治書侍御史：官名。秩六百石。掌依據法律審理疑獄，與符節郎共平廷尉奏事。以明習法律者充任。

[19] 參丞相軍事：官名。丞相府之屬吏，職責是参與丞相府之軍事謀議。

[20] 御史中丞：官名。秩千石，第四品。爲御史臺長官，掌監察、執法。

[21] 太丘：縣名。治所在今河南永城縣東北太丘集。

[22] 荆山：名荆山者多處，此指安徽懷遠縣西南淮河北岸之荆山。（本盧弼《集解》）

［23］參軍：指大將軍府參軍。何進時爲大將軍。

［24］司空掾：官名。司空府之屬吏，東漢時置掾屬二十九人。

［25］平原：王國名。治所平原縣，在今山東平原縣西南。相：官名。王國相，由朝廷直接委派，執掌王國行政大權，相當於郡太守。　大鴻臚：官名。漢列卿之一，秩中二千石。掌少數民族君長、諸侯王、列侯之迎送、接待、安排朝會、封授、襲爵及奪爵削土之典禮；諸侯王死，則奉詔護理喪事，宣讀誄策謚號；百官朝會，掌贊襄引導；兼管京都之郡國邸舍及郡國上計吏之接待；又兼管少數民族之朝貢使節及侍子。

［26］司空：官名。東漢時，與太尉、司徒並爲三公，共同行使宰相職能，而位列三公之末。本職掌土木營建與水利工程。　太僕令：當即太僕。《後漢書》卷七二《董卓傳》、卷六二《韓韶附融傳》均謂韓融爲太僕。太僕，秩中二千石，掌皇帝車馬，兼管官府畜牧業，東漢時尚兼掌兵器製作、織綬等。　緦麻：細麻布喪服。

［27］太原：郡名。治所晉陽縣，在今山西太原市西南古城營西古城。

［28］縗（cuī）麻：粗麻布喪服。

［29］羔鴈：小羊和雁。古代卿大夫相見時所執之禮物。《禮記・曲禮下》：「凡贄，天子鬯，諸侯圭，卿羔，大夫鴈。」後世用作徵聘之禮物。

［30］丞掾：丞爲漢代各官署長官副佐之統稱，掾爲屬官之統稱。

［31］百城：各本皆作「百姓」。吳金華《校詁》謂「三君之名」高則高矣，安得合州之民皆圖畫其形象！《後漢書》卷六二《陳紀傳》李賢注、《世說新語・德行》注引《先賢行狀》均作「豫州百城」，當據改。今從吳說改「姓」爲「城」。

時太祖議復肉刑,[1]令曰:"安得通理君子達於古今者,使平斯事乎!昔陳鴻臚以爲死刑有可加於仁恩者,[2]正謂此也。御史中丞能申其父之論乎?"羣對曰:"臣父紀以爲漢除肉刑而增加笞,[3]本興仁惻而死者更衆,所謂名輕而實重者也。名輕則易犯,實重則傷民。《書》曰:[4]'惟敬五刑,[5]以成三德。'[6]《易》著劓、刖、滅趾之法,[7]所以輔政助教,懲惡息殺也。且殺人償死,合於古制;至於傷人,或殘毀其體而裁翦毛髮,非其理也。若用古刑,[8]使淫者下蠶室,[9]盜者刖其足,則永無淫放穿窬之姦矣。[10]夫三千之屬,[11]雖未可悉復,若斯數者,[12]時之所患,[13]宜先施用。漢律所殺殊死之罪,[14]仁所不及也,其餘逮死者,可以刑殺。[15]如此,則所刑之與所生足以相貿矣。今以笞死之法易不殺之刑,是重人支體而輕人軀命也。"時鍾繇與羣議同,王朗及議者多以爲未可行。太祖深善繇、羣言,以軍事未罷,顧衆議,故且寢。

羣轉爲侍中,領丞相東西曹掾。[16]在朝無適無莫,[17]雅杖名義,[18]不以非道假人。文帝在東宮,深敬器焉,待以交友之禮,常歎曰:"自吾有回,[19]門人日以親。"及即王位,封羣昌武亭侯,徙爲尚書。制九品官人之法,[20]羣所建也。及踐阼,遷尚書僕射,[21]加侍中,徙尚書令,進爵潁鄉侯。帝征孫權,至廣陵,使羣領中領軍。[22]帝還,假節,[23]都督水軍。還許昌,以羣爲鎮軍大將軍,[24]領中護軍,[25]錄尚書事。[26]帝寢疾,羣與曹真、司馬宣王等並受遺詔輔政。[27]明帝即位，進封潁陰侯，[28]增邑五百，并前千三百户，與征東大將軍曹休、中軍大將軍曹真、撫軍大將軍司馬宣王並開府。[29]頃之，爲司空，故録尚書事。[30]

是時，帝初蒞政，羣上疏曰："《詩》稱'儀刑文王，[31]萬邦作孚'；又曰'刑于寡妻，[32]至于兄弟，以御于家邦'。道自近始，而化洽於天下。自喪亂已來，干戈未戢，百姓不識王教之本，懼其陵遲已甚。陛下當盛魏之隆，荷二祖之業，[33]天下想望至治，唯有以崇德布化，惠恤黎庶，則兆民幸甚。夫臣下雷同，是非相蔽，國之大患也。若不和睦則有讎黨，有讎黨則毁譽無端，毁譽無端則真偽失實，不可不深防備，有以絶其源流。"太和中，[34]曹真表欲數道伐蜀，從斜谷入。[35]羣以爲"太祖昔到陽平攻張魯，[36]多收豆麥以益軍糧，魯未下而食猶乏。今既無所因，且斜谷阻險，難以進退，轉運必見鈔截，多留兵守要，則損戰士，不可不熟慮也"。帝從羣議。真復表從子午道。[37]羣又陳其不便，并言軍事用度之計，詔以羣議下真，真據之遂行。[38]會霖雨積日，羣又以爲宜詔真還，帝從之。

後皇女淑薨，追封謚平原懿公主。羣上疏曰："長短有命，存亡有分。故聖人制禮，或抑或致，以求厥中。防墓有不脩之儉，[39]嬴、博有不歸之魂。[40]夫大人動合天地，垂之無窮，又大德不踰閑，[41]動爲師表故也。八歲下殤，[42]禮所不備，況未期月，[43]而以成人禮送之，加爲制服，舉朝素衣，朝夕哭臨，自古已來，未有此比。而乃復自往視陵，親臨祖載。[44]願陛下抑割無益有損之事,但悉聽羣臣送葬,乞車駕不行,此萬國之至望也。聞車駕欲幸摩陂,實到許昌,二宮上下,[45]皆悉俱東,舉朝大小,莫不驚怪。或言欲以避衰,[46]或言欲於便處移殿舍,[47]或不知何故。臣以爲吉凶有命,禍福由人,移徙求安,則亦無益。若必當移避,繕治金墉城西宮,[48]及孟津別宮,[49]皆可權時分止。可無舉宮暴露野次,廢損盛節蠶農之要。又賊地聞之,以爲大衰,[50]加所煩費,不可計量。且(由)吉士賢人,[51]當盛衰,處安危,秉道信命,非徒其家以寧,鄉邑從其風化,無恐懼之心。況乃帝王萬國之主,靜則天下安,動則天下擾;行止動靜,豈可輕脫哉?”帝不聽。

　　青龍中,[52]營治宮室,百姓失農時。羣上疏曰:“禹承唐、虞之盛,[53]猶卑宮室而惡衣服,況今喪亂之後,人民至少,比漢文、景之時,不過一大郡。〔一〕加邊境有事,將士勞苦,若有水旱之患,國家之深憂也。且吳、蜀未滅,社稷不安。宜及其未動,講武勸農,有以待之。今舍此急而先宮室,臣懼百姓遂困,將何以應敵?昔劉備自成都至白水,[54]多作傳舍,[55]興費人役,太祖知其疲民也。今中國勞力,亦吳、蜀之所願。此安危之機也,惟陛下慮之。”帝答曰:“王(者)〔業〕宮室,[56]亦宜並立。滅賊之後,但當罷守耳,豈可復興役邪?是故君之職,[57]蕭何之大略也。”[58]羣又曰:“昔漢祖唯與項羽爭天下,羽已滅,宮室燒焚,是以蕭何建武庫、太倉,皆是要急,然猶非其壯麗。[59]今二虜未平,誠不宜與古同也。[二]夫人之所欲,莫不有辭,況乃天王,莫之敢違。前欲壞武庫,謂不可不壞也;後欲置之,謂不可不置也。若必作之,固非臣下辭言所屈;若少留神,卓然回意,亦非臣下之所及也。漢明帝欲起德陽殿,鍾離意諫,[60]即用其言,後乃復作之;殿成,謂羣臣曰:'鍾離尚書在,不得成此殿也。'夫王者豈憚一臣,蓋爲百姓也。今臣曾不能少凝聖聽,不及意遠矣。"帝於是有所減省。

〔一〕臣松之案:《漢書·地理志》云:元始二年,天下戶口最盛,汝南郡爲大郡,有三十餘萬戶。則文、景之時不能如是多也。案《晉太康三年地記》,[61]晉戶有三百七十七萬,吳、蜀戶不能居半。以此言之,魏雖始承喪亂,方晉亦當無乃大殊。長文之言,[62]於是爲過。

〔二〕孫盛曰:《周禮》,天子之宮,有斲礱之制。[63]然質文之飾,與時推移。漢承周、秦之弊,宜敦簡約之化,而何崇飾宮室,示侈後嗣。此乃武帝千門萬戶所以大興,[64]豈無所復增之謂邪?況乃魏氏方有吳、蜀之難,四海罹塗炭之艱,而述蕭何之過議,以爲令軌,豈不惑於大道而昧得失之辨哉?使百代之君,眩於奢儉之中,何之由矣。《詩》云:[65]"斯言之玷,不可爲也。"其斯之謂乎!

[1] 肉刑:殘害罪犯肉體之刑罰。如墨(黥面)、劓(yì,截鼻)、刖(fèi,砍足)、宫(殘害生殖器)等。

[2] 陳鴻臚:指陳紀,曾爲大鴻臚。

[3] 漢除肉刑:《漢書·刑法志》謂漢文帝十三年(前167

詔令廢除肉刑，丞相張蒼、御史大夫馮敬又奏准以笞代部分肉刑，"是後，外有輕刑之名，內實殺人。斬右止者又當死。斬左止者笞五百，當劓者笞三百，率多死"。

[4] 書：指《尚書·呂刑》。

[5] 五刑：《尚書》以墨、劓、剕、宮、大辟爲五刑。

[6] 三德：《尚書》孔傳："剛、柔、正直之三德。"

[7] 劓刖（yuè）：《易·困卦》九五爻辭："劓、刖，困於赤紱。"刖，同剕，砍足之刑。　滅趾：《易·噬嗑卦》初九爻辭："屨校滅趾，無咎。"

[8] 若用古刑：趙幼文《校箋》謂《文選集注·三國名臣贊》引《鈔》作"公乃用古刑"。

[9] 蠶室：《後漢書》卷一下《光武帝紀下》建武二十八年（52）"詔死罪繫囚皆一切募下蠶室"。李賢注："蠶室，宮刑獄名。宮刑者畏風，須暖，作窨室蓄火如蠶室，因以名焉。"

[10] 則永無：趙幼文《校箋》謂《文選集注·三國名臣贊》引《鈔》無"則"字，"永"字作"令"。　穿窬：挖洞跳墙。指盜竊行爲。又按，百衲本、殿本、盧弼《集解》本"窬"字作"逾"，校點本作"窬"。二字通，今從校點本。

[11] 三千之屬：《尚書·呂刑》："墨罰之屬千，劓罰之屬千，剕罰之屬五百，宮罰之屬三百，大辟之罰其屬二百。五刑之屬三千。"

[12] 數者：趙幼文《校箋》謂《文選集注·三國名臣贊》引《鈔》"數"字作"類"。

[13] 患：趙幼文《校箋》謂《文選集注》引《鈔》作"急"。

[14] 殊死：斬刑。《漢書》卷一下《高祖紀下》："其赦天下殊死以下。"顏師古注引韋昭曰："殊死，斬刑也。"

[15] 其餘逮死者可以刑殺：趙幼文《校箋》謂《文選集注·三國名臣贊》引《鈔》作"其餘遠死者不可刑殺"。按《通鑑》此

句作"可易以肉刑"。(見卷六六漢獻帝建安十八年)蓋以義而改。此"殺"字,乃治理、處治之義。《太平御覽》卷六〇六引《風俗通》曰:"劉向《別錄》:殺青者,直治竹作簡書之耳。新竹有汁,善折蠹,凡作簡者,皆於火上炙乾之。陳楚間謂之汗,汗者去汁也。吳越曰殺,亦治也。""可以刑殺"即謂可以刑處治。

[16]丞相東西曹掾:均官名。曹操爲丞相後,丞相府置東、西曹掾,主持選舉等事。西曹主府吏署用,東曹主二千石長吏遷除及軍吏。

[17]無適(dí)無莫:謂無親疏厚薄之別。《論語・里仁》子曰:"君子之于天下也,無適也,無莫也,義之與比。"邢昺疏:"適,厚也。莫,薄也。比,親也。"

[18]杖:殿本作"仗",百衲本、盧弼《集解》本、校點本作"杖"。按,二字義同,皆憑倚之義。今從百衲本等。

[19]回:顔回,孔子弟子。此爲曹丕借用孔子語。《史記》卷六七《仲尼弟子列傳》:顔回早死,孔子哭之慟,曰:"自吾有回,門人益親。"

[20]九品官人之法:亦稱九品中正制。即每郡設中正一人,負責品評本郡之士人,然後向吏部推薦,由吏部任以官職。中正例由本郡的中央官兼任。其評人物之品雖分爲九級,即從一品至九品,但類別只有兩類,二品以上爲上品,以下爲卑品。詳情可參本書卷二一《傅嘏傳》"品狀"條注。

[21]尚書僕射:趙幼文《校箋》謂《文選集注・三國名臣贊》引《鈔》"書"下有"左"字。按尚書僕射,官名。魏、晉時爲尚書省次官,秩六百石,第三品。或單置,或並置左、右。左、右並置時,左僕射居右僕射上。輔助尚書令執行政務,參議大政,諫諍得失,監察糾彈百官,可封還詔旨,常受命主管官吏選舉。

[22]中領軍:官名。第三品。掌禁衛軍,主五校、中壘、武衛三營。

[23]假節:漢末三國時期,皇帝賜予臣下的一種權力。至晉

代,此種權力明確爲因軍事可殺犯軍令者。

［24］鎭軍大將軍:官名。第二品。魏文帝黃初六年（225）置,後不常設。

［25］中護軍:官名。曹操爲丞相後,於相府置護軍,掌武官選舉,並與領軍同掌禁軍,出征時監護諸將,隸屬領軍,後改名中護軍,職掌不變。以後又以資輕者爲中護軍,資重者稱護軍將軍,亦可簡稱護軍。

［26］錄尚書事:職銜名義。錄爲總領之意。東漢以後,政歸尚書,錄尚書事,則總攬朝政,位在三公上,爲上公。自魏晋以後,公卿權重者亦爲之。（本《晋書》卷二四《職官志》）

［27］司馬宣王:司馬懿。其子司馬昭爲晋王後追尊他爲宣王。

［28］潁陰:縣名。治所在今河南許昌市。

［29］征東大將軍:官名。秩二千石。黃初中位次三公,第二品,資輕者爲征東將軍。　中軍大將軍:官名。黃初三年置,第二品,後不常設。　撫軍大將軍:官名。黃初五年置,第二品。　開府:開設府署,辟置僚屬。漢代,許三公、大將軍開府。魏晋以後範圍擴大,同一官銜而開府者,地位較高。

［30］故錄尚書事:盧弼《集解》云:"《通志》'故'字作'改',郝經《續漢書》作'共'。"趙幼文《校箋》謂《群書治要》卷二六、《文選集注》引《鈔》"錄"上俱無"故"字,或唐人所見本無"故"字也。《通志》作"改"、郝經書作"共",疑臆改。按,有"故"字亦通,因上文已云陳群在文帝時已爲"鎭軍大將軍,領中護軍,錄尚書事",而明帝即位後,進封潁陰侯,仍以故官職與曹休、曹真、司馬懿等並開府,不久,又升遷司空,仍舊錄尚書事。此"故"字,即仍舊之義。

［31］儀刑文王:《詩·大雅·文王》:"儀刑文王,萬邦作孚。"毛傳:"刑,法。孚,信也。"鄭箋:"儀法文王之事,則天下咸信而順之。"

［32］刑于寡妻:《詩·大雅·思齊》:"刑于寡妻,至于兄弟,

以御于家邦。"毛傳:"刑,法也。寡妻,適妻也。"鄭箋:"文王以禮法接待其妻,至於宗族,以此又能爲政治於家邦也。"

[33] 二祖:魏太祖武皇帝(曹操)、魏高祖文皇帝(曹丕)。

[34] 太和:魏明帝曹叡年號(227—233)。

[35] 斜(yé)谷:斜谷在今陝西眉縣西南,爲古褒斜道之北口。古褒斜道,北起斜谷,南至褒谷(在今漢中市褒城鎮北),總計四百七十里,爲秦蜀間險要之道。

[36] 陽平:關隘名。在今陝西勉縣西北白馬城。今寧強縣亦有陽平關,乃後代移置,非古陽平關。

[37] 子午道:秦嶺山中的一條谷道,爲古代關中與巴蜀的交通要道之一。北口在今陝西西安市南一百里,南口在今陝西洋縣東一百六十里,全長六百六十里。此爲漢魏舊道。南朝梁將軍王念神以舊道艱險,另開南段干路,出今洋縣東三十里龍亭。因北方稱"子",南方稱"午",故稱"子午谷"。(本《元和郡縣圖志》與《長安志》)又在"子午道"下,王欣夫謂南宋刊呂東萊標注本《三國志》有裴松之注"子午道,漢平帝時王莽通之。《秦紀》曰:子午,長安正南山名。秦谷谷,一名樊山,屬魏"三十一字,今通行本佚。(王欣夫《蛾術軒篋存善本書錄》,《中華文史論叢》1979年第3期)

[38] 遂行:胡三省云:"詔以議下真,將與之商度可否也。真銳於出師,遂以詔爲據而行。"(《通鑑》卷七一魏明帝太和四年)

[39] 防墓:《禮記·檀弓上》謂孔子合葬父母之墓於防後,遇大雨,墓崩。孔子得知後,泫然流涕曰:"吾聞之,古不修墓。"防,山名。又名筆架山,在今山東曲阜市東。

[40] 嬴博:春秋時二邑名。嬴邑在今山東萊蕪市西北,博邑在今山東泰安市東南。《禮記·檀弓下》謂吳國延陵季子至齊國,在返還途中其長子死,葬於嬴、博之間,葬畢,"左袒,右還其封,且號者三,曰:'骨肉歸復於土,命也。若魂氣,則無不之也!無不之也!'"

〔41〕大德不踰閑：《論語·子張》子夏曰："大德不逾閑，小德出入可也。"邢昺疏："閑，猶法也。大德之人，謂上賢也，所行皆不越法則也。"

〔42〕下殤：未成年而死稱殤。《儀禮·喪服》云："年十九至十六爲長殤，十五至十二爲中殤，十一至八歲爲下殤，不滿八歲以下皆爲無服之殤。"

〔43〕期（jī）月：一月。

〔44〕祖載：將靈柩抬上車運往葬地時，舉行祭路神之禮，稱祖載。《後漢書》卷六〇下《蔡邕傳》："（恒）〔桓〕思皇后祖載之時。"李賢注引《周禮》鄭玄注："祖，謂將葬祖祭於庭；載，謂升柩於車也。"

〔45〕二宮：指魏明帝與郭太后。

〔46〕避衰：胡三省云："避衰，謂五行之氣有王有衰，徙舍以避之也。今人謂之避災。"（《通鑑》卷七二魏明帝太和六年注）趙一清《注補》又引陳絳《金罍子》云："今俗，家人死，輒行課算，某日魂當還，輒棄屍徹哭，傾户走竄，謂之躲衰。此雖鄙猥，絶有所本。魏皇女淑薨，二宮上下俱東，言欲避衰。《顔氏家訓》亦云：偏傍之書，死有歸殺，子孫逃竄，莫肯在家，畫瓦書符，作諸厭勝，喪出之日，門前然火，户外列灰，祓送家鬼，章斷注連，凡如此比，不近有情。之推北齊人，魏又在三國，則愚瞽流傳，下摇上惑，非一日矣。'衰'字通書作'煞'。今俗北方避衰，而南方則迎衰也。"

〔47〕欲於便處：百衲本"於"字作"以"，殿本、盧弼《集解》本、校點本作"於"。今從殿本等。

〔48〕金墉城：魏明帝時建，在魏、晋洛陽故城西北隅。今河南洛陽市東北。

〔49〕孟津：津渡名。在今河南孟津縣東北的黄河上。東漢末又於此地置關隘，爲河南八關之一。

〔50〕大衰：趙一清《注補》云："'衰'當作'哀'。大哀，

謂如叡自死也。"

[51] 且吉士賢人：各本"且"下皆有"由"字，而《通鑑》卷七二無"由"字，校點本即據以刪"由"字。今從之。

[52] 青龍：魏明帝曹叡年號（233—237）。

[53] 禹：《論語·泰伯》："子曰：'禹，吾無間然矣。菲飲食'而致孝乎鬼神；惡衣服，而致美乎黻冕；卑宮室，而盡力乎溝洫。"

[54] 白水：縣名。治所在今四川青川縣東北白水鎮。

[55] 傳（zhuàn）舍：官府置以供往來公差人員息宿之所。

[56] 王業：各本皆作"王者"。盧弼《集解》云："《通鑑》'王者'作'王業'。"趙幼文《校箋》謂郝經《續後漢書》亦作"王業"。"王業"承上文"講武勸農"而言，下文"亦宜並立"，即謂此兩事也。"者"字當爲"業"字之誤。今從盧、趙說改。

[57] 君之職：指陳群爲司空之職。

[58] 蕭何之大略：胡三省云："此指蕭何治未央宮事爲言。"（《通鑑》卷七二魏明帝太和六年注）

[59] 然：《通鑑》"然"下有"高祖"二字，語意較明確。

[60] 鍾離意：東漢會稽山陰（今浙江紹興市）人。漢明帝時爲尚書、尚書僕射。永平三年（60）夏旱，而大建北宮，意上疏諫阻，明帝即詔令停建。意出爲魯相後，北宮中之德陽殿建成，明帝謂公卿曰："鍾離尚書若在，此殿不立。"（《後漢書》卷四一《鍾離意傳》）

[61] 太康三年地記：沈家本《三國志注所引書目》謂《隋書·經籍志》未著錄，而別有《元康三年地記》六卷；《舊唐書·經籍志》著錄《地記》五卷，太康三年撰；《新唐書·藝文志》又著錄《晉太康土地記》十卷，書名卷數又不同。其書久佚，今有輯本。

[62] 長文之言：陳群謂魏之人口，"比漢文、景之時，不過一大郡"。此言固然有所誇張，但也不無根據。詳見本書卷一四《蔣

[63] 斲礱（lóng）：斲，砍、削。礱，磨。《穀梁傳·莊公二十四年》："禮，天子之桷，斲之礱之，加密石焉。"范寧《集解》："以細石磨之。"

[64] 千門萬戶：指漢武帝興建之建章宮。《史記》卷一二《孝武本紀》："于是作建章宮，度爲千門萬戶。"

[65] 詩云：此詩見《詩·大雅·抑》。意謂言語之毛病，已不可挽回。

初，太祖時，劉廙坐弟與魏諷謀反，當誅。羣言之太祖，太祖曰："廙，名臣也，吾亦欲赦之。"乃復位。廙深德羣，羣曰："夫議刑爲國，非爲私也；且自明主之意，吾何知焉？"其弘博不伐，皆此類也。青龍四年薨，諡曰靖侯。子泰嗣。帝追思羣功德，分羣戶邑，封一子列侯。〔一〕[1]

〔一〕《魏書》曰：羣前後數密陳得失，每上封事，輒削其草，時人及其子弟莫能知也。論者或譏羣居位拱默，[2]正始中詔撰羣臣上書，[3]以爲《名臣奏議》，朝士乃見羣諫事，皆歎息焉。《袁子》曰：或云"故少府楊阜豈非忠臣哉？[4]見人主之非，則勃然怒而觸之，與人言未嘗不道也，豈非所謂'王臣謇謇，[5]匪躬之故'者歟"！答曰："然可謂直士，忠則吾不知也。夫仁者愛人，[6]施於君謂之忠，施於親謂之孝。忠孝者，其本一也。故仁愛之至者，君親有過，諫而不入，求之反覆，不得已而言，不忍宣也。今爲人臣，[7]見人主失道，直訐其非而播揚其惡，[8]可謂直士，未爲忠臣也。故司空陳羣則不然，其談論終日，未嘗言人主之非；書數十上而外人不知。君子謂羣於是乎長者矣。"

［1］列侯：爵名。漢代二十級爵之最高者。金印紫綬，有封邑，食租稅。功大者食縣邑，小者食鄉、亭。曹魏初亦沿襲有列侯。

［2］拱默：胡三省云："言拱手而已，默無一言。"（《通鑑》卷七三魏明帝青龍四年注）

［3］正始：魏少帝齊王曹芳年號（240—249）。

［4］少府：官名。秩中二千石。東漢時，掌宮中御衣、寶貨、珍膳等。魏、晉沿之，主要管理宮廷手工業。三品。

［5］王臣謇謇："謇"義同"蹇"。《易·蹇卦》六二爻辭："王臣蹇蹇，匪躬之故。"孔穎達疏："志匡王室，能涉蹇難而往濟蹇，故曰王臣蹇蹇也；盡忠於君，匪以私身之故而不往濟君，故曰匪躬之故。"

［6］仁者愛人：《孟子·離婁下》孟子曰："仁者愛人，有禮者敬人。"

［7］今：趙幼文《校箋》謂《藝文類聚》卷二二、《太平御覽》卷四四七引作"夫"。

［8］直詆：趙幼文《校箋》謂《藝文類聚》引"詆"字作"斥"。《太平御覽》引"直"字作"指"。按《藝文類聚》引無"直"字，《太平御覽》引無"詆"字。

泰字玄伯。青龍中，除散騎侍郎。正始中，徙游擊將軍，[1]爲并州刺史，[2]加振威將軍，[3]使持節，[4]護匈奴中郎將，[5]懷柔夷民，[6]甚有威惠。京邑貴人多寄寶貨，因泰市奴婢，[7]泰皆挂之於壁，不發其封，及徵爲尚書，[8]悉以還之。嘉平初，代郭淮爲雍州刺史，[9]加奮威將軍。[10]蜀（大）〔衛〕將軍姜維率衆依麴山築二城，[11]使牙門將句安、李（歆）〔韶〕等守之，[12]聚羌胡質任等寇偪諸郡。征西將軍郭淮與泰謀所以禦之，[13]泰曰："麴城雖固，去蜀險遠，當須運糧。羌夷患維勞役，必未肯附。今圍而取之，可不血刃而拔其城；[14]雖其有救，山道阻險，非行兵之地也。"淮從泰計，使泰率討蜀護軍徐質、南安太守鄧艾等進兵圍之，[15]斷其運道及城外流水。安等挑戰，不許，將士困窘，分糧聚雪以稽日月。維果來救，出自牛頭山，[16]與泰相對。泰曰："兵法貴在不戰而屈人。[17]今絕牛頭，維無反道，則我之禽也。"敕諸軍各堅壘勿與戰，遣使白淮，欲自南渡白水，[18]循水而東，使淮趣牛頭，截其還路，可并取維，不惟安等而已。淮善其策，進率諸軍軍洮水。[19]維懼，遁走，安等孤縣，遂皆降。

淮薨，泰代爲征西將軍，假節、都督雍、涼諸軍事。[20]後年，[21]雍州刺史王經白泰，云姜維、夏侯霸欲三道向祁山、石營、金城，[22]求進兵爲翅，[23]使涼州軍至枹罕，[24]討蜀護軍向祁山。泰量賊勢終不能三道，且兵勢惡分，涼州未宜越境，報經："審其定問，知所趣向，須東西勢合乃進。"時維等將數萬人至枹罕，趣狄道。[25]泰敕經進屯狄道，須軍到，乃規取之。泰進軍陳倉。[26]會經所統諸軍於故關與賊戰不利，[27]經輒渡洮。泰以經不堅據狄道，必有他變，並遣五營在前，泰率諸軍繼之。經已與維戰，大敗，以萬餘人還保狄道城，餘皆奔散。維乘勝圍狄道。泰軍上邽，[28]分兵守要，晨夜進前。鄧艾、胡奮、王祕亦到，即與艾、祕等分爲三軍，進到隴西。[29]艾等以爲"王經精卒破魷於西,賊眾大盛,乘勝之兵既不可當,而將軍以烏合之卒,繼敗軍之後,將士失氣,隴右傾蕩。[30]古人有言:'蝮蛇螫手,[31]壯士解其腕。'[32]《孫子》曰:'兵有所不擊,[33]地有所不守。'蓋小有所失而大有所全故也。今隴右之害,過於蝮蛇,狄道之地,非徒不守之謂。姜維之兵,是所辟之鋒。不如割險自保,觀釁待弊,然後進救,此計之得者也"。泰曰:"姜維提輕兵深入,正欲與我爭鋒原野,求一戰之利。王經當高壁深壘,挫其銳氣。今乃與戰,使賊得計,走破王經,封之狄道。若維以戰克之威,進兵東向,據櫟陽積穀之實,[34]放兵收降,招納羌胡,東爭關、隴,[35]傳檄四郡,[36]此我之所惡也。[37]而維以乘勝之兵,挫峻城之下,銳氣之卒,屈力致命,攻守勢殊,客主不同。兵書云'脩櫓(櫃榲)〔轒轀〕,[38]三月乃成,拒堙三月而後已'。誠非輕軍遠入,維之詭謀倉卒所辦。縣軍遠僑,糧穀不繼,是我速進破賊之時也,所謂疾雷不及掩耳,[39]自然之勢也。洮水帶其表,維等在其內,今乘高據勢,臨其項領,不戰必走。寇不可縱,圍不可久,君等何言如此?"遂進軍度高城嶺,[40]潛行,夜至狄道東南高山上,多舉烽火,鳴鼓角。狄道城中將士見救者至,皆憤踊。維始謂官救兵當須眾集乃發,而卒聞已至,謂有奇變宿謀,上下震懼。自軍之發隴西也,以山道深險,賊必設伏。泰詭從南道,維果三日施伏。〔一〕定軍潛行,[41]卒出其南,維乃緣山突至,泰與交戰,維退還。涼州軍從金城南至沃干阪。[42]泰與經共密期,當共向其還路,維等聞之,遂遁,城中將士得出。經歎曰:"糧不至旬,向不應機,舉城屠裂,覆喪一州矣。"[43]泰慰勞將士,前後遣還,更差軍守,[44]並治城壘,還屯上邽。

〔一〕臣松之案:此傳云"謂救兵當須衆集,而卒聞已至,謂有奇變,上下震懼",此則救至出於不意。若不知救至,何故伏兵深險乃經三日乎?設伏相伺,非不知之謂。此皆語之不通也。[45]

[1] 游擊將軍:官名。漢置,爲雜號將軍之一。魏、晉爲禁軍將領,與驍騎將軍等分領中虎賁,掌宿衛之任。第四品。

[2] 并州:刺史治所晉陽縣,在今山西太原市古城營西古城。

[3] 振威將軍:官名。東漢置,爲雜號將軍之一,掌統兵出征。魏、晉沿置,皆四品。

[4] 使持節:漢末三國,皇帝授予出征或出鎮的軍事長官的一種權力。至晉代,此種權力明確爲可誅殺二千石以下官員。若皇帝派遣大臣執行出巡或祭吊等事務時,加使持節,則表示權力和尊崇。

[5] 護匈奴中郎將:官名。東漢置,漢末罷。魏明帝太和五年(231)復置,仍監護南匈奴事務,多以并州刺史兼任,使持節或假節,第四品。晉亦沿置,仍四品。

[6] 夷民:趙幼文《校箋》謂《太平御覽》卷二五六引作"民夷"。

[7] 奴婢:殿本"奴"上有"匈"字,百衲本、盧弼《集解》本、校點本皆無。今從百衲本等。

[8] 尚書:官名。曹魏置吏部、左民、客曹、五兵、度支等五曹尚書,秩皆六百石,第三品。其中吏部職要任重,徑稱爲吏部尚書,其餘諸曹均稱尚書。

[9]雍州：刺史治所長安縣，在今陝西西安市西北。

[10]奮武將軍：官名。魏、晉皆爲四品。

[11]衛將軍：各本皆作"大將軍"。盧弼《集解》謂本書卷四四《姜維傳》姜維延熙十年爲衛將軍，十二年與魏戰，正當嘉平初年；又本書《後主傳》亦謂延熙十二年衛將軍姜維出攻雍州，不克而還。《通鑑》卷七五魏邵陵厲公嘉平元年亦謂漢衛將軍姜維寇雍州。此作"大將軍"誤。今從盧説改"大將軍"爲"衛將軍"。衛將軍，東漢時位次大將軍、驃騎將軍、車騎軍，位亞三公。開府置官屬。蜀漢沿置。　率衆：趙幼文《校箋》謂《太平御覽》卷三三二引"衆"下有"侵魏"二字，《通典·兵十三》引同。按，《太平御覽》所引題曰《蜀志》。　麴山：在今甘肅岷縣東。

[12]牙門將：官名。魏文帝黄初中置，爲統兵武職，位在裨將軍下。蜀漢、孫吳、兩晉亦置。魏、晉皆五品。　李韶：各本皆作"李歆"。趙幼文《校箋》謂《太平御覽》卷三三二、《册府元龜》卷三六八引"歆"字作"韶"。《通典·兵十三》同。考《蜀志·後主傳》正作"李韶"，當據正。今從趙説改。而宋本《册府元龜》卷三六二引又作"李歆"。

[13]征西將軍：官名。秩二千石，第二品，位次三公。多授予都督雍、涼二州諸軍事，領兵屯駐長安。資深者爲征西大將軍。

[14]而：盧弼《集解》本作"以"，百衲本、殿本、校點本作"而"。今從百衲本等。

[15]討蜀護軍：官名。魏晉時沿襲曹操之制，護軍又爲統軍武職，地位稍低於將軍，常隨征伐目的而置號，討蜀護軍爲征討蜀國之統兵將領。　南安：郡名。治所獂（huán）道，在今甘肅隴西縣東南渭水東岸。

[16]牛頭山：在今甘肅岷縣南。

[17]不戰而屈人：《孫子兵法·謀攻篇》云："不戰而屈人之兵，善之善者也。"

[18]白水：即今四川、甘肅二省交界處嘉陵江支流白龍江。

［19］洮水：即今甘肅黃河支流洮河。

［20］都督雍涼諸軍事：官名。魏文帝黃初中置都督諸州軍事，或兼領刺史，或統領所督州之軍事（此即統領雍、涼二州之軍事）。無固定品級，多帶將軍名號。

［21］後年：本書卷二六《郭淮傳》謂郭淮死於正元二年（255），卷四《高貴鄉公紀》亦載郭淮死於正元二年正月癸未，其後又載："八月辛亥，蜀大將軍姜維寇狄道，雍州刺史王經與戰洮西，經大敗。"又本書卷三三《後主傳》與卷四四《姜維傳》皆謂延熙十八年（即魏正元二年）姜維與王經大戰於洮西。此謂王經與姜維戰于郭淮死之"後年"，顯誤。盧弼《集解》謂"後年"當書爲"正元二年"，並移於"淮薨"上。

［22］祁山：在今甘肅禮縣東。　石營：地名。在今甘肅武山縣西南。　金城：縣名。治所在今甘肅蘭州市西北黃河南岸。

［23］爲翅：地名。胡三省云："據《郭淮傳》，麴山在翅上。翅，爲翅也。爲翅，要地也，魏兵守之。"（《通鑑》卷七五魏邵陵厲公嘉平元年注）據此，爲翅在今甘肅岷縣東。

［24］涼州：刺史治所姑臧，在今甘肅武威市。（本吳增僅《三國郡縣表附考證》）　枹罕：縣名。治所在今甘肅臨夏縣西南枹罕鎮。

［25］將數萬人：百衲本、殿本作"數將萬人"，盧弼《集解》本、校點本作"將數萬人"。今從《集解》本等。　狄道：縣名。治所在今甘肅臨洮縣。

［26］陳倉：縣名。治所在今陝西寶雞市東渭水北岸。

［27］故關：盧弼《集解》云："故關即河關也，在洮水西。"河關，縣名。治所在今甘肅臨夏縣西北。

［28］上邽：縣名。治所在今甘肅天水市。

［29］隴西：郡名。治所原在狄道（今甘肅臨洮縣），漢安帝永初五年（111）徙治所於襄武縣，在今甘肅隴西縣東南。

［30］隴右：地區名。指隴山以西之地，約當今甘肅隴山、六盤山以西和黃河以東一帶。

[31] 蝮蛇：毒蛇之一種。又單稱蝮。《史記》卷九四《田儋傳》："蝮螫手則斬手，螫足則斬足。何者？爲害於身也。"

[32] 壯士解其腕：趙幼文《校箋》謂《册府元龜》卷三六二引無"其"字。

[33] 兵有所不擊：《孫子兵法·九變篇》云："軍有所不擊，城有所不攻，地有所不爭。"

[34] 櫟陽：胡三省云："櫟陽縣，前漢屬左馮翊，後漢、魏省。余謂櫟陽在長安東北，維兵方至狄道，安得便可東據櫟陽？泰蓋言略陽耳。櫟音藥，藥略聲相近，因語訛而致傳寫字訛耳。"（《通鑑》卷七六魏高貴鄉公正元二年注）略陽，縣名。治所在今甘肅秦安縣東北。

[35] 關隴：指關中與隴右。

[36] 四郡：指隴右四郡，即隴西、南安、天水、廣魏四郡。天水郡治所冀縣，在今甘肅甘谷縣東。廣魏郡治所臨渭縣，在今甘肅秦安縣東南。

[37] 此我之所惡：趙幼文《校箋》謂《册府元龜》卷三六二引"惡"字作"患"。按，宋本《册府元龜》亦作"惡"。

[38] 兵書：此指《孫子兵法·謀攻篇》。 櫓：大盾。 轒(fén)輼(wēn)：各本皆作"橫楯"，《通鑑》卷七六作"轒輼"，《孫子兵法·謀攻篇》亦作"轒輼"；校點本1959年第1版即據《通鑑》改爲"轒輼"，1982年第2版的校勘記仍謂據《通鑑》改爲"轒輼"，不知何故正文卻作"轒楯"。今並據《通鑑》與《孫子》改爲"轒輼"。轒輼乃攻城用的四輪車。係用排木製作，外蒙牛皮，其中可容十人。用以運土填塞城壕，進而攻城。

[39] 疾雷不及掩耳：《淮南子·兵略訓》云："疾雷不及掩耳，疾霆不暇掩目。"

[40] 高城嶺：山名。在今甘肅渭源縣西。

[41] 定：吳金華《校詁》謂"定"爲承接連詞，猶言比及。

[42] 沃干阪：山名。即沃干嶺。在今甘肅蘭州市西南。又按，

"干"字百衲本、殿本作"于",盧弼《集解》本、校點本作"干"。今從《集解》本等。

［43］州:指秦州。

［44］差(chāi):選擇。

［45］語之不通:趙一清《注補》云:"何(焯)云:(陳)少章云:維意集衆須時,又已設伏深險,先事邀截,則外救必不能達,城可拔耳。及泰至神速,而又從他道進兵,不墮其伏,乃若從天而下,其懼固宜,前後之言本不相礙。裴氏摘而論之,似未悉兵家之曲折矣。一清案:少章之論固當,然'三日設伏'之文,叙入'衆集乃發'之下,尤爲明曉也。"

初,泰聞經見圍,以州軍將士素皆一心,加得保城,非維所能卒傾。表上進軍晨夜速到還。衆議以"經奔北,城不足自固,維若斷涼州之道,兼四郡民夷,據關、隴之險,敢能没經軍而屠隴右。[1]宜須大兵四集,乃致攻討"。大將軍司馬文王曰:[2]"昔諸葛亮常有此志,卒亦不能。事大謀遠,非維所任也。且城非倉卒所拔,而糧少爲急,征西速救,[3]得上策矣。"泰每以一方有事,輒以虛聲擾動天下,故希簡白上事。驛書不過六百里。[4]司馬文王語荀顗曰:"玄伯沈勇能斷,荷方伯之重,救將陷之城,而不求益兵,又希簡上事,必能辦賊故也。都督大將,不當爾邪!"

後徵泰爲尚書右僕射,典選舉,加侍中、光禄大夫。[5]吴大將孫峻出淮、泗。[6]以泰爲鎮軍將軍,[7]假節都督淮北諸軍事,詔徐州監軍已下受泰節度。[8]峻退,軍還,轉爲左僕射。[9]諸葛誕作亂壽春,[10]司馬文王率六軍軍丘頭,[11]泰總署行臺。[12]司馬景王、文王皆與泰親友，[13]及沛國武陔亦與泰善。[14]文王問陔曰："玄伯何如其父司空也？"陔曰："通雅博暢，能以天下聲教爲己任者，不如也；明（統）〔練〕簡至，[15]立功立事，過之。"泰前後以功增邑二千六百戶，賜子弟一人亭侯，二人關內侯。景元元年薨，[16]追贈司空，諡曰穆侯。〔一〕子恂嗣。恂薨，無嗣。弟温紹封。咸熙中開建五等，[17]以泰著勳前朝，改封温爲慎子。〔二〕[18]

〔一〕干寶《晉紀》曰：高貴鄉公之殺，司馬文王會朝臣謀其故。[19]太常陳泰不至，使其舅荀顗召之。顗至，告以可否。泰曰："世之論者，以泰方於舅，今舅不如泰也。"子弟内外咸共逼之，垂涕而入。〔文〕王待之曲室，[20]謂曰："玄伯，卿何以處我？"對曰："誅賈充以謝天下。"[21]文王曰："爲我更思其次。"[22]泰曰："泰言惟有進於此，不知其次。"文王乃不更言。

《魏氏春秋》曰：帝之崩也，太傅司馬孚、尚書右僕射陳泰枕帝尸於股，[23]號哭盡哀。時大將軍入于禁中，泰見之悲慟，大將軍亦對之泣，謂曰："玄伯，[24]其如我何？"泰曰："獨有斬賈充，少可以謝天下耳。"大將軍久之曰："卿更思其他。"泰曰："豈可使泰復發後言。"遂嘔血薨。

臣松之案本傳，泰不爲太常，未詳干寶所由知之。孫盛改易泰言，雖爲小勝。然檢盛言諸所改易，皆非別有異聞，率更自以意制，多不如舊。凡記言之體，當使若出其口。辭勝而違實，固君子所不取，況復不勝而徒長虛妄哉？案《博物記》曰：太丘長陳寔、寔子鴻臚紀、紀子司空羣、羣子泰四世，於漢、魏二朝並有重名，而其德漸漸小減。時人爲其語曰："公慚卿，卿慚長。"

〔二〕案《陳氏譜》：[25]羣之後，名位遂微。[26]諶孫佐，官至青州刺史。[27]佐弟坦，廷尉。[28]佐子準，太尉，[29]封廣陵郡公。[30]準弟戴、徵及從弟堪,並至大位。準孫遠,字林道,有譽江左,[31]為西中郎將,[32]追贈衛將軍。[33]

[1] 敢能:恐怕能夠。
[2] 司馬文王:即司馬昭。
[3] 征西:指征西將軍陳泰。
[4] 驛書不過六百里:胡三省云:"狄道東至洛陽二千二百餘里,而驛書不過六百里,蓋傳入近里郡縣,使如常郵筒以達洛陽也。"(《通鑑》卷七六魏高貴鄉公正元二年注)
[5] 光祿大夫:官名。秩比二千石,第三品,位次三公。無定員,無固定職守,相當於顧問。諸公告老及在朝重臣加此銜以示優重。
[6] 淮泗:淮水與泗水。泗水源於今山東泗水縣東蒙山南麓,西流經泗水、曲阜、兗州等縣市,折南經濟寧市南魯鎮及魚臺縣東,轉東南流經江蘇沛縣及徐州市,此下略循廢黃河至淮陰市西南入淮河。此所云"孫峻出淮、泗",即指從淮河逆流入泗水。
[7] 鎮軍將軍:官名。第三品。
[8] 監軍:官名。地方軍政長官。東漢末監軍或兼掌軍務,魏晉南北朝諸州或闢都督,則置監諸軍事,簡稱監軍,為該地區軍政長官,位在都督諸軍事下,督諸軍事上,職掌略同。或有監數州諸軍事者。
[9] 左僕射:即尚書左僕射。
[10] 壽春:縣名。治所在今安徽壽縣。
[11] 丘頭:地名。在今河南沈丘縣東南,司馬昭敗諸葛誕後,又改名武丘。
[12] 行臺:官署名。曹魏置,為皇帝出征時隨行執掌尚書臺職權的機構,由尚書臺部分主要官員組成,以便皇帝和執政大臣決定國家大事。
[13] 司馬景王:即司馬師。其弟司馬昭為晉王後追尊他

爲景王。

［14］沛國：王國名。治所相縣，在今安徽濉溪縣西北。

［15］明練：各本皆作"明統"。盧弼《集解》云："《世説》'統'作'練'。"吴金華《校詁》亦謂"明統"當爲"明練"之形訛。"明練"爲當時習語。今從吴、盧説改作"明練"。

［16］景元：魏元帝曹奂年號（260—264）。

［17］咸熙：魏元帝曹奂年號（264—265）。　五等：公、侯、伯、子、男五等封爵。

［18］慎：縣名。治所在今安徽潁上縣江口集。

［19］會朝臣：趙幼文《校箋》謂《世説新語·方正篇》注引"會"字作"召"。

［20］文王：各本皆無"文"字。吴金華《校詁》謂，按《晋紀》文例當有"文"字。《世説新語·方正》注、《文選》袁宏《三國名臣序贊》注引此文皆作"文王"。今從吴説補"文"字。
　　曲室：密室。

［21］誅賈充：趙幼文《校箋》謂《世説新語·方正篇》注引"誅"上有"可"字。按，賈充乃司馬昭之心腹，時率兵與高貴鄉公戰，並指揮成濟殺死高貴鄉公。見本書卷四《高貴鄉公紀》裴注引《漢晋春秋》與干寶《晋紀》。

［22］我：百衲本、殿本作"吾"，盧弼《集解》本、校點本作"我"。按上言作"我"，此應同，故從《集解》本等。

［23］太傅：官名。曹魏黄初七年（226）置，爲上公，位在三公上，第一品，掌善導，無常職。不常設。

［24］玄伯：趙幼文《校箋》謂《太平御覽》卷九六引《晋書》"伯"下有"天下"二字，此脱，當補，與下文"少可以謝天下耳"相應。

［25］陳氏譜：沈家本《三國志注所引書目》謂《隋書·經籍志》《舊唐書·經籍志》《新唐書·藝文志》皆不著録。

［26］名位遂微：盧弼《集解》謂陳氏後輩亦多至大位，不得

云"微"。"位"字或爲"德"字之誤。

[27] 青州：刺史治所臨淄縣，在今山東淄博市臨淄區。

[28] 廷尉：官名。秩中二千石，第三品。掌司法刑獄。

[29] 太尉：官名。魏晋時，仍列三公之首，第一品，爲名譽宰相。無實際職掌，多爲加官。

[30] 廣陵郡：魏末、西晋治所淮陰縣，在今江蘇淮陰市西南甘羅城。（本吴增僅《三國郡縣表附考證》）

[31] 江左：即江東。指東晋。

[32] 西中郎將：官名。東晋、南朝時多兼豫州刺史，鎮歷陽（今安徽和縣），或持節都督司、豫、冀、并等州軍事，銀印青綬。

[33] 衛將軍：官名。東晋、南朝時職任甚重，常以中書監、尚書令等權臣兼任，統兵出征。

陳矯字季弼，廣陵東陽人也。[1]避亂江東及東城，[2]辭孫策、袁術之命，還本郡。太守陳登請爲功曹，[3]使矯詣許，[4]謂曰："許下論議，待吾不足；[5]足下相爲觀察，還以見誨。"矯還曰："聞遠近之論，頗謂明府驕而自矜。"登曰："夫閨門雍穆，[6]有德有行，吾敬陳元方兄弟；[7]淵清玉絜，[8]有禮有法，吾敬華子魚；[9]清脩疾惡，有識有義，吾敬趙元達；[10]博聞彊記，奇逸卓犖，[11]吾敬孔文舉；[12]雄姿傑出，有王霸之略，吾敬劉玄德：[13]所敬如此，何驕之有！餘子瑣瑣，[14]亦焉足録哉？"登雅意如此，而深敬友矯。

郡爲孫（權）〔策〕所圍於匡奇，[15]登令矯求救於太祖。矯説太祖曰："鄙郡雖小，形便之國也，若蒙救援，使爲外藩，則吴人剉謀，徐方永安，[16]武聲遠震，仁愛滂流，未從之國，望風景附，崇德養威，此王業也。"太祖奇矯,[17] 欲留之。矯辭曰:"本國倒縣,本奔走告急,縱無申胥之效,[18] 敢忘弘演之義乎?"〔一〕太祖乃遣赴救。吳軍既退,登多設閒伏,勒兵追奔,大破之。

〔一〕劉向《新序》曰:齊桓公求婚於衛,衛不與,而嫁於許。衛爲狄所伐,桓公不救,至於國滅君死。懿公屍爲狄人所食,惟有肝在。懿公有臣曰弘演,適使反,致命於肝曰:"君爲其内,臣爲其外。"乃刳腹内肝而死。齊桓公曰:"衛有臣若此而尚滅,寡人無有,亡無日矣!"乃救衛,定其君。

[1] 東陽:縣名。治所在今江蘇盱眙縣東南東陽集。
[2] 東城:縣名。治所在今安徽定遠縣東南。
[3] 太守陳登:據本書卷四六《孫策傳》裴注引《江表傳》,陳登爲廣陵太守,治所在射陽縣,在今江蘇寶應縣東北射陽鎮。
[4] 許:縣名。治所在今河南許昌市東。
[5] 不足:各本作"不足"。盧弼《集解》云:"何焯校'足'字下補'者'字。"趙幼文《校箋》謂《太平御覽》卷二六四引有"者"字。吳金華《〈三國志集解〉箋記》謂"不足"是當時俗語,專指有關評價、待遇等方面使人感到不滿。不應補"者"字。
[6] 雍穆:和穆肅敬。
[7] 兄弟:趙幼文《校箋》謂《太平御覽》卷四四六引《華陽國志》作"父子"。按,《册府元龜》卷六八七引亦作"兄弟"。
[8] 淵清:趙幼文《校箋》謂《太平御覽》引"淵"字作"冰"。按,《册府元龜》卷六八七引亦作"淵"。
[9] 華子魚:華歆字子魚。
[10] 趙元達:趙昱字元達。見《後漢書》卷七三《陶謙傳》,

事又見本書卷八《陶謙傳》裴注引謝承《後漢書》。

［11］奇逸：趙幼文《校箋》謂《册府元龜》卷六八七引"逸"字作"異"。按，宋本《册府元龜》亦作"逸"。

［12］孔文舉：孔融字文舉。見本書卷一二《崔琰傳》裴注及注引《續漢書》。

［13］劉玄德：劉備字玄德。

［14］瑣瑣：細小卑微的樣子。

［15］孫策：各本皆作"孫權"。盧弼《集解》據本書卷七《吕布附陳登傳》裴注引《先賢行狀》，謂當作"孫策"。今從盧氏説改。　匡奇：本書卷七《陳登傳》裴注引《先賢行狀》作"匡琦"。趙一清《注補》謂即當塗。詳見《先賢行狀》"匡琦城"注。當塗縣治所在今安徽懷遠縣東南。又按，當塗屬九江郡，據陳登所治射陽縣較遠，甚爲可疑，但尚無新據，暫從趙説。

［16］徐方：即徐州。廣陵郡屬徐州。

［17］太祖：殿本作"太子"，百衲本、盧弼《集解》本、校點本皆作"太祖"。今從百衲本等。

［18］申胥：即申包胥，春秋時楚大夫。吴王闔閭九年（前506），用伍子胥計，攻破楚國，楚昭王出逃。申包胥遂到秦國求救，而秦國不許。包胥遂立於秦廷，晝夜哭泣，七日七夜不絕其聲。終於感動秦哀公，秦發兵五百乘救楚，擊敗吴軍，楚昭王得以復國。（見《史記》卷六六《伍子胥列傳》）

太祖辟矯爲司空掾屬，除相令，[1]征南長史，[2]彭城、樂陵太守，[3]魏郡西部都尉。[4]曲周民父病，[5]以牛禱，[6]縣結正棄市。[7]矯曰："此孝子也。"表赦之。遷魏郡太守。時繫囚千數，至有歷年。矯以爲周有三典之制，[8]漢約三章之法，[9]今惜輕重之理，而忽久繫之患，可謂謬矣。悉自覽罪狀，一時論决。大軍東征，入爲丞相長史。[10]軍還，復爲魏郡，[11]轉西曹屬。[12]從征漢中，[13]還爲尚書。行前未到鄴，太祖崩洛陽，羣臣拘常，以爲太子即位，當須詔命。[14]矯曰："王薨于外，天下惶懼。太子宜割哀即位，以繫遠近之望。且又愛子在側，[15]彼此生變，則社稷危矣。"即具官備禮，一日皆辦。明旦，以王后令，策太子即位，大赦蕩然。文帝曰："陳季弼臨大節，明略過人，信一時之俊傑也。"帝既踐阼，轉署吏部，[16]封高陵亭侯，遷尚書令。明帝即位，進爵東鄉侯，邑六百戶。車駕嘗卒至尚書門，矯跪問帝曰："陛下欲何之？"帝曰："欲案行文書耳。"矯曰："此自臣職分，非陛下所宜臨也。若臣不稱其職，則請就黜退。陛下宜還。"帝慚，回車而反。其亮直如此。〔一〕加侍中光禄大夫，遷司徒。[17]景初元年薨，諡曰貞侯。〔二〕

〔一〕《世語》曰：劉曄以先進見幸，因譖矯專權。矯懼，以問長子本，本不知所出。次子騫曰："主上明聖，大人大臣，今若不合，不過不作公耳。"後數日，帝見矯，矯又問二子，騫曰："陛下意解，故見大人也。"既入，盡日，帝曰："劉曄構君，朕有以迹君；[18]朕心故已了。"以金五鉼授之，矯辭。帝曰："豈以爲小惠？君已知朕心，顧君妻子未知故也。"帝憂社稷，問矯："司馬公忠正，[19]可謂社稷之臣乎？"矯曰："朝廷之望；社稷，未知也。"

〔二〕《魏氏春秋》曰：矯本劉氏子，[20]出嗣舅氏而婚于本族。[21]徐宣每非之，庭議其闕。太祖惜矯才量，欲擁全之，乃下令曰："喪亂已來，風教彫薄，謗議之言，難用褒貶。自建安五年已前，一切勿論。其以斷前誹議者，以其罪罪之。"

［1］相：縣名。治所在今安徽濉溪縣西北。

［2］征南長史：征南將軍府之長史，總理征南將軍幕府事。曹仁於建安十三年（208）、二十三年兩爲行征南將軍，二十四年又爲征南將軍。

［3］彭城：郡名。治所彭城縣，在今江蘇徐州市。 樂陵：郡名。治所厭次縣，在今山東惠民縣東桑落堡。

［4］魏郡：治所鄴縣，在今河北臨漳縣西南鄴鎮東一里半。都尉：官名。西漢時郡置都尉，輔佐郡守並掌本郡軍事。東漢廢除，僅在邊郡或關塞之地置都尉及屬國都尉，並漸漸分縣治民，職如太守。建安十八年曹操分魏郡爲東西兩部，亦分別置都尉以治之。

［5］曲周：縣名。治所在今河北曲周縣東北。

［6］以牛禱：殺牛祀禱。

［7］結正：結案判定。

［8］三典：《周禮·秋官·大司寇》："大司寇之職，掌建邦之三典，以佐王刑邦國，詰四方：一曰，刑新國用輕典；二曰，刑平國用中典；三曰，刑亂國用重典。"

［9］約三章之法：漢高祖劉邦入關滅秦後，與民約法三章："殺人者死，傷人及盜抵罪。"（《史記》卷八《高祖本紀》）

［10］丞相長史：官名。秩千石，丞相府幕僚之長，協助丞相署理相府諸曹，監領府事。曹操爲丞相，權位加重，遂分置左、右長史。若丞相出征，則置行軍長史掌軍旅行伍；又置留府長史掌留守事。位皆崇重。

［11］魏郡：百衲本無"郡"字，殿本、盧弼《集解》本、校點本有"郡"字。今從殿本等。趙幼文《校箋》則云："'郡'字當衍，爲魏西朝（當作曹）屬謂爲魏王之西朝屬也。"按，"復爲魏郡"，謂復爲魏郡太守，因上文已言"遷魏郡太守"。

［12］西曹屬：官名。漢魏諸公府置有西曹，掌府吏署用事。

長官爲掾，次官爲屬；掾闕，則屬爲長官。此指丞相府西曹屬。

[13] 漢中：郡名。治所南鄭縣，在今陝西漢中市東。

[14] 當須詔命：胡三省云："謂須待漢帝詔命也。"（《通鑑》卷六九魏文帝黃初元年注）

[15] 愛子：盧弼《集解》云："胡三省曰：愛子謂鄢陵侯彰也。"趙幼文《校箋》謂《文選》陸士衡《弔魏武帝文》云："持姬女而指季豹以示四子，曰以累汝，因泣下。"據本書卷一五《賈逵傳》注引《魏略》，曹操病於洛陽，時曹丕尚在鄴，曹彰自長安未到，當時在洛者惟曹植耳。植爲操之第四子，四子當謂曹植。陳矯所謂愛子，亦指曹植（曹操愛植，見植本傳）。

[16] 吏部：指吏部尚書，尚書省吏部長官，主管官吏銓選考課等，第三品，位居列曹尚書之上。

[17] 司徒：官名。曹魏恢復三公制，改相國爲司徒，仍與太尉、司空並爲三公，共同行使宰相職能，位次太尉。本職掌民政，第一品。

[18] 迹：考覈。

[19] 司馬公：指司馬懿。

[20] 劉氏子：《晉書》卷三五《陳騫傳》："矯本廣陵劉氏，爲外祖陳氏所養，因而改焉。"

[21] 婚于本族：《晉書》卷四六《劉頌傳》："初，頌嫁女臨淮陳矯，矯本劉氏子，與頌近親，出養於姑，改姓陳氏。"

子本嗣，歷位郡守、九卿。[1]所在操綱領，舉大體，能使羣下自盡。有統御之才，不親小事，不讀法律而得廷尉之稱，優於司馬岐等，[2]精練文理。遷鎮北將軍，[3]假節、都督河北諸軍事。薨，子粲嗣。本弟騫，咸熙中爲車騎將軍。[一][4]

〔一〕案《晉書》曰：[5]騫字休淵，爲晉佐命功臣，至太傅，[6]封高平郡公。[7]

[1] 九卿：周代以少師、少傅等九個中央高級官職爲九卿。後亦泛稱諸卿爲九卿，數量則不一定爲九。曹魏九卿即十人：太常、光祿勳、衛尉、太僕、廷尉、大鴻臚、宗正、大司農、少府、執金吾等。(本洪飴孫《三國職官表》)

[2] 司馬岐：司馬芝之子，齊王曹芳時爲廷尉。見本書卷一二《司馬芝傳》。

[3] 鎮北將軍：官名。魏時二品，位次四征將軍，領兵如征北將軍。多爲持節都督，出鎮方面。

[4] 車騎將軍：官名。東漢時位比三公，常以貴戚充任。出掌征伐，入參朝政，漢靈帝時常作贈官。魏、晉時位次驃騎將軍，在諸名號將軍上，多作爲軍府名號，加授大臣、重要州郡長官，無具體職掌，二品。開府者位從公，一品。

[5] 晉書：潘眉《考證》云："裴注所引《晉書》，乃虞預《晉書》。"

[6] 太傅：官名。魏、晉時位上公，在三公上，一品。西晉時常與太宰、太保並掌朝政，開府置僚屬，爲宰相之任。

[7] 高平郡：西晉泰始元年（265）以山陽郡改名，治所昌邑縣，在今山東巨野縣南。

　　初，矯爲郡功曹，使過泰山。[1]泰山太守東郡薛悌異之，[2]結爲親友。戲謂矯曰："以郡吏而交二千石，[3]鄰國君屈從陪臣游，[4]不亦可乎！"悌後爲魏郡及尚書令，皆承代矯云。〔一〕

〔一〕《世語》曰：悌字孝威。年二十二，以兗州從事爲泰山太守。[5]初，太祖定冀州，[6]以悌及東平王國爲左右長史，[7]後至中領軍，並悉忠貞練事，爲世吏表。

[1] 泰山：郡名。治所奉高縣，在今山東泰安市東。
[2] 東郡：治所濮陽縣，在今河南濮陽縣西南。
[3] 二千石：指郡太守。太守秩爲二千石。
[4] 屈從：趙幼文《校箋》謂《太平御覽》卷二六四引無"屈"字。　陪臣：古代諸侯之大夫對天子自稱陪臣。郡太守相當於諸侯，功曹則爲陪臣。
[5] 從事：官名。漢代州牧刺史的佐吏，有別駕從事史、治中從事史、兵曹從事史、部從事史等，均可簡稱爲從事。
[6] 冀州：東漢末，州牧刺史治所常設在鄴，在今河北臨漳縣西南鄴鎮東一里半。
[7] 東平：王國名。治所無鹽縣，在今山東東平縣東。　長史：官名。漢代三公府設有長史，以輔助三公。將軍府之屬官亦有長史，以總理幕府。曹操平冀州時，爲司空兼車騎將軍，故設有左、右長史。

　　徐宣字寶堅，廣陵海西人也。[1]避亂江東，又辭孫策之命，還本郡。與陳矯並爲綱紀，[2]二人齊名而私好不協，然俱見器於太守陳登，與登並心於太祖。海西、淮浦二縣民作亂，[3]都尉衛彌、令梁習夜奔宣家，密送免之。太祖遣督軍扈質來討賊，[4]以兵少不進。宣潛見責之，示以形勢，質乃進破賊。太祖辟爲司空掾屬，除東緡、發干令，[5]遷齊郡太守，[6]入爲門下督，[7]從到壽春。會馬超作亂，大軍西征，太祖見官屬曰："今當遠征，而此方未定，以爲後憂，宜得清公大德以鎮統之。"乃以宣爲左護軍,[8]留統諸軍。還,爲丞相東曹掾,[9]出爲魏郡太守。太祖崩洛陽,羣臣入殿中發哀。或言可易諸城守,用譙、沛人。[10]宣厲聲曰:"今者遠近一統,人懷效節,何必譙、沛,而沮宿衞者心。"文帝聞曰:"所謂社稷之臣也。"帝既踐阼,爲御史中丞,賜爵關內侯,徙城門校尉,[11]旬月遷司隸校尉,[12]轉散騎常侍。[13]從至廣陵,六軍乘舟,風浪暴起,帝船回倒,[14]宣(病)〔船〕在後,[15]陵波而前,羣寮莫先至者。帝壯之,遷尚書。

明帝即位,封津陽亭侯,邑二百户。中領軍桓範薦宣曰:"臣聞帝王用人,度世授才,爭奪之時,以策略爲先,分定之後,以忠義爲首。故晉文行舅犯之計而賞雍季之言,〔一〕高祖用陳平之智而託後於周勃也。[16]竊見尚書徐宣,體忠厚之行,秉直亮之性;清雅特立,不拘世俗;確然難動,有社稷之節;歷位州郡,所在稱職。今僕射缺,[17]宣行掌後事;腹心任重,莫宜宣者。"帝遂以宣爲左僕射,後加侍中、光禄大夫。車駕幸許昌,總統留事。帝還,主者奏呈文書。[18]詔曰:"吾省與僕射何異?"[19]竟不視。尚方令坐猥見考竟,[20]宣上疏陳威刑大過,又諫作宮殿窮盡民力,帝皆手詔嘉納。宣曰:"七十有縣車之禮,[21]今已六十八,可以去矣。"乃固辭疾遜位,帝終不許。青龍四年薨,遺令布衣疏巾,斂以時服。詔曰:"宣體履至實,直内方外,歷在三朝,公亮正色,有託孤寄命之節,可謂柱石臣也。常欲倚以台輔,[22]未及登之,惜乎大命不永！其追贈車騎將軍，葬如公禮。"諡曰貞侯。子欽嗣。

〔一〕《呂氏春秋》曰：[23]昔晉文公將與楚人戰於城濮，召咎犯而問曰：[24]"楚衆我寡，奈何而可？"咎犯對曰："臣聞繁禮之君，不足於文，繁戰之君，不足於詐，君亦詐之而已。"文公以咎犯言告雍季，雍季曰："竭澤而漁，豈不得魚，[25]而明年無魚。焚藪而田，豈不得獸，[26]而明年無獸。詐僞之道，雖今偷可，後將無復，非長術也。"文公用咎犯之言，而敗楚人於城濮。反而爲賞，雍季在上。左右諫曰："城濮之功，咎犯之謀也。君用其言而後其身，[27]或者不可乎！"文公曰："雍季之言，百代之利也；[28]咎犯之言，一時之務也。焉有以一時之務，先百代之利乎？"

[1] 海西：縣名。治所在今江蘇灌南縣東南。

[2] 綱紀：對郡府主要屬吏功曹、主簿等之別稱。

[3] 淮浦：縣名。治所在今江蘇漣水縣西。

[4] 督軍：官名。建安中曹操置，統兵，權任較重，位在郡守之上。

[5] 東緡：縣名。治所在今山東金鄉縣。　發干：縣名。治所在今山東冠縣東南。

[6] 齊郡：治所臨淄縣，在今山東淄博市臨淄區。

[7] 門下督：官名。漢代郡縣官府置門下督，主盜賊事，亦稱門下督盜賊。東漢末丞相府、將軍府亦置。

[8] 左護軍：官名。建安中曹操、孫權皆置，統諸軍。

[9] 丞相東曹掾：官名。丞相府屬吏，秩比四百石，掌二千石長史遷除及軍吏。

[10] 譙沛人：胡三省云："曹氏沛國譙人，小見者以鄉人爲可信也。"（《通鑑》卷六九魏文帝黃初元年注）

[11] 城門校尉：官名。秩比二千石，第四品。掌洛陽十二城門。

[12] 司隸校尉：官名。秩比二千石，第三品。掌糾察京師百官違法者，並治所轄各郡，相當於州刺史。

[13] 散騎常侍：官名。秩比二千石，第二品。爲門下重職，侍從皇帝左右，諫静得失，應對顧問，與侍中等共平尚書奏事，有異議得駁奏。

[14] 回倒：梁章鉅《旁證》云："何焯曰：'回即桅也。古字通耳。'邵晋涵亦同此説。竊謂回倒，不過回旋顛倒之意。以回通桅，未見所出；且以舟中挂帆之木爲桅，本係俗稱，初不知所據也。《説文》：'桅，黄木可染者。'與舟木何涉乎？"

[15] 船：各本皆作"病"。趙幼文《校箋》謂《太平御覽》卷七一、卷二五〇引"病"字作"船"，是也。《事類賦》卷一六引作"舟"，"船""舟"義同，"病"字實誤。按《太平御覽》卷七一引實作"病"，卷二五〇引作"船"。而以此上下文觀之，應作"船"，故從趙説改。

[16] "高祖"句：漢高祖劉邦在征戰與建立漢王朝過程中，多用陳平之智謀，而臨終前吕后問蕭何、曹參後誰可託，劉邦曰："王陵可。然陵少戇，陳平可以助之。陳平智有餘，然難以獨任。周勃重厚少文，然安劉氏者必勃也，可令爲太尉。"（《史記》卷八《高祖本紀》）

[17] 僕射：指尚書僕射。

[18] 主者：胡三省云："尚書諸曹各有主者。"（《通鑑》卷七一魏明帝太和四年注）

[19] 僕射：盧弼《集解》云："《通鑑》'僕射'下有'省'字。"

[20] 尚方令：官名。曹魏有中、左、右三尚方署，各置令一人，秩皆六百石，第七品。掌製造供帝王所用器物。　考竟：《釋名·釋喪制》云："獄死曰考竟。考得其情，竟其命於獄也。"

[21] 縣車：即懸車，謂停車不用，不再做官。《白虎通・致仕》："臣七十懸車致仕者，臣以執事趨走爲職，七十陽道極，耳目不聰明，跂踦之屬，是以退去避賢者，所長廉恥也。懸車，示不用也；致仕者，致其事於君。君不使自去者，尊賢者也。故《曲禮》'大夫七十而致仕'。"

[22] 台輔：指宰相。謂位列三台，職居宰輔。

[23] 呂氏春秋：以下所引見《義賞篇》。

[24] 咎犯：即上文之"舅犯"，晉文公之舅父狐偃。

[25] 得魚：今本《呂氏春秋》作"獲得"。

[26] 得獸：今本《呂氏春秋》作"獲得"。

[27] 而後其身：今本《呂氏春秋》作"而賞後其身"。

[28] 百代之利也：盧弼《集解》本無"也"字，百衲本、殿本、校點本、今本《呂氏春秋》皆有"也"字。今從百衲本等。又今本《呂氏春秋》"百代"作"百世"。

衛臻字公振，陳留襄邑人也。[1]父茲，有大節，不應三公之辟。太祖之初至陳留，茲曰："平天下者，必此人也。"太祖亦異之，數詣茲議大事。從討董卓，戰于滎陽而卒。[2]太祖每涉郡境，輒遣使祠焉。[一]夏侯惇爲陳留太守，舉臻計吏，[3]命婦出宴，臻以爲"末世之俗，非禮之正"。惇怒，執臻，既而赦之。後爲漢黃門侍郎。[4]東郡朱越謀反，引臻。太祖令曰："孤與卿君同共舉事，[5]加欽令問。始聞越言，固自不信。及得荀令君書，[6]具亮忠誠。"會奉詔命，聘貴人于魏，[7]因表留臻參丞相軍事。追錄臻父舊勳，賜爵關内侯，轉爲户曹掾。[8]文帝即王位，爲散騎常侍。及踐阼，封安國亭侯。時羣臣並頌魏德，多抑損前朝。臻獨明禪授之義，稱揚漢美。帝數目臻曰："天下之珍，當與山陽共之。"[9]遷尚書，轉侍中、吏部尚書。帝幸廣陵，行中領軍，從。征東大將軍曹休表得降賊辭"孫權已在濡須口"。[10]臻曰："權恃長江，未敢亢衡，[11]此必畏怖偽辭耳。"考核降者，果守將詐所作也。

〔一〕《先賢行狀》曰：玆字子許。不爲激詭之行，不徇流俗之名；明慮淵深，規略宏遠。爲車騎將軍何苗所辟，[12]司徒楊彪再加旌命。[13]董卓作亂，漢室傾蕩，太祖到陳留，始與玆相見，遂同盟，計興武事。玆答曰："亂生久矣，非兵無以整之。"且言"兵之興者，自今始矣"。深見廢興，首讚弘謀。合兵三千人，從太祖入滎陽，力戰終日，失利，身歿。

《郭林宗傳》曰：[14]玆弱冠與同郡圉文生俱稱盛德。林宗與二人共至市，子許買物，隨價儲直，文生訾呵，減價乃取。林宗曰："子許少欲，文生多情，此二人非徒兄弟，乃父子也。"後文生以穢貨見捐，[15]玆以烈節垂名。

[1] 陳留：郡名。治所陳留縣，在今河南開封市東南。 襄邑：縣名。治所在今河南睢縣。

[2] 戰于滎陽：此事詳見本書卷一《武帝紀》初平元年。又按，滎陽，百衲本、殿本作"熒陽"，盧弼《集解》本、校點本作"滎陽"。今從《集解》本等。王先謙《漢書補注》則謂熒陽以熒澤而得名，熒澤之"熒"從"火"，作"滎"，乃後人改。

[3] 計吏：官名。漢代郡國遣吏至京都向朝廷呈上計簿，彙報本郡國的户口、錢糧、獄訟、盜賊等情況，稱爲上計。所遣之吏稱爲計吏或上計吏。

[4] 黄門侍郎：官名。即給事黄門侍郎。東漢時秩六百石。掌侍從左右，關通中外。初無員數，漢獻帝定爲六員，與侍中俱出入

禁中，近侍帷幄，省尚書奏事。

［5］卿君：你的父親。曹操對衛臻敬稱其父衛茲。

［6］荀令君：荀彧。時荀彧守尚書令。

［7］貴人：妃嬪之稱號。漢光武帝始置，位次皇后。此貴人指曹操之三女曹憲、曹節、曹華。

［8］户曹掾：官名。漢代三公府置户曹，掌民户、祠祀、農桑事，掾爲長官。

［9］山陽：指漢獻帝劉協。魏文帝曹丕代漢後，封劉協爲山陽公。

［10］濡須口：古濡須水在今安徽境，源出巢湖，東南流，經今無爲縣東南入長江。入長江處稱濡須口。

［11］亢：百衲本、殿本、盧弼《集解》本、《通鑑》皆作"亢"。胡三省云："'亢'與'抗'同。"（《通鑑》卷七〇魏文帝黄初五年注）校點本作"抗"。今從百衲本等。

［12］車騎將軍：官名。東漢時位比三公，常以貴戚充任。出掌征伐，入參朝政，漢靈帝時常作贈官。

［13］旌命：表揚徵召。

［14］郭林宗傳：沈家本《三國志注所引書目》謂《隋書·經籍志》《舊唐書·經籍志》《新唐書·藝文志》皆不著録。

［15］捐：百衲本作"捐"，殿本、盧弼《集解》本、校點本作"損"。盧弼《集解》云："監本'損'作'捐'。盛德以貨賄見損，則盛德直虚聲耳。"趙幼文《校箋》則云："疑作'捐'字是。見捐謂爲世所棄也。'損''捐'形近致誤。"按趙説有理，今從百衲本。

明帝即位，進封康鄉侯，後轉爲右僕射，典選舉，如前加侍中。中護軍蔣濟遺臻書曰："漢祖遇亡虜爲上將，[1]周武拔漁父爲太師；[2]布衣廝養，[3]可登王公，何必守文，試而後用？"臻答曰："古人遺智慧而任度量，須考績而加黜陟；今子同牧野於成、康，[4]喻斷虵於文、景，[5]好不經之舉，開拔奇之津，[6]將使天下馳騁而起矣。"諸葛亮寇天水，臻奏："宜遣奇兵入散關，[7]絕其糧道。"乃以臻爲征蜀將軍，[8]假節、督諸軍事，到長安，[9]亮退。還，復職，加光祿大夫。是時，帝方隆意於殿舍，臻數切諫。及殿中監擅收蘭臺令史，[10]臻奏案之。詔曰："殿舍不成，吾所留心，卿推之何？"臻上疏曰："古制侵官之法，[11]非惡其勤事也，誠以所益者小，所墮者大也。臣每察校事，[12]類皆如此，懼羣司將遂越職，以至陵遲矣。"亮又出斜谷；征南上：[13]"朱然等軍已過荊城。"[14]臻曰："然，吳之驍將，[15]必下從權，且爲勢以綴征南耳。"權果召然入居巢，[16]進攻合肥。[17]帝欲自東征，臻曰："權外示應亮，[18]內實觀望。且合肥城固，不足爲慮。車駕可無親征，以省六軍之費。"帝到尋陽而權竟退。[19]

幽州刺史毌丘儉上疏曰：[20]"陛下即位已來，未有可書。吳、蜀恃險，未可卒平，聊可以此方無用之士克定遼東。"[21]臻曰："儉所陳皆戰國細術，非王者之事也。吳頻歲稱兵，[22]寇亂邊境，而猶案甲養士，未果（尋）致討者，[23]誠以百姓疲勞故也。且淵生長海表，[24]相承三世，[25]外撫戎夷，內脩戰射，而儉欲以偏軍長驅，朝至夕卷，知其妄矣。"儉行軍遂不利。

臻遷爲司空，徙司徒。正始中，進爵長垣侯，[26]邑千戶，封一子列侯。初，太祖久不立太子，而方奇貴臨菑侯。[27]丁儀等爲之羽翼,勸臻自結,臻以大義拒之。及文帝即位,東海王霖有寵,帝問臻:"平原侯何如?"[28]臻稱明德美而終不言。曹爽輔政,使夏侯玄宣指,欲引臻入守尚書令,及爲弟求婚,皆不許。固乞遜位。詔曰:"昔干木偃息,[29]義壓彊秦;留侯頤神,[30]不忘楚事。讜言嘉謀,望不吝焉。"賜宅一區,位特進,[31]秩如三司。薨,追贈太尉,謚曰敬侯。子烈嗣,咸熙中爲光祿勳。〔一〕[32]

〔一〕臣松之案《舊事》及《傅咸集》[33],烈終於光祿勳。烈二弟京、楷,皆二千石。楷子權,字伯輿。晉大司馬汝南王亮輔政,[34]以權爲尚書郎。[35]傅咸與亮牋曰:"衛伯輿貴妃兄子,誠有才章,應作臺郎,[36]然未得東宮官屬。東宮官屬,前患楊駿,親理塞路,今有伯輿,復越某作郎。一犬吠形,羣犬吠聲,懼於羣吠,遂至回聽。"[37]權作左思《吳都賦》敍及注,[38]敍粗有文辭,至於爲注,了無所發明,直爲塵穢紙墨,不合傳寫也。

[1]亡虜:指韓信。韓信初投項梁,項梁敗,屬項羽。項羽不能用之,遂逃亡歸劉邦。劉邦亦不能大用,又逃亡,賴蕭何追回極薦,劉邦方以之爲大將。(見《史記》卷九二《淮陰侯列傳》)

[2]漁父:指呂尚。殷商末,呂尚垂釣於渭濱,遇周西伯(文王),與語,大悅,請與俱歸,立爲師。周文王死,武王即位,稱之曰師尚父。呂尚遂助武王滅殷商。(見《史記》卷三二《齊太公世家》)

[3]廝養:指幹雜活的卑賤者。《史記》卷八九《張耳陳餘列傳》"有廝養卒謝其舍中",《集解》引如淳曰:"廝,賤者也。"又引韋昭曰:"析薪爲廝,炊烹爲養。"

［4］牧野：周武王起兵伐紂，大敗殷軍於商郊牧野（今河南淇縣以南、衛輝市以北之地）。　成康：指周成王、周康王。成、康之時，是周代之升平時期。

［5］斷虵：指漢高祖劉邦建立漢朝之事。秦末，劉邦爲亭長，爲縣押送役徒至驪山。途中役徒多逃亡，劉邦遂全釋之。願隨從劉邦者十餘人。後於途中遇大蛇當道，劉邦斬之前行。以後起兵反秦，建立漢朝。（見《史記》卷八《高祖本紀》）　文景：指漢文帝、漢景帝。漢文、景時，是漢朝之承平時期。

［6］津：盧弼《集解》本作"律"，百衲本、殿本、校點本作"津"。今從百衲本等。

［7］散關：關隘名。亦名大散關。在今陝西寶雞市西南的大散嶺上，形勢險要，古爲軍事重地。

［8］征蜀將軍：官名。曹魏置，第三品。

［9］長安：縣名。治所在今陝西西安市西北。

［10］殿中監：官名。曹魏置，第七品。掌殿中張設監護之事，並領禁兵。　蘭臺令史：官名。東漢始置，屬御史中丞，掌書奏及印，工文書，秩六百石。魏、晉沿置，掌監察刑獄文書，第九品。

［11］侵官：越職侵犯他官的職權。《左傳・成公十六年》：欒鍼曰："侵官，冒也；失官，慢也；離局，姦也。有三罪焉，不可犯也。"

［12］校事：官名。建安中曹操置，以身邊地位較低的親信充任，負責監察百官及吏民，直接隸屬於曹操，威權甚大。曹魏沿置，亦稱撫軍校事。

［13］征南上：謂征南將軍上表。魏征南將軍，秩二千石，第二品。位次三公，領兵屯新野，統荊、豫二州刺史，資深者爲大將軍。

［14］荊城：地名。在今湖北鍾祥市西南。

［15］吳：百衲本作"吾"，殿本、盧弼《集解》本、校點本作"吳"。今從殿本等。

［16］居巢：縣名。治所在今安徽巢湖市東北。

［17］合肥：縣名。魏時治所在今安徽合肥市西北。

［18］權外示應亮：《通鑑》卷七二魏明帝青龍二年云："（諸葛）亮悉大衆十萬，由斜谷入寇，遣使約吳同時大舉。"

［19］尋陽：縣名。治所在今湖北黃梅縣西南。

［20］幽州：刺史治所薊縣，在今北京城西南。

［21］遼東：郡名。治所襄平縣，在今遼寧遼陽市老城區。

［22］吳頻歲稱兵：盧弼《集解》引趙一清曰："上云吳蜀恃險，此不得單舉吳，疑脱'蜀'字。"又引李慈銘曰："'吳'下當有'蜀'字。"盧弼按："《通鑑》無'蜀'字。"

［23］未果致討者：各本"未果"下有"尋"字。盧弼《集解》引趙一清謂"尋"字衍；又引李慈銘謂"尋"字當衍。盧弼又謂《通鑑》亦無"尋"字。今從諸家説刪"尋"字。

［24］淵：指據遼東之公孫淵。

［25］三世：指公孫度、公孫康、公孫淵。

［26］長垣：縣名。治所在今河南長垣縣東北。

［27］臨菑侯：曹植。

［28］平原侯：曹叡。

［29］干木：段干木。戰國初魏人，至西河，求學於子夏。居魏，守道不仕。魏文侯甚尊之，乘車過其家門，必伏軾致敬。魏人因而誦曰："吾君好正，段干木之敬；吾君好忠，段干木之隆。"不久，秦國欲起兵攻魏，大夫司馬唐諫秦君曰："段干木賢者也，而魏禮之，天下莫不聞，無乃不可加兵乎！"秦君遂按兵不發。（見《吕氏春秋·開春論·期賢》）　偃息：謂在家不出仕。

［30］留侯：即漢高祖劉邦之謀臣張良。張良歸從劉邦後，因多病，僅能爲謀劃之臣。劉邦爲帝後，淮南王黥布謀反，劉邦率兵親征，張良病甚，强起送劉邦，曰："臣宜從，病甚。楚人剽疾，願上無與楚人爭鋒。"（《史記》卷五五《留侯世家》）　頤神：養神。

[31] 特進：官名。漢制，凡諸侯大臣功德優盛，朝廷所敬異者，加位特進，朝會時位在三公下，車服俸祿仍從本官。魏、晉沿襲之。

[32] 光祿勳：官名。秩中二千石，第三品。掌宿衛宮殿門戶，朝會則皆禁止，及主諸郎之在殿中侍衛者。

[33] 舊事：《隋書·經籍志》史部舊事類著錄《漢、魏、吳、蜀舊事》八卷，無撰人姓名。《舊唐書·經籍志》《新唐書·藝文志》亦同。此所引當爲《魏舊事》。 傅咸集：《隋書·經籍志》著錄"晋司隸校尉《傅咸集》十七卷，梁三十卷，錄一卷"。《舊唐書·經籍志》又著錄《傅咸集》三十卷。《新唐書·藝文志》同。

[34] 大司馬：官名。晋爲八公之一，居三公之上，三師之下，開府置僚屬，但無具體職司，多爲大臣加官。

[35] 尚書郎：官名。西晋尚書省置殿中、祠部、儀曹等三十五郎曹，設二十三尚書郎分領之，或一曹數郎，或數曹一郎，均視具體曹而定。

[36] 臺郎：尚書郎之別稱。

[37] 回聽：盧弼《集解》謂《晉書·傅咸傳》載傅咸與汝南王亮書，無"衛伯輿貴妃兄子"以下數語，而有"一犬吠形"以下數語，"回聽"作"叵聽"。趙幼文《校箋》則云："《漢書·禮樂志》注：'回，亂也。'《晉書》'回'作'叵'。叵，不可也。疑非傳意。'回''叵'或形近而誤。"

[38] 左思：晋武帝時曾爲秘書郎，善辭賦，著《三都賦》成，"豪貴之家競相傳寫，洛陽爲之紙貴"。（《晉書》卷九二《左思傳》）《左思傳》又謂《三都賦》成，"張載爲注《魏都》，劉逵注《吳》《蜀》而序之"，"陳留衛權又爲思賦作《略解》"云云。又《隋書·經籍志》集部總集類謂梁有張載及晋侍中劉逵、晋懷令衛權注左思《三都賦》三卷，亡。

盧毓字子家，涿郡涿人也。[1]父植，有名於世。[一]毓十歲而孤，遇本州亂，二兄死難。當袁紹、公孫瓚交兵，幽冀饑荒，養寡嫂孤兄子，以學行見稱。文帝爲五官將，[2]召毓署門下賊曹。[3]崔琰舉爲冀州主簿。[4]時天下草創，多逋逃，故重士亡法，[5]罪及妻子。亡士妻白等，始適夫家數日，未與夫相見，大理奏棄市。[6]毓駁之曰：“夫女子之情，以接見而恩生，成婦而義重。故《詩》云‘未見君子，[7]我心傷悲；[8]亦既見止，[9]我心則夷’。[10]又《禮》‘未廟見之婦而死，[11]歸葬女氏之黨，以未成婦也’。今白等生有未見之悲，死有非婦之痛，而吏議欲肆之大辟，[12]則若同牢合巹之後，[13]罪何所加？且《記》曰‘附從輕’，[14]言附人之罪，以輕者爲比也。又《書》云‘與其殺不辜，[15]寧失不經’，[16]恐過重也。苟以白等皆受禮聘，已入門庭，刑之爲可。殺之爲重。”太祖曰：“毓執之是也。[17]又引經典有意，使孤歎息。”由是爲丞相法曹議令史，[18]轉西曹議令史。[19]

〔一〕《續漢書》曰：植字子幹。少事馬融，[20]與鄭玄同門相友。植剛毅有大節，常喟然有濟世之志，不苟合取容，不應州郡命召。建寧中，[21]徵博士，[22]出補九江太守，[23]以病去官。作《尚書章句》《禮記解詁》。[24]稍遷侍中、尚書。張角起，以植爲北中郎將征角，[25]失利抵罪。頃之，復以爲尚書。張讓劫少帝奔小平津，[26]植手劍責數讓等，讓等皆放兵，垂泣謝罪，遂自殺。董卓議欲廢帝，衆莫敢對，植獨正言，語在《卓傳》。植以老病去位，[27]隱居上谷軍都山，[28]初平三年卒。[29]太祖北征柳城，[30]過涿郡，令告太守曰：[31]"故北中郎將盧植，名著海內，學爲儒宗，士之楷模，乃國之楨幹也。[32]昔武王入殷，封商容之閭，[33]鄭喪子產而仲尼隕涕。[34]孤到此州，嘉其餘風。《春秋》之義，賢者之後，有異於人。[35]敬遣丞掾脩墳墓，[36]并致薄酹，[37]以彰厥德。"植有四子，毓最小。

[1] 涿郡：治所涿縣，在今河北涿州市。

[2] 五官將：即五官中郎將。漢代主管五官郎，職掌宿衛殿門，出充車騎，屬光祿勳，不置僚屬，秩比二千石。漢末曹丕爲此官，置僚屬，並爲丞相之副。

[3] 門下賊曹：官名。爲賊曹長官之省稱。漢代郡縣置，因與長官關係親近，冠以"門下"，爲門下五吏之一，掌盜賊警衛事。東漢末之將軍府亦有置者。曹丕爲五官中郎將能置僚屬，故亦置此官。

[4] 主簿：官名。漢代中央及州、郡、縣官府皆置此官，以典領文書，辦理事務。

[5] 士：指士兵。曹魏實施士家制（又稱世兵制），士家有單獨之兵籍，不與民籍相混，社會地位低下。士家子弟世代爲兵，沒有政府特許，不得脫離兵籍。

[6] 大理：官名。即漢之廷尉，魏國建立後改稱大理，掌司法刑獄。　棄市：死刑。於鬧市執行死刑，並暴屍街頭。

[7] 詩：此詩見《詩‧召南‧草蟲》。

[8] 我心傷悲：鄭箋："維父母思己，故己亦傷悲。"

[9] 亦既見止：鄭箋："既見，謂已同牢而食也。"同牢，婚禮中新夫婦同食之儀式。

[10] 我心則夷：鄭箋："夷，平也。"

[11] 禮：此禮爲《禮記‧曾子問》之節引。　廟見：謂新婦參拜祖廟。東漢之經師有兩種説法。《禮記‧曾子問》孔穎達疏云：

"如鄭義，則從天子以下至於士，皆當夕成昏，舅姑没者，三月廟見"；"若賈（逵）、服（虔）之義，大夫以上，無問舅姑在否，皆三月見祖廟之後，乃始成昏"。

[12] 大辟：死刑。

[13] 合卺（jǐn）：婚禮中夫婦飲交杯酒。分瓠爲兩瓢稱卺，新婚夫婦各拿一瓢而飲稱合卺。

[14] 附從輕：見《禮記·王制》。鄭玄注："附，施刑也。"

[15] 書：此所引見《左傳·襄公二十六年》聲子所引《夏書》，杜預注爲"逸書"。作僞《古文尚書》者編入《大禹謨》。

[16] 寧失不經：謂寧可對罪人失於刑罰。

[17] 毓執之是也：趙幼文《校箋》謂《太平御覽》卷二六五引作"毓之所執是也"。

[18] 法曹議令史：官名。東漢末曹操丞相府所置，爲法曹屬吏。法曹掌郵驛科程事。

[19] 西曹議令史：官名。東漢末曹操丞相府所置，爲西曹屬吏。西曹掌署用府吏事。

[20] 馬融：東漢經學家。扶風茂陵（今陝西興平縣東北）人。曾爲校書郎、議郎等。去官後，以經學教諸生，諸生常有千數。（見《後漢書》卷六〇《馬融傳》）

[21] 建寧：漢靈帝劉宏年號（168—172）。

[22] 博士：官名。秩比六百石。名義上隸太常，掌教授經學，考覈人材，奉命出使等。

[23] 九江：郡名。東漢時治所陰陵縣，在今安徽定遠縣西北。

[24] 尚書章句：《後漢書》卷六四《盧植傳》謂盧植"作《尚書章句》《三禮解詁》"。《隋書·經籍志》僅著錄《禮記》十卷，漢北中郎將盧植注。《舊唐書·經籍志》又著錄《禮記》二十卷，盧植注。

[25] 北中郎將：官名。東漢末所置四中郎將之一，主帥軍征伐。

[26] 少帝：指劉辯。　小平津：津渡名。在今河南鞏義市西北黃河上。

　　[27] 去位：趙幼文《校箋》謂《册府元龜》卷一三七引"位"字作"官"。

　　[28] 上谷：郡名。治所沮陽縣，在今河北懷來縣東南。　軍都山：一名居庸山。在今北京昌平區西北。層巒叠嶂，形勢險要，爲太行八徑之一。

　　[29] 初平：漢獻帝劉協年號（190—193）。

　　[30] 柳城：西漢縣名。屬遼西郡。東漢省。治所在今遼寧朝陽市西南十二臺營子。(本《〈中國歷史地圖集〉釋文匯編（東北卷）》)

　　[31] 令告太守：《後漢書》卷六四《盧植傳》亦載此令，文字稍有差異。

　　[32] 乃：趙幼文《校箋》謂《藝文類聚》卷四〇引無"乃"字，張采《三國文》同。

　　[33] 商容：殷商末之賢者，被紂所貶。《史記》卷三《殷本紀》謂周武王滅紂後，"釋箕子之囚，封比干之墓，表商容之閭"。吳金華《〈三國志集解〉箋記》謂"封比干之墓，表商容之閭"是兩漢魏晋之習慣，頗疑此傳寫不慎，跳脫"比干之墓表"五字。

　　[34] 子產：春秋時鄭國之賢相。《左傳·昭公二十年》云："及子產卒，仲尼聞之，出涕曰：'古之遺愛也。'"

　　[35] 有異於人：《後漢書》卷六四《盧植傳》作"宜有殊禮"。《公羊傳·昭公二十年》："賢者子孫，故君子爲之諱也。"

　　[36] 敬遣：趙幼文《校箋》謂《藝文類聚》卷四〇、《太平御覽》卷四七四引"敬"字作"亟"。此蓋當時公文用語。

　　[37] 酹（zhuì）：祭祀時以酒灑地。

　　　魏國既建，爲吏部郎。[1]文帝踐阼，徙黃門侍郎，出爲濟陰相，[2]梁、譙二郡太守。[3]帝以譙舊鄉，故大徙民充之，以爲屯田。[4]而譙土地墝瘠，百姓窮困，毓愍之，上表徙民於梁國就沃衍，[5]失帝意。雖聽毓所表，心猶恨之，遂左遷毓，使將徙民爲睢陽典農校尉。[6]毓心在利民，躬自臨視，擇居美田，百姓賴之。遷安平、廣平太守，[7]所在有惠化。

青龍二年，入爲侍中。先是，散騎常侍劉劭受詔定律，未就。毓上論古今科律之意，[8]以爲法宜一正，不宜有兩端，使姦吏得容情。及侍中高堂隆數以宮室事切諫，帝不悅，毓進曰：「臣聞君明則臣直，古之聖王恐不聞其過，故有敢諫之鼓。[9]近臣盡規，此乃臣等所以不及隆。隆諸生，名爲狂直，陛下宜容之。」在職三年，多所駁（爭）〔易〕。[10]詔曰：「官人秩才，聖帝所難，必須良佐，進可替否。侍中毓稟性貞固，心平體正，可謂明試有功，不懈于位者也。其以毓爲吏部尚書。」使毓自選代，曰：「得如卿者乃可。」毓舉常侍鄭沖，帝曰：「文和，[11]吾自知之，更舉吾所未聞者。」乃舉阮武、孫邕，帝於是用邕。

前此諸葛誕、鄧颺等馳名譽，有四窗八達之誚，[12]帝疾之。[13]時舉中書郎，[14]詔曰：「得其人與否，在盧生耳。選舉莫取有名，名如畫地作餅，[15]不可啖也。」毓對曰：「名不足以致異人，而可以得常士。常士畏教慕善，然後有名，非所當疾也。愚臣既不足以識異人，又主者正以循名案常爲職，[16]但當有以驗其後。故古者敷奏以言，[17]明試以功。今考績之法廢，而以毀譽相進退，故真僞渾雜，虛實相蒙。"帝納其言，即詔作考課法。會司徒缺，毓舉處士管寧，帝不能用。更問其次，毓對曰："敦篤至行，則太中大夫韓暨；[18]亮直清方，則司隸校尉崔林；貞固純粹，則太常常林。"帝乃用暨。毓於人及選舉，先舉性行，而後言才。黃門李豐嘗以問毓，[19]毓曰："才所以爲善也。故大才成大善，小才成小善。今稱之有才而不能爲善，是才不中器也。"[20]豐等服其言。

齊王即位，賜爵關內侯。時曹爽秉權，將樹其黨，徙毓僕射，以侍中何晏代毓。頃之，出毓爲廷尉，司隸畢軌又枉奏免官。衆論多訟之，乃以毓爲光禄勳。爽等見收，太傅司馬宣王使毓行司隸校尉，治其獄。復爲吏部尚書，加奉車都尉，[21]封高樂亭侯，轉爲僕射，故典選舉，加光禄大夫。高貴鄉公即位，進封大梁鄉侯。封一子（高）亭侯。[22]毌丘儉作亂，大將軍司馬景王出征，毓綱紀後事，加侍中。正元三年，[23]疾病，遜位。遷爲司空，固推驃騎將軍王昶、光禄大夫王觀、司隸校尉王祥。[24]詔使使者即授印綬，進爵封容城侯，[25]邑二千三百戶。甘露二年薨，[26]諡曰成侯。孫藩嗣。毓子欽、珽，咸熙中欽爲尚書，珽泰山太守。〔一〕

〔一〕《世語》曰：欽字子若，珽字子筎。欽泰始中爲尚書僕射，[27]領選，咸寧四年卒，[28]追贈衛將軍，開府。

虞預《晉書》曰：欽少居名位，不顧財利，清虛淡泊，[29]動脩禮典。[30]同郡張華，[31]家單少孤，不爲鄉邑所知，惟欽貴異焉。

欽子浮，字子雲。

《晉諸公贊》曰：張華博識多聞，[32]無物不知。浮高朗經博，有美於華，起家太子舍人，[33]病疽，截手，遂廢。朝廷器重之，就家以爲國子博士，[34]遷祭酒。[35]永平中爲秘書監。[36]琨及子皓、志並至尚書。[37]志子諶，字子諒。溫嶠表稱諶清出有文思。[38]

《諶別傳》曰：[39]諶善著文章。洛陽傾覆，北投劉琨，琨以爲司空從事中郎，[40]琨敗，諶歸段末波。[41]元帝之初，累召爲散騎中書侍郎，不得南赴。永和六年，[42]卒於胡（胡）中，[43]子孫過江。妖賊帥盧循，諶之曾孫。

[1] 吏部郎：官名。尚書吏部曹之長官，屬吏部尚書，主管官吏選任銓叙調動事務，可建議任免五品以下官吏。秩四百石，第六品。

[2] 濟陰：王國名。治所定陶縣，在今山東定陶縣西北。

[3] 梁：郡名。治所睢陽縣，在今河南商丘縣南。

[4] 屯田：曹魏繼承曹操建安初年實施之屯田制，在屯田區組織農民耕種田地。屯田農民屬專設之屯田官管理。他們須將收穫物按規定比例交給國家。

[5] 梁國：盧弼《集解》云："梁於太和六年始改郡爲國，上文言'梁、譙二郡'，此言'梁國'似有誤。"

[6] 睢陽：縣名。治所在今河南商丘市南。　典農校尉：官名。曹魏在郡國設置的屯田官，管理該屯田區的農業生産、民政和田租。地位相當於郡太守，但直屬中央大司農。秩比二千石，第六品。

[7] 安平：郡名。治所信都縣，在今河北冀縣。　廣平：郡名。治所曲梁縣，在今河北永年縣東北。

[8] 科律：盧弼《集解》謂《太平御覽》"科"作"制"。趙

幼文《校箋》謂見《太平御覽》卷二一九。

[9] 敢諫之鼓：《淮南子·主術訓》云：「古者天子聽朝，公卿正諫，博士誦詩，瞽箴師誦，庶人傳語，史書其過，宰徹其膳，猶以爲未足也。故堯置敢諫之鼓，舜立誹謗之木。」

[10] 駁易：各本作「駁爭」。殿本《考證》謂《太平御覽》作「駁易」。趙幼文《校箋》謂《北堂書鈔》卷六〇，《太平御覽》卷二一四、卷二一九引「爭」字俱作「易」。今據趙引改。

[11] 文和：鄭沖字文和。

[12] 四窗：各本皆作「四窗」，本書卷二八《諸葛誕傳》裴注引《世語》作「四聰」，校點本即據以改「窗」爲「聰」。蕭常《續後漢書》亦據《通鑑》改「窗」爲「聰」。其實二字相通，不必更改。徐紹楨《質疑》云：「《文選·東京賦》『八達九房』，薛注八達謂室有八窗也。是對『八達』而言，亦當作『四窗』。明堂八聰四達，正謂窗也。《釋名·釋宮室》云：『窗，聰也。於内窺外爲聰明也。』陳《志》作『四窗』，無煩改易。然《諸葛誕傳》注引《世語》亦作『四聰』，則二字古自通用矣。」今從徐説，仍作「四窗」。

[13] 帝疾之：趙幼文《校箋》謂《群書治要》卷二六引「疾」上有「深」字。

[14] 中書郎：官名。即中書侍郎。魏文帝黄初初，置中書監、令，下設通事郎，掌詔草，後又增設中書侍郎，亦稱中書郎，亦掌詔草。第五品。

[15] 名如：趙幼文《校箋》謂《初學記》卷一一、《太平御覽》卷二〇〇引「名」上有「有」字。

[16] 案常：趙幼文《校箋》謂《白孔六帖》卷四三引作「責實」。

[17] 敷奏以言：《尚書·堯典》：「敷奏以言，明試以功。」孔傳：「敷，陳；奏，進也。」

[18] 太中大夫：官名。秩千石，第七品。掌顧問應對，參謀

議政。

［19］黄門：即黄門侍郎。

［20］才不中器：吕思勉云："物必成器，然後有用，才不中器，則直爲無用之材矣。"（吕思勉：《讀史札記》，上海古籍出版社1982年版，第727頁）

［21］奉車都尉：官名。秩比二千石，第六品，掌皇帝車輿。無定員，或爲加官。

［22］亭侯：各本皆作"高亭侯"。潘眉《考證》云："'高'字宜衍，'高''亭'字相近，訛複也。"校點本即從潘説删"高"字。今從之。

［23］正元：魏少帝高貴鄉公曹髦年號（254—256）。

［24］驃騎將軍：官名。東漢時位比三公，地位尊崇。魏、晉沿置，居諸名號將軍之首，僅作爲將軍名號，加授大臣、重要州郡長官，無具體職掌，二品。開府者位從公，一品。

［25］進爵封：吴金華《〈三國志〉待質録》謂"爵封"兩字當有一衍。 容城：縣名。治所在今河北容城縣北。

［26］甘露：魏少帝高貴鄉公曹髦年號（256—260）。

［27］泰始：晋武帝司馬炎年號（265—274）。

［28］咸寧：晋武帝司馬炎年號（275—280）。

［29］淡泊：殿本"泊"字作"薄"，百衲本、盧弼《集解》本、校點本作"泊"。今從百衲本等。

［30］動：殿本作"勤"，百衲本、盧弼《集解》本、校點本作"動"。今從百衲本等。

［31］同郡張華：《晋書》卷三六《張華傳》云："張華字茂先，范陽方城人也。父平，魏漁陽郡守。華少孤貧，自牧羊，同郡盧欽見而器之。"按，魏文帝黄初中改涿郡爲范陽郡，晋因之，故稱同郡。

［32］多聞：百衲本作"名聞"，殿本、盧弼《集解》本、校點本作"多聞"。今從殿本等。

［33］太子舍人：官名。晉朝置十六員，第七品，職比散騎、中書侍郎，掌文章書記，初隸太子太傅、少傅，後隸太子詹事。

［34］國子博士：學官名。西晉武帝咸寧中立國子學，置一員，以教授生徒儒學，取履行清淳、通明典義者爲之，若散騎常侍、中書侍郎、太子中庶子以上，乃得召試，並應對殿堂，備咨詢顧問，隸國子祭酒。地位高於太學博士。

［35］祭酒：官名。此指國子祭酒，國子學之長官，掌教授生徒儒學，主管國子學，參議禮制，隸太常。

［36］永平：晉惠帝司馬衷年號（291）。　秘書監：官名。魏文帝初，置爲秘書署長官，秩六百石，第三品。掌管藝文圖籍。初屬少府，魏明帝時王肅任此職，上表諫不應屬少府，後遂不屬。晉武帝以秘書併入中書省，罷此職。晉惠帝永平元年復置，爲秘書寺長官，綜理經籍，考校古今，課試署吏，統著作局，掌國史修撰並管理中外三閣圖書。仍爲三品。

［37］尚書：官名。西晉初置吏部、三公、客曹、駕部、屯田、度支六曹尚書，秩皆六百石，第三品。其中吏部職要任重，徑稱吏部尚書，其餘諸曹均稱尚書。

［38］清出：殿本作"清飭"，百衲本、盧弼《集解》本、校點本作"清出"。今從百衲本等。

［39］諶別傳：沈家本《三國志注所引書目》謂《隋書·經籍志》《舊唐書·經籍志》《新唐書·藝文志》皆不著錄。

［40］從事中郎：官名。三國時三公府、將軍府皆置。爲屬吏。秩六百石，第六品。其職依時、依府而異，或爲主吏，或分掌諸曹，或掌機密，或參謀議，地位較高。員不定。晉制，領兵之公府置，故常帶將軍號，公及位從公以上加兵者置二人。

［41］段末波：鮮卑人。屬聚居遼西地區的段部鮮卑。

［42］永和：晉穆帝司馬聃年號（345—356）。

［43］胡中：各本皆作"胡胡中"。梁章鉅《旁證》云："兩'胡'字，衍一字。"校點本即從梁說删一"胡"字。今從之。沈

家本《瑣言》又云："'卒于胡'句絶，'胡中'下屬，非衍。"此說亦通。

評曰：桓階識覩成敗，才周當世。陳羣動仗名義，有清流雅望；泰弘濟簡至，允克堂構矣。[1]魏世事統臺閣，重内輕外，故八座尚書，[2]即古六卿之任也。[3]陳、徐、衛、盧，久居斯位，矯、宣剛斷骨鯁，臻、毓規鑒清理，咸不忝厥職云。

[1]允克堂構：謂陳泰能承繼其父祖之遺業。《尚書·大誥》："若考作室，既底法，厥子乃弗肯堂，矧肯構？"孔傳："以作室喻治政也。父已致法，子乃不肯爲堂基，況肯構立屋乎？"後因以堂構比喻祖先之遺業。

[2]八座：東漢稱尚書令、僕射及六曹尚書爲八座，魏仍稱尚書令、左右僕射及五曹尚書爲八座。

[3]古六卿：僞《古文尚書》以冢宰、司徒、宗伯、司馬、司寇、司空爲六卿，謂"六卿分職，各率其屬"。

三國志 卷二三

魏書二十三

和常楊杜趙裴傳第二十三

和洽字陽士，汝南西平人也。[1]舉孝廉，[2]大將軍辟，[3]皆不就。袁紹在冀州，[4]遣使迎汝南士大夫。洽獨以"冀州土平民彊，[5]英桀所利，四戰之地。本初乘資，[6]雖能彊大，然雄豪方起，[7]全未可必也。荊州劉表無他遠志，[8]愛人樂士，土地險阻，山夷民弱，易依倚也"。遂與親舊俱南從表，表以上客待之。[9]洽曰："所以不從本初，辟爭地也。昏世之主，不可黷近，[10]久而阽危，〔一〕必有讒慝閒其中者。"遂南度武陵。[11]

〔一〕臣松之案《漢書‧文紀》曰"阽於死亡"，《食貨志》曰"阽危若是"，注曰："阽音鹽，如屋簷，近邊欲墮之意也。"[12]一曰"臨危曰阽"。

[1] 汝南：郡名。治所平輿縣，在今河北平輿縣北。　西平：

縣名。治所在今河南西平縣西。

［2］孝廉：漢代選拔官吏的主要科目。孝指孝子，廉指廉潔之士。原本爲二科，後混同爲一科，也不再限於孝子和廉士。東漢後期定制爲不滿四十歲者不得察舉；被舉者先詣公府課試，以觀其能。郡國每年要向中央推舉一至二人。

［3］大將軍：官名。東漢時常兼錄尚書事，與太傅、太尉等共同主持政務。漢末位在三公上。

［4］冀州：東漢末州牧刺史治所常設在鄴，在今河北臨漳縣西南鄴鎮東一里半。

［5］民彊：殿本作"兵彊"，百衲本、盧弼《集解》本、校點本作"民彊"。今從百衲本等。

［6］本初：袁紹字本初。

［7］方起：殿本作"四起"，百衲本、盧弼《集解》本、校點本作"方起"。今從百衲本等。

［8］荊州：刺史治所本在漢壽縣，在今湖南常德市東北。劉表爲刺史，移治所於襄陽縣，在今湖北襄陽市。

［9］上客：殿本"客"字作"賓"，今從百衲本、盧弼《集解》本、校點本作"客"。

［10］蠻：殿本作"乘"，今從百衲本、盧弼《集解》本、校點本作"蠻"。

［11］武陵：郡名。治所臨沅縣，在今湖南常德市。

［12］欲：殿本作"易"，今從百衲本、盧弼《集解》本、校點本作"欲"。

太祖定荊州，辟爲丞相掾屬。[1]時毛玠、崔琰並以忠清幹事，其選用先尚儉節。洽言曰："天下大器，在位與人，不可以一節（儉）〔檢〕也。[2]儉素過中，自以處身則可，以此節格物，[3]所失或多。今朝廷之議，吏有著新衣、乘好車者，謂之不清；長吏過營，[4]形容不飾，衣裘敝壞者，[5]謂之廉潔。至令士大夫故汙辱其衣，藏其輿服；朝府大吏，或自挈壺餐以入官寺。[6]夫立教觀俗，貴處中庸，[7]爲可繼也。今崇一概難堪之行以檢殊塗，勉而爲之，必有疲瘁。古之大教，務在通人情而已。凡激詭之行，則容隱偽矣。"〔一〕

〔一〕孫盛曰：昔先王御世，觀民設教，雖質文因時，損益代用，至於車服禮秩，貴賤等差，其歸一揆。魏承漢亂，風俗侈泰，誠宜仰思古制，訓以約簡，使奢不陵肆，儉足中禮，進無蜉蝣之刺，[8]退免採莫之譏；[9]如此則治道隆而頌聲作矣。夫矯枉過正則巧偽滋生，以克訓下則民志險隘，非聖王所以陶化民物，[10]閑邪存誠之道。和洽之言，於是允矣。

[1] 丞相掾屬：官名。丞相府之屬吏。丞相府設有諸曹，如東曹、戶曹、金曹、兵曹等。掾爲曹長，屬爲副貳。

[2] 檢：各本皆作"儉"。錢大昭《辨疑》云："下文云'今從一概難堪之行以檢殊塗'，即此意。'儉'當作'檢'。"校點本即據錢說改"儉"爲"檢"。今從之。

[3] 此節：盧弼《集解》謂《通鑑》無"節"字。趙幼文《校箋》謂《群書治要》卷二六、《通典·選舉二》引俱無"節"字。考"此"字即指儉而言，無庸重贅"節"字也。　格物：糾正人之行爲。

[4] 長吏：泛指上級長官。

[5] 敝：百衲本作"獘"，殿本作"弊"，盧弼《集解》本、校點本作"敝"。按，三字同，今從《集解》本等。《玉篇·尚部》："敝，壞也，敗也。或作'獘'。"

[6] 壺餐：用壺盛的湯飯或其他熟食。

[7] 中庸：胡三省云："中者，正道；庸者，常道。程子曰：不偏之謂中，不易之謂庸。"（《通鑑》卷六六漢獻帝建安十四年注）

[8] 蜉蝣：《詩·曹風》篇名。其序云："蜉蝣，刺奢也。昭公國小而迫，無法以自守。好奢而任小人，將無所依焉。"

[9] 采莫：指《詩·魏風·汾沮洳》篇。其首章云："彼汾沮洳，言采其莫。"其序云："汾沮洳，刺儉也。其君儉以能勤，刺不得禮也。"

[10] 民物：趙幼文《校箋》謂《群書治要》卷二六引"民"字作"萬"。

魏國既建，爲侍中。[1]後有白毛玠謗毀太祖，太祖見近臣，怒甚。洽陳玠素行有本，求案實其事。罷朝，太祖令曰："今言事者白玠不但謗吾也，乃復爲崔琰觖望。[2]此（損）〔捐〕君臣恩義，[3]妄爲死友怨歎，[4]殆不可忍也。昔蕭、曹與高祖並起微賤，[5]致功立勳。高祖每在屈笮，[6]二相恭順，臣道益彰，所以祚及後世也。和侍中比求實之，所以不聽，欲重參之耳。"洽對曰："如言事者言，玠罪過深重，非天地所覆載。臣非敢曲理玠以枉大倫也，[7]以玠出羣吏之中，特見拔擢，顯在首職，[8]歷年荷寵，剛直忠公，爲衆所憚，不宜有此。然人情難保，要宜考覈，兩驗其實。今聖恩垂含垢之仁，不忍致之于理，更使曲直之分不明，疑自近始。"太祖曰："所以不考，欲兩全玠及言事者耳。"洽對曰："玠信有謗主之言，[9]當肆之市朝；[10]若玠無此，言事者加誣大臣以誤主聽；二者不加檢覈，臣竊不安。"太祖曰："方有軍事，安可受人言便考之邪？

狐射姑刺陽處父於朝,[11]此爲君之誡也。"

太祖克張魯,洽陳便宜以時拔軍徙民,可省置守之費。太祖未納,其後竟徙民棄漢中。[12]出爲郎中令。[13]文帝踐阼,爲光禄勳,[14]封安城亭侯。[15]明帝即位,進封西陵鄉侯,邑二百户。

太和中,[16]散騎常侍高堂隆奏:[17]"時風不至,而有休廢之氣,[18]必有司不勤職事以失天常也。"詔書謙虛引咎,博諮異同。洽以爲"民稀耕少,浮食者多。[19]國以民爲本,民以穀爲命。故費一時之農,[20]則失育命之本。是以先王務蠲煩費,以專耕農。自春夏以來,民窮於役,農業有廢,百姓嚻然,時風不至,未必不由此也。消復之術,莫大於節儉。太祖建立洪業,奉師徒之費,供軍賞之用,吏士豐於資食,倉府衍於穀帛,由不飾無用之宮,絕浮華之費。方今之要,固在息省勞煩之役,損除他餘之務,[21]以爲軍戎之儲。三邊守禦,宜在備豫。料賊虛實,蓄士養衆,算廟勝之策,明攻取之謀,詳詢衆庶以求厥中。若謀不素定,輕弱小敵,軍人數舉,舉而無庸,[22]所謂'悅武無震',[23]古人之誡也。"

轉爲太常,[24]清貧守約,至賣田宅以自給。明帝聞之,加賜穀帛。薨,諡曰簡侯。子(禽)〔离〕嗣。[25](禽)〔离〕音離。(禽)〔离〕弟(適)〔逌〕,[26]才爽開濟,官至廷尉、吏部尚書。〔一〕[27]

〔一〕《晉諸公贊》曰:和嶠字長輿,(適)〔逌〕之子也。

少知名，以雅重稱。[28]常慕其舅夏侯玄之爲人，厚自封植，凝然不羣。於黃門郎遷中書令，[29]轉尚書。[30]愍懷太子初立，[31]以嶠爲少保，[32]加散騎常侍。家產豐富，擬於王公，而性至儉吝。嶠同母弟郁，素無名，嶠輕侮之，以此爲損。卒於官，贈光祿大夫。[33]郁以公疆當世，致位尚書令。[34]

[1] 侍中：官名。秩比二千石。職掌門下衆事，侍從左右，顧問應對。漢靈帝時置侍中寺，不再隸屬少府。獻帝時定員六人，與給事黃門侍郎出入禁中，近侍帷幄，省尚書事。

[2] 觖（jué）望：怨望。因不滿而怨恨。《史記》卷九三《盧綰列傳》：“欲王盧綰，爲群臣觖望。”《索隱》：“服虔音決。觖望猶怨望也。”

[3] 捐：各本作"損"。盧弼《集解》云："《通鑑》'損'作'捐'。"按，此見《通鑑》卷六七《漢紀》建安二十一年。趙幼文《校箋》云："作'捐'字是。捐，棄也。"今從盧、趙說據《通鑑》改。

[4] 死友：交情深厚，至死不變之朋友。

[5] 蕭曹：指蕭何、曹參。與漢高祖劉邦在秦末皆爲下級官吏。劉邦爲亭長，蕭何爲沛縣主吏，曹參爲獄掾。後隨劉邦起兵，皆有功，封侯。劉邦建立漢王朝後，蕭何、曹參又相繼爲相國。（見《史記》卷五四《曹相國世家》）

[6] 屈笮（zé）：困厄。

[7] 大倫：人與人關係之大準則。《孟子·公孫丑下》："內則父子，外則君臣，人之大倫也。"

[8] 首職：此時毛玠爲尚書僕射。

[9] 謗主：殿本、校點本作"謗上"，百衲本、盧弼《集解》本作"謗主"。蕭常《續後漢書》亦作"謗主"。今從百衲本等。

[10] 肆之市朝：謂執行死刑後陳屍示衆，或陳於朝廷，或陳

於市集。

［11］狐射（yè）姑：春秋時晉臣。《春秋·文公六年》："晉殺其大夫陽處父。晉狐射姑出奔狄。"《公羊傳》："君將使射姑將，陽處父諫曰：'射姑，民衆不説，不可使將。'於是廢將。陽處父出，射姑入，君謂射姑曰："陽處父言：射姑，民衆不説，不可使將。'射姑怒，出刺陽處父於朝而走。"

［12］漢中：郡名。治所南鄭縣，在今陝西漢中市東。

［13］出：盧弼《集解》云："和洽由侍中爲郎中令，仍居宿衛，不得云'出'。" 郎中令：官名。秦朝置郎中令，漢初沿置，漢武帝時改稱光禄勳，爲九卿之一，秩中二千石。掌宿衛宮殿門户及侍從左右。建安十八年（213）曹操爲魏公建魏國，又置郎中令，黄初元年（220）又改稱光禄勳，第三品。

［14］光禄勳：官名。秩中二千石，第三品。掌宿衛宮殿門户，朝會則皆禁止，及主諸郎之在殿中侍衛者。

［15］亭侯：爵名。漢制，列侯大者食縣邑，小者食鄉、亭。東漢後期遂以食鄉、亭者稱爲鄉侯、亭侯。曹魏因之。

［16］太和：魏明帝曹叡年號（227—233）。

［17］散騎常侍：官名。秩比二千石，第三品。爲門下重職，侍從皇帝左右，諫諍得失，應對顧問，與侍中等共平尚書奏事，有異議得駁奏。

［18］休廢：猶衰敗。

［19］浮食：盧弼《集解》本作"人食"，百衲本、殿本、校點本作"浮食"。今從百衲本等。

［20］費：殿本、盧弼《集解》本、校點本作"費"，百衲本作"廢"。今從殿本等。

［21］他餘：吳金華《校詁》云："猶今語'其他''其餘'，同義之字平列。"又按此句之"損除"應作"捐除"，因無文獻依據，故不改字。

［22］無庸：無功。

[23] 悦武無震：徐紹楨《質疑》云："作'悦'者，蓋'閲'之假借，悦、閲並從兑聲，故可相通。《左傳·昭公七年》'南宫説'，《禮記·檀弓》作'南宫閲'，説、悦亦古通用。"按徐説有理。《國語·周語上》："先王耀德不觀兵。夫兵戢而時動，動則威，觀則玩，玩則無震。"閲武即觀兵。"悦武無震"，蓋概括《國語》之意。

[24] 太常：官名。秩中二千石，第三品。掌禮儀祭祀，選試博士。

[25] 离：各本皆作"禽"。梁章鉅《旁證》謂"禽"當作"离"，蓋字形相近而誤，注中音"離"可證。校點本即從梁説改。今從之。

[26] 逌（yóu）：各本皆作"適"。陳景雲《辨誤》云："'適'當作'逌'，注同。《三少帝紀》甘露二年帝臨辟雍賦詩，侍中和逌等作詩稽留，即其人也。又《晉書·和嶠傳》亦可考。"校點本即從陳説改。今從之。

[27] 廷尉：官名。秩中二千石，第三品。掌司法刑獄。 吏部尚書：官名。尚書臺（省）吏部曹長官，主管官吏銓選考課等，第三品，位居列曹尚書之上。

[28] 雅重：趙幼文《校箋》謂《世説新語·方正篇》注引"重"字作"量"。

[29] 黄門郎：官名。即給事黄門侍郎，秩六百石，第五品。掌侍從皇帝左右，關通中外，與侍中俱出入宫中，近侍帷幄，省尚書奏事。 中書令：官名。西晉承魏制，置中書令，仍三品，掌傳達皇帝旨意，貴重尤甚，雖資位遜於尚書令，實權則過之。入選者多文學之士，常以宰相、諸公兼領。

[30] 尚書：官名。西晉初置吏部、三公、客曹、駕部、屯田、度支六曹尚書，其中吏部職要任重，徑稱吏部尚書，其餘諸曹均稱尚書。秩皆六百石，第三品。

[31] 愍懷太子：司馬遹。晉惠帝長子。惠帝即位即立爲太子，後被賈后所廢，又加殺害。及賈后被廢後，册命遹復爲太子，謚曰

愍懷。（見《晋書》卷五三《愍懷太子傳》）

[32] 少保：官名。指太子少保。晋惠帝時置，爲東宫三少之一，尊稱"宫保"。位居太子少師、少傅下。職掌、品秩同少師，皆掌輔導太子，第三品。

[33] 光禄大夫：官名。西晋時位在諸卿上，第三品，多授予年老有病的致仕官員，無具體職掌。

[34] 尚書令：官名。曹魏時仍爲尚書臺長官，第三品，不再隸屬少府。仍掌奏、下尚書曹文書衆事，選用署置官吏；總典臺中綱紀法度，無所不統。後又綜理萬機，決策出令。

洽同郡許混者，許劭子也。清醇有鑒識，明帝時爲尚書。〔一〕[1]

〔一〕劭字子將。《汝南先賢傳》曰：[2]召陵謝子微，[3]高才遠識，見劭年十八時，乃歎息曰："此則希世出衆之偉人也。"劭始發明樊子昭於鬻幘之肆，出虞永賢於牧豎，[4]召李淑才鄉閭之間，[5]擢郭子瑜鞍馬之吏，援楊孝祖，舉和陽士，兹六賢者，皆當世之令懿也。其餘中流之士，或舉之於淹滯，或顯之乎童齒，莫不賴劭顧歎之榮。[6]凡所拔育，顯成令德者，不可殫記。其探擿僞行，抑損虛名，則周之單襄，[7]無以尚也。劭宗人許相，沉没榮利，致位司徒。舉宗莫不蒱匐相門，承風而驅，官以賄成，惟劭不過其門。廣陵（徐孟本）〔徐孟玉〕來臨汝南，[8]聞劭高名，請爲功曹。[9]饕餮放流，絜士盈朝。袁紹公族好名，爲濮陽長，[10]棄官來還，有副車從騎，將入郡界，紹乃歎曰：[11]"吾之輿服，豈可使許子將見之乎？"遂單車而歸。辟公府掾，[12]拜鄢陵令，[13]方正徵，[14]皆不就。避亂江南，[15]所歷之國，必翔而後集。[16]終于豫章，[17]時年四十六。有子曰混，顯名魏世。

［1］尚書：官名。曹魏置吏部、左民、客曹、五兵、度支等五曹尚書，秩皆六百石，第三品。其中吏部職要任重，徑稱爲吏部尚書，其餘諸曹均稱尚書。

［2］汝南先賢傳：《隋書·經籍志》史部雜傳類著録《汝南先賢傳》五卷，魏周斐撰。《舊唐書·經籍志》則著録《汝南先賢傳》三卷，周裴（當爲"斐"）撰。《新唐書·藝文志》又著録周斐《汝南先賢傳》五卷。趙幼文《校箋》則謂《世説新語·賞譽篇》注引作"海内先賢傳"。

［3］召陵：縣名。治所在今河南郾城縣東。

［4］虞永賢：趙幼文《校箋》謂《世説新語·賞譽篇》注引"永"字作"承"。

［5］淑：殿本、盧弼《集解》本作"叔"，百衲本、校點本作"淑"。今從百衲本等。

［6］顧歆：盧弼《集解》本作"顧采"，百衲本、殿本、校點本作"顧歆"。今從百衲本等。

［7］單襄：即單襄公。《國語·周語中》韋昭注謂單襄公即周卿士單朝。《國語·周語中》載，周定王使單襄公借道陳國去訪問楚國，在經陳國途中，單朝見到各種荒廢衰敗景象，回朝後向周定王説："陳侯如不遭凶災，國家也會滅亡。"並詳細分析其緣由。兩年後，陳靈公被夏徵舒殺害，次年楚國又攻入陳國。

［8］廣陵：郡名。東漢治所廣陵縣，在今江蘇揚州市西北蜀岡上。　徐孟玉：各本皆作"徐孟來"。《後漢書》卷四八《徐璆傳》謂"徐璆字孟玉，廣陵海西人"；"遷汝南太守，轉東海相，所在化行"。校點本即據《徐璆傳》改"孟來"爲"孟玉"。今從之。

［9］請爲功曹：《世説新語·賞譽篇》注引作"召功曹"。徐震堮《校箋》云："召，沈校本作'辟'，是。'召'蓋'辟'之壞字。"按，功曹，官名。漢代郡太守下設功曹史，簡稱功曹，爲郡太守之佐吏，除分掌人事外，並得參與一郡之政務。

［10］濮陽：縣名。治所在今河南濮陽縣西南。

[11] 乃歎曰："歎曰"以下語，趙幼文《校箋》謂《世說新語·賞譽篇》注引作"許子將秉持清格，豈可以吾輿服見之邪"。

[12] 掾：官名。屬官之統稱。漢代三公府及其他重要官府皆置掾，分曹治事，掾為曹長。

[13] 鄢陵：縣名。治所在今河南鄢陵縣西北。

[14] 方正：漢代選舉人才科目之一，多與賢良並稱為賢良方正。

[15] 避亂：趙幼文《校箋》謂《世說新語·賞譽篇》注引"亂"字作"地"。

[16] 翔而後集：《論語·鄉黨》："色斯舉矣，翔而後集。"何晏《集解》："周曰：回翔審觀而後下止。"

[17] 豫章：郡名。治所南昌縣，在今江西南昌市。

常林字伯槐，河內溫人也。[1]年七歲，有父黨造門，問林："伯先在否？[2]汝何不拜！"林曰："雖當下客，臨子字父，何拜之有？"於是咸共嘉之。[一]太守王匡起兵討董卓，[3]遣諸生於屬縣微伺吏民罪負，便收之，考責錢穀贖罪，稽遲則夷滅宗族，以崇威嚴。林叔父摑客，[4]為諸生所白，匡怒收治。舉宗惶怖，不知所責多少，懼繫者不救。林往見匡同縣胡母彪曰："王府君以文武高才，[5]臨吾鄢郡。鄢郡表裏山河，土廣民殷，又多賢能，惟所擇用。今主上幼沖，賊臣虎據，[6]華夏震慄，雄才奮用之秋也。若欲誅天下之賊，扶王室之微，智者望風，應之若響，克亂在和，何征不捷？苟無恩德，任失其人，覆亡將至，何暇匡翼朝廷，崇立功名乎？君其藏之！"因說叔父見拘之意。彪即書責匡，匡原林叔父。林乃避地上黨，[7]耕種山阿。當時旱蝗，林獨豐收，盡呼比鄰，升斗分之。依故河間太守陳延壁。[8]陳、馮二姓，舊族冠冕。張楊利其婦女，貪其資貨。林率其宗族，爲之策謀。見圍六十餘日，卒全堡壁。

〔一〕《魏略》曰：林少單貧。雖貧，自非手力，不取之於人。[9]性好學，漢末爲諸生，帶經耕鉏。其妻常自〔擔〕餽餉之，[10]林雖在田野，其相敬如賓。

［1］河內：郡名。治所懷縣，在今河南武陟縣西南。　溫：縣名。治所在今河南溫縣西南。

［2］問林：趙幼文《校箋》謂《太平御覽》卷三八四、卷五四二引"林"下有"曰"字。　伯先：梁章鉅《旁證》云："伯先是常林父字，其名無可考。"

［3］王匡：其事見本書卷一《武帝紀》初平元年及裴注引《英雄記》、謝承《後漢書》。

［4］客：投靠豪強的依附者。

［5］府君：對太守之尊稱。

［6］賊臣：指董卓。

［7］上黨：郡名。漢代治所長子縣，在今山西長子縣西南。東漢末移治所於壺關，在今山西長治市北。

［8］河間：郡名。治所樂成縣，在今河北獻縣東南。　壁：塢壁。用以防禦自衛的土障。東漢末戰亂時，豪強多聚族而居，築塢壁以自衛。

［9］自非手力不取之於人：趙幼文《校箋》謂《北堂書鈔》卷九七引"力"下有"作"字，"不"下有"敢"字。按，《北堂書鈔》引實無"作"字與"敢"字。

［10］自擔：各本皆無"擔"字。盧弼《集解》謂《北堂書

鈔》卷九七引"自"下有"擔"字。趙幼文《校箋》謂《太平御覽》卷四三二、卷四八九引"自"下有"擔"字。按,《北堂書鈔》引實無"擔"字。今從趙説增。

并州刺史高幹表爲騎都尉,[1]林辭不受。後刺史梁習薦州界名士林及楊俊、王淩、王象、荀緯,太祖皆以爲縣長。林宰南和,[2]治化有成,超遷博陵太守、幽州刺史,[3]所在有績。文帝爲五官將,[4]林爲功曹。[5]太祖西征,[6]田銀、蘇伯反,[7]幽、冀扇動。文帝欲親自討之,[8]林曰:"昔悉博陵,又在幽州,賊之形勢,可料度也。北方吏民,樂安厭亂,服化已久,守善者多。銀、伯犬羊相聚,智小謀大,不能爲害。方今大軍在遠,外有彊敵,將軍爲天下之鎮也,[9]輕動遠舉,雖克不武。"文帝從之,遣將往伐,[10]應時克滅。

出爲平原太守、魏郡東部都尉,[11]入爲丞相東曹屬。[12]魏國既建,拜尚書。文帝踐阼,遷少府,[13]封樂陽亭侯,[一]轉大司農。[14]明帝即位,進封高陽鄉侯,徙光禄勳、太常。晉宣王以林鄉邑耆德,[15]每爲之拜。或謂林曰:"司馬公貴重,君宜止之。"[16]林曰:"司馬公自欲敦長幼之叙,爲後生之法。[17]貴非吾之所畏,拜非吾之所制也。"言者踧踖而退。[二][18]時論以林節操清峻,欲致之公輔,而林遂稱疾篤。拜光禄大夫。[19]年八十三,薨,追贈驃騎將軍,[20]葬如公禮,諡曰貞侯。子耆嗣,[21]爲泰山太守,[22]坐法誅。耆弟静紹封。[三]

〔一〕《魏略》曰：林性既清白，當官又嚴。少府寺與鴻臚對門，[23]時崔林爲鴻臚。[24]崔性闊達，[25]不與林同，數數聞林搉吏聲，不以爲可。林夜搉吏，不勝痛，[26]叫呼敖敖徹曙。明日，崔出門，與林車相遇，乃啁林曰："聞卿爲廷尉，爾邪？"林不覺，答曰："不也。"崔曰："卿不爲廷尉，昨夜何故考囚乎？"林大慚，然不能自止。

〔二〕《魏略》曰：初，林少與司馬京兆善。[27]太傅每見林，[28]輒欲跪。林止之曰："公尊貴矣，止也！"及司徒缺，[29]太傅有意欲以林補之。案《魏略》此語，與本傳反。臣松之以爲林之爲人，不畏權貴者也。論其然否，謂本傳爲是。

〔三〕案《晉書》，諸葛誕反，大將軍東征，[30]豈坐稱疾，爲司馬文王所誅。[31]

《魏略》以林及吉茂、沐並、時苗四人爲《清介傳》。

吉茂字叔暢，馮翊池陽人也。[32]世爲著姓。好書，不恥惡衣惡食，而恥一物之不知。建安初，[33]關中始平，[34]茂與扶風蘇則共入武功南山，[35]隱處精思數歲。州舉茂才，[36]除臨汾令，[37]居官清靜，吏民不忍欺。轉爲武德侯庶子。[38]二十二年，[39]坐其宗人吉本等起事被收。先是科禁內學及兵書，[40]而茂皆有，匿不送官。及其被收，不知當坐本等，顧謂其左右曰："我坐書也。"會鍾相國證茂、本服第已絕，[41]故得不坐。後以茂爲武陵太守，不之官。轉酇相，[42]以國省，拜議郎。[43]景初中病亡。[44]自茂修行，從少至長，冬則被裘，夏則短褐，[45]行則步涉，食則茨藿，[46]臣役妻子，室如懸磬。[47]其或饋遺，一不肯受。雖不以此高人，亦心疾不義而貴且富者。先時國家始制九品，[48]各使諸郡選置中正，[49]差敘自公卿以下，至于郎吏，功德材行所任。茂同郡護羌校尉王琰，[50]前數爲郡守，不名爲清白。而琰子嘉仕歷諸縣，亦復爲通人。嘉時還爲散騎郎，[51]馮翊郡移嘉爲中正。嘉敘茂雖在上第，[52]而狀甚下，[53]云："德優能少。"茂慍曰："痛乎，我效汝父子冠幘劫人邪！」初，茂同產兄黃，以十二年中從公府掾爲長陵令。[54]是時科禁長吏擅去官，而黃聞司徒趙溫薨，自以爲故吏，違科奔喪，爲司隷鍾繇所收，[55]遂伏法。茂時爲白衣，始有清名於三輔，[56]以爲兄坐追義而死，怨怒不肯哭。至歲終，繇舉茂。議者以爲茂必不就，及舉既到而茂就之，故時人或以茂爲畏繇，或以茂爲氂士也。[57]

　　沐並字德信，河間人也。少孤苦，袁紹父子時，始爲名吏。[58]有志介，[59]嘗過姊，姊爲殺雞炊黍而不留也。然爲人公果，不畏彊禦，丞相召署軍謀掾。[60]黃初中，[61]爲成皐令。[62]校事劉肇出過縣，[63]遣人呼縣吏，求索槀穀。[64]是時蝗旱，官無有見。未辨之間，肇人從入並之閤下，咆呼罵吏。[65]並怒，因躡履提刀而出，[66]多從吏卒，[67]欲收肇。肇覺知驅走，具以狀聞。有詔：「肇爲牧司爪牙吏，[68]而並欲收縛，無所忌憚，自恃清名邪？」遂收欲殺之。（肇）髡決，[69]減死，刑竟復吏，由是放散十餘年。至正始中，[70]爲三府長史。[71]時吳使朱然、諸葛瑾攻圍樊城，[72]遣船兵於峴山東斫材牂柯，[73]人兵作食，[74]有先熟者呼後熟者，言：「共食來。」後熟者答言：「不也。」呼者曰：「汝欲作沐德信邪？」其名流布，播於異域如此。雖自華夏，[75]不知者以爲前世人也。爲長史八年，晚出爲濟陰太守，[76]召還，拜議郎。年六十餘，自慮身無常，豫作終制，戒其子以儉葬，曰：「告雲、儀等：[77]夫禮者，生民之始教，而百世之中庸也。故力行者則爲君子，不務者終爲小人，然非聖人莫能履其從容也。是以富貴者有驕奢之過，而貧賤者譏於固陋，於是養生送死，苟竊非禮。[78]由斯觀之，陽虎璵璠，[79]甚於暴骨；桓魋石椁，[80]不如速朽。此言儒學撥亂反正、鳴鼓矯俗之大義也，未是夫窮理盡性、陶冶變化之實論也。[81]若能原始要終，以天地爲一區，萬物爲芻狗，[82]該覽玄通，求形景之宗，同禍福之素，一死生之命，吾有慕於道矣。夫道之爲物，惟恍惟忽，[83]壽爲欺魄，[84]夭爲鳧没，[85]身淪有無，與神消息，含悅陰陽，甘夢太極。奚以棺槨爲牢，衣裳爲（纏）〔經〕?[86]屍繫地下，長幽桎梏，豈不哀哉！昔莊周闊達，無所適莫；[87]又楊王孫裸體，[88]貴不久（容）〔客〕耳。[89]至夫末世，緣生怨死之徒，乃有含珠鱗柙，[90]玉琳象柶，殺人以狗；壙穴之內，[91]錮以紵絮，藉以蜃炭，[92]千載僵燥，託類神仙。於是大教陵遲，競於厚葬，謂莊子爲放蕩，以王孫爲戮屍，豈復識古有衣薪之鬼，而野有狐狸之嚌乎哉?[93]吾以材質滓濁，汙於清流。昔忝國恩，歷試宰守。所在無效，代匠傷指，[94]狼跋首尾，[95]無以雪恥。如不可求，從吾所好。今年過耳順，[96]奄忽無常，苟得獲沒，即以吾身襲於王孫矣。上冀以贖市朝之逋罪，下以親道化之靈祖。顧爾幼昏，未知臧否，若將逐俗，抑廢吾志，私稱從令，未必爲孝；而犯魏顆聽治之賢，[97]爾爲棄父之命，誰或矜之！使死而有知，吾將屍視。"至嘉平中，[98]病甚。臨困，又敕豫掘埳。[99]戒氣絕，令二人舉屍即埳，絕哭泣之聲，止婦女之送，禁弔祭之賓，無設搏治粱米之奠。[100]又戒後亡者不得入藏，不得封樹。妻子皆遵之。

時苗字德胄，鉅鹿人也。[101]少清白，爲人疾惡。建安中，入丞相府。出爲壽春令，[102]令行風靡。揚州治在其縣，時蔣濟爲治中。[103]苗以初至往謁濟，濟素嗜酒，適會其醉，不能見苗。苗忿恨還，刻木爲人，署曰"酒徒蔣濟"，置之牆下，[104]旦夕射之。州郡雖知其所爲不恪，然以其履行過人，[105]無若之何。又其始之官，乘薄䢞音飯。車，[106]黃牸牛，[107]布被囊。居官歲餘，牛生一犢。及其去，[108]留其犢，謂主簿曰：[109]"令來時本無此犢，[110]犢是淮南所生有也。"[111]羣吏曰："六畜不識父，自當隨母。"苗不聽，時人皆以爲激，然由此名聞天下。還爲太官令，[112]領其郡中正，定九品，於敍人才不能寬，[113]然紀人之短，雖在久遠，銜之不置。如所忿蔣濟者，仕進至太尉，[114]濟不以苗前毀己爲嫌，苗亦不以濟貴更屈意。爲令數歲，不肅而治。遷典農中郎將。[115]

年七十餘，以正始中病亡也。

　　[1] 并州：刺史治所晉陽縣，在今山西太原市西南古城營西古城。　騎都尉：官名。屬光祿勳，秩比二千石，掌羽林騎兵。

　　[2] 南和：縣名。治所在今河北南和縣。

　　[3] 博陵：郡名。治所博陵縣，在今河北蠡縣南。　幽州：刺史治所薊縣，在今北京城西南。

　　[4] 五官將：即五官中郎將。漢代，主管五官郎，職掌宿衛殿門，出充車騎，屬光祿勳，不置僚屬，秩比二千石，漢末曹丕爲此官，置僚屬，並爲丞相之副。

　　[5] 功曹：官名。魏、晉除郡縣置功曹外，不開府將軍、太子二傅等亦置功曹，爲其僚屬。

　　[6] 西征：曹操西征馬超等在建安十六年（211）。見本書卷一《武帝紀》。

　　[7] 田銀蘇伯反：田銀、蘇伯反事又見本書卷九《曹仁傳》、卷一一《國淵傳》等。

　　[8] 親自：趙幼文《校箋》謂《册府元龜》卷七二〇引無"自"字，《季漢書》同。

　　[9] 天下之鎮：胡三省云："謂留守鄴也。"（《通鑑》卷六六漢獻帝建安十七年注）

　　[10] 遣將：本書卷一四《程昱傳》裴注引《魏書》謂遣賈信。

　　[11] 平原：郡名。治所平原縣，在今山東平原縣西南。　魏郡：治所鄴縣，在今河北臨漳縣西南鄴鎮東一里半。　都尉：官名。西漢時郡置都尉，輔佐郡守並掌本郡軍事。東漢廢除，僅在邊郡或關塞之地置都尉及屬國都尉，並漸漸分縣治民，職如太守。建安十八年曹操分魏郡爲東西兩部，亦分別置都尉以治之。

　　[12] 丞相東曹屬：官名。丞相府之屬吏，秩二百石，佐東曹掾典選舉。

［13］少府：官名。秩中二千石。東漢時，掌宮中御衣、寶貨、珍膳等。魏、晉沿之，主要管理宮廷手工業。三品。

［14］大司農：官名。秩中二千石，第三品。掌國家財政收支及諸郡縣管理屯田之典農官。

［15］晉宣王：司馬懿。魏元帝咸熙初其子司馬昭爲晉王，追尊他爲晉宣王。　鄉邑：司馬氏亦河內溫縣人。　耆德：《太平御覽》卷二二八引作"耆老"。

［16］宜止之：趙幼文《校箋》謂《初學記》卷一二、《太平御覽》卷二二八引"宜"下有"且"字。

［17］爲後生之法：趙幼文《校箋》謂《初學記》《太平御覽》引"爲"上有"以"字。

［18］踧（cù）踖（jí）：恭敬而不安的樣子。

［19］光祿大夫：官名。秩比二千石，第三品，位次三公。無定員，無固定職守，相當於顧問。諸公告老及在朝重臣加此銜以示優重。

［20］驃騎將軍：官名。東漢時位比三公，地位尊崇。魏、晉沿置，居諸名號將軍之首，僅作爲將軍名號，加授大臣、重要州郡長官，無具體職掌，二品。開府者位從公，一品。

［21］旹：古"時"字。

［22］泰山：郡名。治所奉高縣，在今山東泰安市東。

［23］鴻臚：指大鴻臚寺。

［24］鴻臚：即大鴻臚。官名。漢列卿之一，秩中二千石。掌少數民族君長、諸侯王、列侯之迎送、接待、安排朝會、封授、襲爵及奪爵削土之典禮；諸侯王死，則奉詔護理喪事，宣讀誄策謚號；百官朝會，掌贊襄引導；兼管京都之郡國邸舍及郡國上計吏之接待；又兼管少數民族之朝貢使節及侍子。三國沿之，魏爲三品。

［25］崔性：趙幼文《校箋》謂《藝文類聚》卷四九引無"崔"字。

［26］林夜撾吏不勝痛：趙幼文《校箋》謂《藝文類聚》引作"林嘗撾吏吏不勝痛"。

［27］司馬京兆：指司馬懿之父司馬防。東漢時司馬防曾爲京兆尹。詳見本書卷一五《司馬朗傳》裴注引司馬彪《序傳》。

［28］太傅：指司馬懿。司馬懿在少帝齊王芳正始中曾爲太傅。

［29］司徒：官名。曹魏恢復三公制，改相國爲司徒，仍與太尉、司空爲三公，共同行使宰相職能，位次太尉。本職掌民政，第一品。

［30］大將軍：指司馬昭。

［31］司馬文王：即司馬昭。　誅：盧弼《集解》本作"誅"，百衲本、殿本、校點本作"法"。趙幼文《校箋》云："考傳文云'坐法誅'，疑作'誅'字爲是。"今從《集解》本。

［32］馮（píng）翊（yì）：郡名。即左馮翊，漢代所謂"三輔"之一。馮翊原治所在高陵縣，在今陝西高陵縣西南。東漢獻帝"建安初，關中始開，詔分馮翊西數縣爲左內史郡，治高陵；以東數縣爲本郡，治臨晉"。（見本書卷二三《裴潛傳》裴注引《魏略》）臨晉縣在今陝西大荔縣。　池陽：縣名。治所在今陝西涇陽縣西北。

［33］建安：漢獻帝劉協年號（196—220）。

［34］關中：地區名。指函谷關以西之地。包括今陝西和甘肅、寧夏、內蒙古的部分地區。

［35］扶風：郡名。治所槐里縣，在今陝西興平市東南。　武功：縣名。治所在今陝西扶風縣東南。

［36］茂才：即秀才，東漢人避光武帝劉秀諱改，爲漢代薦舉人材科目之一。東漢之制，州牧刺史歲舉一人。三國沿之，或稱秀才。

［37］臨汾：縣名。治所在今山西新絳縣東北晉城村。

［38］庶子：官名。漢代列侯之家臣，管理列侯家事務。魏、晉沿置，兼攝祠祭。王國則置世子庶子。

［39］二十二年：本書卷一《武帝紀》、《後漢書》卷九《獻帝紀》均謂二十三年正月吉本、耿紀等起事。

［40］内學：指讖緯之學。

［41］鍾相國：即鍾繇，時爲魏國相國。　服第：百衲本"第"字作"弟"，今從殿本、盧弼《集解》本、校點本作"第"。服第，謂喪服次第。古喪服制度，以親疏關係爲次第，有斬衰、齊衰、大功、小功、緦麻五種，稱爲五服。五服之内雖已有近親、遠親之別，但總算有親屬關係。如五服以外，則關係甚遠，甚至祇是同姓而不是親屬。

［42］鄼：縣名。治所在今河北永城縣西北鄼城鎮。按本書卷二〇《武文世王公傳》中山恭王袞建安二十二年曾封爲鄼侯，黄初四年（223）又封爲鄼王。　相：官名。王國相，由朝廷直接委派，執掌王國行政大權，相當於郡太守。侯國相，亦由朝廷直接委派，相當於縣令、長。

［43］議郎：官名。魏、晋時，不再參議諫諍，爲後備官員。秩六百石，第七品。品秩雖低，名義清高，即三品將軍、九卿亦有拜之者。

［44］景初：魏明帝曹叡年號（237—239）。

［45］短褐：百衲本、殿本作"短褐"，盧弼《集解》本、校點本作"裋褐"。今從百衲本等。《墨子·非樂上》："萬人不可衣短褐。"孫詒讓《閒詁》："短褐，即'裋褐'之借字。"短褐，粗布短衣。

［46］茨藿：粗食。茨、藿皆草名。

［47］懸磬：形容空無所有，極其貧窮。《國語·魯語上》："室如懸磬，野無青草。"

［48］九品：指曹魏施行之九品中正制，亦稱九品官人法。即每郡設中正一人，負責品評本郡之士人，然後向吏部推薦，由吏部任以官職。中正例由本郡之中央官兼任。其評人物品第共分九級，即從一品至九品，類别僅分兩類，二品以上爲上品，三品及以下爲卑品。詳情可參本書卷二一《傅嘏傳》"品狀"條注。

［49］選置：百衲本"選"字作"撰"，殿本、盧弼《集解》

本、校點本作"選"。按二字義通,今從殿本等。

[50] 護羌校尉:官名。東漢章帝以後常置,秩比二千石,多以邊郡太守、都尉轉任。除監護內附羌人各部落外,亦常以羌兵協同作戰,戍衛邊塞。魏、晉沿置。

[51] 散騎郎:即散騎侍郎。官名。曹魏置,第五品。與散騎常侍、侍中、黃門侍郎等侍從皇帝左右,顧問應對,諫諍拾遺,共平尚書奏事。西晉沿置。

[52] 上第:即上品。

[53] 狀:中正官品評人物內容之一,即對人物德和才的概括評語,一般祇有一兩句。

[54] 長陵:縣名。治所在今陝西咸陽市東北。

[55] 司隸:即司隸校尉。官名。秩比二千石,第三品。掌糾察京師百官違法者,並治所轄各郡,相當於州刺史。

[56] 三輔:地區名。西漢都城在長安,遂以長安為中心置京兆尹、右扶風、左馮(yì)翊,合稱三輔。東漢定都洛陽,以三輔陵廟所在,不改其號,仍稱三輔。轄區在今陝西渭水流域。

[57] 髦士:盧弼《集解》云:"李慈銘曰:'髦士'疑'冒仕'之音誤。"趙幼文《校箋》云:"竊疑'髦'借為'冒'。《釋名·釋形體》:'髦,冒也。''髦''冒'一聲之轉。《左傳·襄公四年》'冒于原獸'杜注:'冒,貪也。''士'與'仕'同,是則冒士猶貪仕也。"

[58] 名吏:趙幼文《校箋》謂《太平御覽》卷四二五、卷八四七引作"吏名"。

[59] 志介:志氣與節操。

[60] 軍謀掾:官名。東漢末曹操置為司空、丞相府之僚屬,以參議軍政。

[61] 黃初:魏文帝曹丕年號(220—226)。

[62] 成皋:縣名。治所在今河南滎陽市西北氾水鎮。趙幼文《校箋》謂《北堂書鈔》卷七八引《魏略》"成皋令"下有"在位

有清名，爲衆所許"九字，應補，能與下文"自恃清名邪"相應。

[63] 校事：官名。建安中曹操置，以身邊地位較低的親信充任，負責監察百官及吏民，直接隸屬於曹操，威權甚大。曹魏沿置，亦稱撫軍校事。

[64] 櫜：百衲本、殿本作"槀"，盧弼《集解》本、校點本作"櫜"。今從《集解》本等。

[65] 呴（hǒu）呼：同"吼呼"，怒聲呼喚。

[66] 躧（xǐ）履：曳鞋而行。

[67] 吏卒：百衲本"卒"字作"並"，殿本、盧弼《集解》本、校點本作"卒"。今從殿本等。

[68] 牧司：監督，檢舉。

[69] 髡：百衲本、殿本、盧弼《集解》本皆作"肇髡"，趙一清《注補》云："'肇'字衍，下云'刑竟復吏'，謂並被刑也，何與於肇？"校點本即從趙說刪"肇"字，今從之。

[70] 正始：魏少帝齊王曹芳年號（240—249）。

[71] 三府：三公府。　長史：官名。漢代三公府設有長史，以輔助三公。將軍府之屬官亦有長史，以總理幕府。

[72] 樊城：在襄陽縣北，與襄陽隔漢水相對，在今湖北襄陽市樊城區。

[73] 峴山東斫材牂牁：按，峴山，在今湖北襄陽市南漢水西岸。又牂牁，盧弼《集解》本作"牂柯"，百衲本、殿本、校點本作"牂牁"。按，二者通，今從百衲本等。潘眉《考證》云："'斫材'下疑脫'爲'字。牂牁，繫船弋也。"趙幼文《校箋》謂"斫材牂牁"，《太平御覽》卷七七一引作"斫牂牁材"。《玉篇》："牂牁，繫船大杙也。"《廣韻》云："船纜所繫也。"故牂牁於此非郡名，當時牂牁郡屬蜀，吳軍安得有牂牁兵？

[74] 人兵：趙幼文《校箋》謂《太平御覽》卷七七一引無"人"字。

[75] 雖自：趙幼文《校箋》謂《太平御覽》引無"自"字。

［76］濟陰：郡名。治所定陶縣，在今山東定陶縣西北。

［77］雲、儀：皆沐並之子。

［78］竊：百衲本作"切"，殿本、盧弼《集解》本、校點本作"竊"。今從殿本等。

［79］陽虎：春秋時魯國季孫氏之家臣。《左傳·定公五年》："六月，季平子行東野，還，未至，丙申，卒于房。陽虎將以璵璠斂。"杜預注："璵璠，美玉，君所佩。"又《呂氏春秋·孟冬紀·安死》云："魯季孫有喪，孔子往弔之，入門而左，從客也。主人以璵璠收。孔子徑庭而趨，歷級而上曰：'以寶玉收，譬之猶暴骨中原也。'"

［80］桓魋（tuí）：春秋時宋國司馬。《禮記·檀弓上》："昔者夫子居於宋，見桓司馬自爲石椁，三年而不成。夫子曰：'若是其靡也，死不如速朽之愈也。'"石椁，墓中置棺之石室。

［81］未是：殿本《考證》謂"是"字《册府元龜》作"臻"。

［82］芻狗：草狗。《老子》第五章："天地不仁，以萬物爲芻狗。"

［83］忽：即"惚"。《老子》第二十一章："道之爲物，惟恍惟惚。"

［84］欺魄：古代用以求雨的土偶。《列子·仲尼》："見南郭子，果若欺魄焉。"張湛注："欺魄，土人也。"河上公注："天地生萬物，人最爲貴，天地視之如芻草狗畜。"

［85］鳧（fú）：野鴨。

［86］繹：各本作"纏"。盧弼《集解》云："'纏'疑作'繹'。'繹'音墨，繩索也。"吴金華《〈三國志〉管窺》謂"纏"字失韻，應據明吴琯所刻西爽堂本改作"繹"。今從吴説改。

［87］適（dí）莫：猶厚薄。《論語·里仁》："君子之於天下也，無適也，無莫也。"邢昺疏："適，厚也；莫，薄也。"

［88］楊王孫：《漢書》卷六七《楊王孫傳》："楊王孫者，孝

武時人也。學黃老之術，家業千金，厚自奉養生，亡所不致。及病且終，先令其子，曰：'吾欲裸葬，以反吾真，必亡易吾意。死則爲布囊盛屍，入地七尺，既下，從足引脱其囊，以身親土。'"顏師古注："裸者，不爲衣衾棺椁者也。"

[89] 久客：各本作"久容"。盧弼《集解》謂"容"字當作"客"。吳金華《〈三國志集解〉箋記》謂盧説極是。"久客"謂長久不歸，是漢世常語。宋本《册府元龜》卷九〇七引即作"客"。今據《册府元龜》改。

[90] 含珠鱗柙（xiá）：漢代用珠玉製作的壽服，又稱爲"珠襦玉柙"，亦即現代考古發現的"金縷玉衣"。大概漢代之制，腰以上用珠，腰以下用玉片，又以金縷連綴，有似鎧甲。詳釋見周一良《魏晉南北朝史札記·珠襦玉匣及其他》。

[91] 壙穴：墓穴。

[92] 蜃（shèn）炭：《左傳·成公二年》："宋文公卒，始厚葬，用蜃炭。"楊伯峻注："'蜃'即用蜃燒成之灰，即生石灰，'炭'乃木炭。以此二物置於墓穴，用以吸收潮濕。"蜃，蚌殻。

[93] 胔（zì）：腐肉。

[94] 代匠傷指：《老子》第七十四章："夫代大匠斲者，希有不傷其手矣。"

[95] 狼跋：比喻進退兩難。《詩·豳風·狼跋》："狼跋其胡，載疐其尾。"毛傳："老狼有胡，進則躐其胡，退則跲其尾，進退有難。"

[96] 耳順：謂六十歲。見《論語·爲政》。

[97] 魏顆：春秋時晉國大夫魏武子之子。《左傳·宣公十五年》："初，魏武子有嬖妾，無子。武子疾，命顆曰：'必嫁是。'疾病，則曰：'必以爲殉！'及卒，顆嫁之，曰：'疾病則亂，吾從其治。'"

[98] 嘉平：魏少帝齊王曹芳年號（249—254）。

[99] 坅（kǎn）：坑穴。

［100］搏：盧弼《集解》本作"搏"，今從百衲本、殿本、校點本作"搏"。趙幼文《校箋》謂此"搏"字乃聚集之義。《管子·霸言篇》"不搏不聽"，注："搏，聚也。"

［101］鉅鹿：郡名。東漢治所廮陶縣，在今河北寧晉縣西南。

［102］壽春：縣名。治所在今安徽壽縣。

［103］治中：即治中從事。官名。州牧刺史的主要屬吏，居中治事，主衆曹文書。

［104］置之牆下：趙幼文《校箋》謂《白孔六帖》卷一五、《太平御覽》卷四九七引作"豎之於牆下"。按《白帖》引實作"立於牆下"。

［105］過人：盧弼《集解》本作"過競"，百衲本、殿本、校點本作"過人"。今從百衲本等。

［106］薄奮（fàn）車：薄篷車。奮，車篷。《廣雅·釋器》："篷，奮也。"

［107］牸（zì）：母牛。

［108］及其去：趙幼文《校箋》謂《北堂書鈔》卷三八、卷七八、《藝文類聚》卷九四、《白孔六帖》卷七七引"及"下俱無"其"字。

［109］主簿：官名。漢代中央及州郡縣官府皆置此官，以典領文書，辦理事務。

［110］來時：百衲本無"時"字，殿本、盧弼《集解》本、校點本有。今從殿本等。

［111］所生有：趙幼文《校箋》謂《北堂書鈔》卷五五、《藝文類聚》卷九四引"生"下無"有"字。

［112］太官令：官名。掌宮廷膳食，屬少府。

［113］於敍人才不能寬：梁章鉅《旁證》云："《太平御覽》卷二百六十五引《魏略》作'至於敍人才不能寬大'。"

［114］太尉：官名。曹魏後期，仍列三公之首，第一品，爲名譽宰相。無實際職掌，多爲加官。

[115] 典農中郎將：官名。建安初曹操設置的屯田官。曹操施行民屯制度，在郡國設置典農中郎將（秩二千石）或典農校尉（秩比二千石），管理該屯田區的農業生產、民政和田租，地位相當於郡太守，但直屬中央大司農。

楊俊字季才，河内獲嘉人也。[1]受學陳留邊讓，[2]讓器異之。俊以兵亂方起，而河内處四達之衢，必爲戰場，乃扶持老弱詣京、密山間，[3]同行者百餘家。俊振濟貧乏，通共有無。宗族知故爲人所略作奴僕者凡六家，俊皆傾財贖之。司馬宣王年十六七，與俊相遇，俊曰："此非常之人也。"[4]又司馬朗早有聲名，其族兄芝，衆未之知，惟俊言曰："芝雖風望不及朗，[5]實理但有優耳。"俊轉避地并州。本郡王象，[6]少孤特，爲人僕隸，年十七八，見使牧羊而私讀書，[7]因被箠楚。[8]俊嘉其才質，[9]即贖象著家，[10]聘娶立屋，然後與別。

太祖除俊曲梁長，[11]入爲丞相掾屬，舉茂才，安陵令，[12]遷南陽太守。[13]宣德教，立學校，吏民稱之。徙爲征南軍師。[14]魏國既建，遷中尉。[15]太祖征漢中，魏諷反於鄴，俊自劾詣行在所。俊以身方罪免，[16]賤辭太子。太子不悅，曰："楊中尉便去，何太高遠邪！"[17]遂被書左遷平原太守。文帝踐阼，復（在）〔守〕南陽。[18]時王象爲散騎常侍，薦俊曰："伏見南陽太守楊俊，秉純粹之茂質，履忠肅之弘量，體仁足以育物，篤實足以動衆，克長後進，惠訓不倦，外寬內直，仁而有斷。自初彈冠，[19]所歷垂化，再守南陽，恩德流著，殊鄰異黨，襁負而至。今境守清靜，無所展其智能，宜還本朝，宣力輦轂，[20]熙帝之載。"[21]

俊自少及長，以人倫自任。[22]同郡審固、陳留衞恂本皆出自兵伍，俊資拔獎致，咸作佳士；後固歷位郡守，恂御史、縣令，[23]其明鑒行義多此類也。初，臨菑侯與俊善，[24]太祖適嗣未定，[25]密訪羣司。俊雖並論文帝、臨菑才分所長，不適有所據當，然稱臨菑尤美，[26]文帝常以恨之。黃初三年，[27]車駕至宛，以市不豐樂，發怒收俊。尚書僕射司馬宣王、常侍王象、荀緯請俊，[28]叩頭流血，帝不許。俊曰："吾知罪矣。"遂自殺。衆冤痛之。〔一〕

〔一〕《世語》曰：俊二孫：[29]覽字公質，汝陰太守；[30]猗字公彥，尚書：晉東海王越舅也。覽子沈，字宣弘，散騎常侍。

《魏略》曰：王象字羲伯。既爲俊所知拔，果有才志。建安中，與同郡荀緯等俱爲魏太子所禮待。及王粲、陳琳、阮瑀、路粹等亡後，新出之中，惟象才最高。魏有天下，拜象散騎侍郎，遷爲常侍，封列侯。[31]受詔撰《皇覽》，使象領祕書監。[32]象從延康元年始撰集，[33]數歲成，藏於祕府，合四十餘部，部有數十篇，通合八百餘萬字。象既性器和厚，又文采溫雅，用是京師歸美，稱爲儒宗。車駕南巡，未到宛，有詔百官不得干豫郡縣。及車駕到，而宛令不解詔旨，閉市門。帝聞之，忿然曰："吾是寇邪？"乃收宛令及太守楊俊。詔問尚書："漢明帝殺幾二千石？"時象見詔文，知俊必不免。乃當帝前叩頭，流血竟面，請俊減死一等。帝不答，欲釋入禁中。[34]象引帝衣，帝顧謂象曰："我知楊俊與卿本末耳。今聽卿，是無我也。卿寧無俊邪？無我邪？"象以帝言切，乃縮手。帝遂入，決俊法，然後乃出。象自恨不能濟俊，遂發病死。

　　[1] 獲嘉：縣名。治所在今河南新鄉縣西南。

　　[2] 陳留：郡名。治所陳留縣，在今河南開封市東南。　邊讓：事見本書卷一《武帝紀》建安二十五年裴注引《曹瞞傳》及卷六《袁紹傳》裴注引《魏氏春秋》等。

　　[3] 京：縣名。治所在今河南滎陽市東南。　密：縣名。治所在今河南密縣東南。《續漢書·郡國志》謂密縣有大騩山、梅山、陘山。

　　[4] 非常之人：趙幼文《校箋》謂《太平御覽》卷四四二引"常"下無"之"字。

　　[5] 風望：殿本、盧弼《集解》本、校點本作"夙望"，百衲本作"風望"。趙幼文《校箋》謂《册府元龜》卷八四二引"夙"字亦作"風"。今從百衲本。風望，謂聲名威望。

　　[6] 本郡：趙幼文《校箋》謂《藝文類聚》卷九四、《太平御覽》卷三八四、卷四四二、卷八三三引"本"字俱作"同"。

　　[7] 見使：百衲本無"見"字，殿本、盧弼《集解》本、校點本皆有。今從殿本等。

　　[8] 被：趙幼文《校箋》謂《藝文類聚》卷九四、《太平御覽》卷三八四、卷六一一引作"獲"。

　　[9] 嘉：趙幼文《校箋》謂《藝文類聚》卷九四、《太平御覽》卷三八四、卷四四二、卷六一一作"美"，卷八三三作"嘉美"。

　　[10] 著家：趙幼文《校箋》謂《太平御覽》卷四四二、卷六一一引"家"下有"中"字。

　　[11] 曲梁：縣名。治所在今河北永年縣東南。

　　[12] 安陵：縣名。治所在今陝西咸陽市東北。

　　[13] 南陽：郡名。治所宛縣，在今河南南陽市。

　　[14] 征南軍師：官名。征南將軍府之軍師，主管軍務。時曹

仁爲征南將軍。

［15］中尉：官名。漢代諸侯王國之軍事長官，秩二千石。掌王國治安，督察軍吏。建安十八年（213）魏國亦置。

［16］罪免：趙幼文《校箋》謂《北堂書鈔》卷七〇（當作七一）引作"免罪"。按《北堂書鈔》引實作"罪免"。

［17］太高遠：趙幼文《校箋》謂《北堂書鈔》引"遠"下有"罪"字。按《北堂書鈔》引實無"罪"字。

［18］復守：各本"守"字作"在"。趙幼文《校箋》謂蕭常《續後漢書》"在"字作"守"。考下文有"再守南陽"之句，疑"在"字應作"守"。按趙説是，今據蕭書改。

［19］彈冠：指出來作官。

［20］輦轂：指皇帝。

［21］熙帝之載：光大皇帝之事業。《尚書·堯典》："有能奮庸，熙帝之載。"孔傳：載，事也。有能起發其功，廣堯之事者。

［22］人倫：此謂識別拔舉人才。

［23］御史：官名。魏晉時，侍御史、治書侍御史、督軍糧御史、殿中侍御史、監國御史等皆可簡稱御史。

［24］臨菑侯：即曹植。

［25］適（dí）：通"嫡"。

［26］尤：百衲本、殿本、校點本作"猶"，盧弼《集解》本作"尤"。趙幼文《校箋》引錢儀吉曰："志祖按：'猶'當作'尤'。"今從《集解》本。

［27］三年：殿本、盧弼《集解》本作"二年"，百衲本、校點本作"三年"。按，本書卷二《文帝紀》謂文帝黃初三年"十一月辛丑行幸宛"。今從百衲本等。

［28］尚書僕射（yè）：官名。魏、晉時爲尚書省次官，秩六百石，第三品。或單置，或並置左、右。左、右並置時，左僕射居右僕射上。輔助尚書令執行政務，參議大政，諫諍得失，監察糾彈百官，可封還詔旨，常受命主管官吏選舉。　常侍：此指散騎常

侍。　荀緯：事見本書卷二一《王粲傳》與裴注引荀勗《文章叙錄》。

[29] 二孫：殿本"二"字作"三"，百衲本、盧弼《集解》本、校點本皆作"二"。今從百衲本等。

[30] 汝陰：郡名。治所汝陰縣，在今安徽阜陽市。

[31] 列侯：爵名。漢代二十級爵之最高者。金印紫綬，有封邑，食租税。功大者食縣，小者食鄉、亭。曹魏初亦沿襲有列侯。

[32] 秘書監：官名。魏文帝初，置爲秘書署長官，秩六百石，第三品。掌管藝文圖籍。初屬少府，魏明帝時王肅任此職，上表諫不應屬少府，後遂不屬。

[33] 延康：漢獻帝劉協年號（220）。

[34] 釋人：趙幼文《校箋》謂郝經《續後漢書》無"釋"字。

　　杜襲字子緒，潁川定陵人也。[1]曾祖父安，祖父根，著名前世。〔一〕襲避亂荆州，劉表待以賓禮。同郡繁欽數見奇於表，[2]襲喻之曰："吾所以與子俱來者，徒欲龍蟠幽藪，待時鳳翔。豈謂劉牧當爲撥亂之主，而規長者委身哉？子若見能不已，非吾徒也。吾其與子絕矣！"欽慨然曰："請敬受命。"襲遂南適長沙。[3]

　　〔一〕《先賢行狀》曰：安年十歲，名稱鄉黨。至十三，[4]入太學，號曰神童。既名知人，清高絶俗。洛陽令周紆數候安，[5]安常逃避不見。時貴戚慕安高行，多有與書者，輒不發，以慮後患，常鑿壁藏書。後諸與書者果有大罪，推捕所與交通者，吏至門，安乃發壁出書，印封如故，當時皆嘉其慮遠。三府並辟，公車特徵，[6]拜宛令。先是宛有報讎者，其令不忍致理，將與俱亡。縣中豪彊有告其處者，致捕得。安深疾惡之，到官治戮，肆之於市。[7]懼有司繩彈，遂自免。後徵拜巴郡太守，[8]率身正下，以禮化俗。以病卒官，時服薄斂，素器不漆，子自將車。州郡賢之，表章墳墓。根舉孝廉，除郎中。[9]時和熹鄧后臨朝，外戚橫恣，安帝長大，猶未歸政。根乃與同時郎上書直諫，鄧后怒，收根等伏誅。誅者皆絹囊盛，於殿上撲地。[10]執法者以根德重事公，默語行事人，使不加力。誅訖，車載城外，根以撲輕得蘇息，遂閉目不動搖。經三日，乃密起逃竄，爲宜城山中酒家客，[11]積十五年，酒家知其賢，常厚敬待。鄧后崩，安帝謂根久死。以根等忠直，普下天下，錄見誅者子孫。根乃自出，徵詣公車，拜符節令。[12]或問根："往日遭難，天下同類知故不少，何至自苦歷年如此？"根答曰："周旋人間，非絶迹之處。邂逅發露，禍及親知，故不爲也。"遷濟陰太守，以德讓爲政，風移俗改。年七十八以壽終，棺不加漆，斂以時服。長吏下車，常先詣安、根墓致祠。

[1] 潁川：郡名。治所陽翟縣，在今河南許昌市東。　定陵：縣名。治所在今河南舞陽縣北舞陽渡。

[2] 繁（pó）欽：事見本書卷二〇《王粲傳》及裴引《典略》。

[3] 長沙：郡名。治所臨湘縣，在今湖南長沙市。

[4] 十三：百衲本作"十五"，殿本、盧弼《集解》本、校點本作"十三"。今從殿本等。

[5] 洛陽：縣名。治所在今河南洛陽市東北白馬寺東。

[6] 公車：官署名。公車司馬之省稱，漢朝及三國均置，以令主之，屬衛尉。掌宮中司馬門警衛，並接待臣民上書及徵召。

[7] 肆：執行死刑後陳屍示衆。

[8] 巴郡：治所江州縣，在今重慶渝中區。

[9] 郎中：官名。秩比三百石。東漢時，分隸五官、左、右三署中郎將，名義上備宿衛，實爲後備官吏人材。

[10] 撲地：謂拋於地再擊殺之。《後漢書》卷五七《杜根傳》作"於殿上撲殺之"。

[11] 宜城：縣名。治所在今湖北宜城縣南。 酒家客：酒家之傭工。《後漢書·杜根傳》作"酒家保"。李賢注："《廣雅》云：'保，使也。'言爲人傭力保任而使也。"

[12] 符節令：官名。東漢秩六百石，位次御史中丞，掌銅虎符、竹使符，遣使授節等，職任頗重。

建安初，太祖迎天子都許。[1]襲逃還鄉里，太祖以爲西鄂長。[2]縣濱南境，寇賊縱橫。時長吏皆斂民保城郭，[3]不得農業。野荒民困，倉庾空虛。襲自知恩結於民，乃遣老弱各分散就田業，留丁彊備守，吏民歡悦。會荊州出步騎萬人來攻城，襲乃悉召縣吏民任拒守者五十餘人，與之要誓。其親戚在外欲自營護者，恣聽遣出；皆叩頭願致死。於是身執矢石，率與戮力。吏民感恩，咸爲用命。臨陣斬數百級，而襲衆死者三十餘人，其餘十八人盡被創，賊得入城。襲帥傷痍吏民決圍得出，死喪略盡，而無反背者。遂收散民，徙至摩陂營，[4]吏民慕而從之如歸。〔一〕

〔一〕《九州春秋》曰：建安六年，劉表攻西鄂，西鄂長杜子緒帥縣男女嬰城而守。時南陽功曹柏孝長亦在城中，聞兵攻聲，恐懼，入室閉户，牽被覆頭。相攻半日，稍敢出面。其明，側立而聽。二日，往出户問消息。至四五日，乃更負楯親鬭，語子緒曰："勇可習也。"

[1] 許：縣名。治所在今河南許昌市東。

[2] 西鄂：縣名。治所在今河南南陽市北。
[3] 長吏：此指縣長。
[4] 摩陂：地名。在今河南郟縣東南。

司隸鍾繇表拜議郎參軍事。[1]荀彧又薦襲，太祖以為丞相軍祭酒。[2]魏國既建，為侍中，與王粲、和洽並用。粲彊識博聞，[3]故太祖游觀出入，多得驂乘，[4]至其見敬不及洽、襲。襲嘗獨見，[5]至于夜半。粲性躁競，起坐曰："不知公對杜襲道何等也？"洽笑答曰："天下事豈有盡邪？卿晝侍可矣，悒悒於此，[6]欲兼之乎！"後襲領丞相長史，[7]隨太祖到漢中討張魯。太祖還，拜襲駙馬都尉，[8]留督漢中軍事。綏懷開導，百姓自樂出徙洛、鄴者，[9]八萬餘口。夏侯淵為劉備所沒，軍喪元帥，將士失色。襲與張郃、郭淮糾攝諸軍事，權宜以郃為督，以一衆心，三軍遂定。太祖東還，當選留府長史，鎮守長安。主者所選多不當，[10]太祖令曰："釋騏驥而不乘，[11]焉皇皇而更索？"[12]遂以襲為留府長史，駐關中。

時將軍許攸擁部曲，[13]不附太祖而有慢言。太祖大怒，先欲伐之。[14]羣臣多諫："可招懷攸，共討彊敵。"太祖橫刀於膝，作色不聽。襲入欲諫，太祖逆謂之曰："吾計以定，[15]卿勿復言。"襲曰："若殿下計是邪，臣方助殿下成之；若殿下計非邪，雖成宜改之。[16]殿下逆臣，令勿言之，[17]何待下之不闡乎？"[18]太祖曰："許攸慢吾，如何可置乎？"[19]襲曰："殿下謂許攸何如人邪？"太祖曰："凡人也。"襲曰："夫

'惟賢知賢，惟聖知聖'，凡人安能知非凡人邪？方今豺狼當路而狐狸是先，人將謂殿下避彊攻弱，進不爲勇，退不爲仁。臣聞千鈞之弩不爲鼷鼠發機，[20]萬石之鍾不以莛撞起音，[21]今區區之許攸，何足以勞神武哉？"太祖曰："善。"遂厚撫攸，攸即歸服。時夏侯尚暱於太子，情好至密。襲謂尚非益友，不足殊待，以聞太祖。文帝初甚不悦，後乃追思。語在《尚傳》。其柔而不犯，皆此類也。

　　文帝即王位，賜爵關內侯。[22]及踐阼，爲督軍糧御史，[23]封武平亭侯，更爲督軍糧執法，[24]入爲尚書。明帝即位，進封平陽鄉侯。諸葛亮出秦川，[25]大將軍曹真督諸軍拒亮，[26]徙襲爲大將軍軍師，[27]分邑百户賜兄基爵關內侯。真薨，司馬宣王代之，襲復爲軍師，增邑三百，[28]并前五百五十户。以疾徵還，拜太中大夫。[29]薨，追贈少府，謚曰定侯。子會嗣。

　　[1]議郎：官名。郎官之一種，屬光禄勳，秩六百石。不入直宿衞，得參預朝政議論。
　　[2]丞相軍祭酒：官名。即丞相府之軍師祭酒，爲參謀軍事之官。
　　[3]粲：殿本、盧弼《集解》本無此"粲"字，百衲本、校點本有。今從百衲本等。
　　[4]驂（cān）乘：陪乘。
　　[5]襲：殿本、盧弼《集解》本無此"襲"字，百衲本、校點本有。今從百衲本等。
　　[6]悒（yì）悒：憂悶不快的樣子。
　　[7]丞相長史：官名。秩千石。丞相府幕僚之長，協助丞相署

理相府諸曹，監領府事。曹操爲丞相，權位加重，遂分置左、右長史。若丞相出征，則置行軍長史掌軍旅行伍；又置留府長史掌留守事。位皆崇重。

［8］駙馬都尉：官名。秩比二千石。掌皇帝副車之馬。曹魏時第六品，無定員，或爲加官。

［9］洛鄴：洛陽與鄴。

［10］多不當：殿本"多"字作"皆"，百衲本、盧弼《集解》本、校點本作"多"。今從百衲本等。

［11］騏驥：駿馬。

［12］皇皇：同"遑遑"。急速、匆忙的樣子。

［13］許攸：胡三省云："又一許攸，非自袁紹來奔之許攸也。"（《通鑑》卷六八漢獻帝建安二十四年注）趙幼文《校箋》則謂《太平御覽》卷四五三、卷四八三引"攸"字作"遊"。部曲：此指私人軍隊。

［14］伐之：趙幼文《校箋》謂《群書治要》卷二六、《太平御覽》卷四五三、卷四八三引"伐"字俱作"討"。

［15］以：通"已"。

［16］改之：趙幼文《校箋》謂《太平御覽》卷四五三引"改"字作"敗"。按，《太平御覽》卷四八三亦作"敗"，而《群書治要》卷二六又作"改"。

［17］言之：趙幼文《校箋》謂《群書治要》卷二六、《太平御覽》卷四五三、卷四八三引"言"下俱無"之"字。

［18］闓：大度。《廣韻·獮韻》："闓，大也。"趙幼文《校箋》則謂《册府元龜》卷七二三引"闓"字作"閎"。

［19］如何可置乎：趙幼文《校箋》謂《太平御覽》卷四五三引作"何言可致乎"。

［20］鈞：胡三省云："三十斤爲鈞。千鈞之弩，言其重也。鼷鼠，小鼠也。"（《通鑑》卷六八漢獻帝建安二十四年注）

［21］石：趙幼文《校箋》謂《群書治要》卷二六、《太平御

覽》卷四五三、卷四五八（當作四八三）引"石"字作"鈞"。按，《群書治要》及《太平御覽》所引之上句已作"石"，此句故作"鈞"。總之，"石""鈞"二字應分別用於兩句，不應兩句同用一詞。胡三省云："四鈞爲石。石，百二十斤。莛，草莖也。東方朔曰'以莛撞鐘'。皆言力勢重者，不以輕觸而發動也。"（《通鑑》卷六八漢獻帝建安二十四年注）東方朔語見《漢書》卷六五《東方朔傳》載《答客難》。

[22] 關內侯：爵名。漢制二十級爵之十九級，次於列侯，祇有封戶收取租稅而無封地。魏文帝定爵制爲十等，關內侯在亭侯下，仍爲虛封，無食邑。

[23] 督軍糧御史：官名。曹魏置，掌出征時督運軍糧。第六品。隸御史臺。

[24] 督軍糧執法：官名。曹魏置，掌出征時督運軍糧。第六品。隸御史臺。

[25] 秦川：地區名。指今陝西、甘肅秦嶺以北渭水平原一帶。

[26] 大將軍：曹魏時爲上公，一品。

[27] 軍師：官名。曹魏時，大司馬、大將軍、三公、諸征鎮將軍等府皆置，主管軍務。第五品。

[28] 三百：殿本、盧弼《集解》本"百"下有"戶"字，百衲本、校點本無。今從百衲本等。

[29] 太中大夫：官名。秩千石，第七品。掌顧問應對，參謀議政。

趙儼字伯然，潁川陽翟人也。避亂荊州，與杜襲、繁欽通財同計，合爲一家。太祖始迎獻帝都許，儼謂欽曰："曹鎮東應期命世，[1]必能匡濟華夏，吾知歸矣。"建安二年，年二十七，遂扶持老弱詣太祖，太祖以儼爲朗陵長。[2]縣多豪猾，無所畏忌。儼取其尤甚者，收縛案驗，皆得死罪。儼既囚之，乃表府解放，自是威恩並著。時袁紹舉兵南侵，遣使招誘豫州諸郡，[3]諸郡多受其命。惟陽安郡不動，[4]而都尉李通急錄户調。[5]儼見通曰："方今天下未集，諸郡並叛，懷附者復收其綿絹，小人樂亂，能無遺恨！且遠近多虞，不可不詳也。"通曰："紹與大（將）軍相持甚急，[6]左右郡縣背叛乃爾。[7]若綿絹不調送，觀聽者必謂我顧望，有所須待也。"儼曰："誠亦如君慮；然當權其輕重，小緩調，當爲君釋此患。"乃書與荀彧曰："今陽安郡當送綿絹，道路艱阻，必致寇害。百姓困窮，鄰城並叛，易用傾蕩，乃一方安危之機也。且此郡人執守忠節，在險不貳。微善必賞，則爲義者勸。善爲國者，藏之於民。以爲國家宜垂慰撫，所斂綿絹，皆俾還之。"彧報曰："輒白曹公，公文下郡，綿絹悉以還民。"上下歡喜，郡內遂安。

　　入爲司空掾屬、主簿。〔一〕[8]時于禁屯潁陰，[9]樂進屯陽翟，張遼屯長社，[10]諸將任氣，多共不協。使儼并參三軍，每事訓喻，遂相親睦。太祖征荊州，以儼領章陵太守，[11]徙都督護軍，[12]護于禁、張遼、張郃、朱靈、李典、路招、馮楷七軍。復爲丞相主簿，[13]遷扶風太守。太祖徙出故韓遂、馬超等兵五千餘人，使平難將軍殷署等督領，[14]以儼爲關中護軍，[15]盡統諸軍。羌虜數來寇害，儼率署等追到新平，[16]大破之。屯田客呂並自稱將軍，聚黨據陳倉，[17]儼復率署等攻之，賊即破滅。

〔一〕《魏略》曰：太祖北拒袁紹，時遠近無不私遺牋記，通意於紹者。儼與領陽安太守李通同治，通亦欲遣使。儼爲陳紹必敗意，通乃止。及紹破走，太祖使人搜閱紹記室，[18]惟不見通書疏，陰知儼必爲之計，乃曰："此必趙伯然也。"

臣松之案《魏武紀》：破紹後，得許下軍中人書，皆焚之。若故使人搜閱，知其有無，則非所以安人情也。疑此語爲不然。

[1] 曹鎮東：指曹操。建安元年（196）曹操爲鎮東將軍。

[2] 朗陵：縣名。治所在今河南確山縣西南。

[3] 豫州：刺史治所譙縣，在今安徽亳州市。

[4] 陽安郡：陽安本爲縣，治所在今河南確山縣東北。趙一清《注補》卷一八《李通傳》引《讀史方輿紀要》卷五〇云："曹操分汝南置陽安都尉，以朗陵縣屬焉，亦曰陽安郡。尋罷。"又按，後文裴注引《魏略》謂趙儼與李通同治，則陽安郡治所應在朗陵縣。

[5] 都尉：官名。西漢時郡置都尉，輔佐郡守並掌本郡軍事。東漢廢除，僅在邊郡或關塞之地置都尉及屬國都尉，並漸漸分縣治民，職如太守。陽安與朗陵既非邊地，亦非邊塞之地，蓋割此二縣爲郡，僅以都尉稱其長官（即太守）。　户調：曹操在建安中施行的租税徵收制度。租，按畝徵收穀物，税，按户徵收絹綿。建安九年令規定："其收田租畝四升，户出絹二匹，綿二斤而已，他不得擅興發。"（見本書卷一《武帝紀》建安九年裴注引《魏書》）

[6] 大軍：各本皆作"大將軍"。趙一清《注補》云："'將'字衍。"趙幼文《校箋》云："《御覽》卷八百一十七引'大'下無'將'字。按，大軍，指曹操所率與袁紹在官渡對抗之軍隊。"按，本書《武帝紀》，建安元年九月雖然曹操做過大將軍，但十月因袁紹之反對，曹操便改任司空、行車騎將軍。建安五年不得再稱曹操爲大將軍。趙氏謂"將"字衍文，《太平御覽》引又無"將"字，

故從二趙說刪"將"字。《通鑑》卷六三漢獻帝建安五年載此句爲"公與袁紹相持甚急",但《通鑑》本是改寫之文,不一定全錄原文,一般不足以據改。

[7] 背叛:趙幼文《校箋》謂《太平御覽》卷八一七引"背"字作"皆"。

[8] 司空掾屬:官名。司空府之屬吏。東漢時司空府有掾、屬二十九人。曹操爲司空置有西曹、東曹、户曹、倉曹,等等。單稱掾、屬者,未知何曹。 主簿:官名。此爲司空府之屬吏,主管文書,辦理事務。

[9] 潁陰:縣名。治所在今河南許昌市。

[10] 長社:縣名。治所在今河南長葛縣東北。

[11] 章陵:郡名。東漢末置,治所章陵縣,在今湖北棗陽市南。

[12] 都督護軍:官名。魏晉時軍事要鎮之長官,第五品。

[13] 丞相主簿:官名。曹操爲丞相後,於丞相府置主簿四人,皆省録衆事。

[14] 平難將軍:官名。建安中曹操置,魏爲第三品。

[15] 關中護軍:官名。監督關中諸軍之官。

[16] 新平:郡名。治所漆縣,在今陝西彬縣。

[17] 陳倉:縣名。治所在今陝西寶雞市東渭水北岸。

[18] 紹記室:校點本1982年7月第2版誤作"紀記室"。

時被書差千二百兵往助漢中守,署督送之。行者卒與室家別,皆有憂色。署發後一日,儼慮其有變,乃自追至斜谷口,[1]人人慰勞,又深戒署。還宿雍州刺史張既舍。[2]署軍復前四十里,兵果叛亂,未知署吉凶。而儼自隨步騎百五十人,皆與叛者同部曲,[3]或婚姻,得此問,[4]各驚,被甲持兵,不復自安。儼欲還,既等以爲"今本營黨已擾亂，一身赴之無益，可須定問"。儼曰："雖疑本營與叛者同謀，要當聞行者變，乃發之。又有欲善不能自定，宜及猶豫，促撫寧之。且爲之元帥，既不能安輯，身受禍難，命也。"遂去。行三十里止，放馬息，盡呼所從人，喻以成敗，慰勵懇切。皆慷慨曰："死生當隨護軍，不敢有二。"前到諸營，各召料簡諸姦結叛者八百餘人，[5]散在原野，惟取其造謀魁率治之，餘一不問。郡縣所收送，皆放遣，乃即相率還降。儼密白："宜遣將詣大營，[6]請舊兵鎮守關中。"太祖遣將軍劉柱將二千人，[7]當須到乃發遣，而事露，諸營大駭，不可安喻。儼謂諸將曰："舊兵既少，東兵未到，[8]是以諸營圖爲邪謀。若或成變，爲難不測。因其狐疑，當令早決。"遂宣言當差留新兵之溫厚者千人鎮守關中，其餘悉遣東。便見主者，[9]內諸營兵名籍，案累重，立差別之。[10]留者意定，與儼同心。其當去者亦不敢動，儼一日盡遣上道，因使所留千人，分布羅落之。[11]東兵尋至，乃復脅喻，并徒千人，令相及共東，凡所全致二萬餘口。〔一〕

〔一〕孫盛曰：盛聞爲國以禮，民非信不立。周成不棄桐葉之言，[12]晋文不違伐原之誓，[13]故能隆刑措之道，[14]建一匡之功。儼既詐留千人，使效心力，始雖權也，宜以信終。兵威既集，而又逼徒。信義喪矣，何以臨民？[15]

[1] 斜（yé）谷：斜谷在今陝西眉縣西南，爲古褒斜道之北口。古褒斜道，北起斜谷，南至褒谷（在今漢中市褒城鎮北），總

計四百七十里，爲秦蜀間險要之道。

　　[2]雍州：刺史治所長安縣，在今陝西西安市西北。

　　[3]部曲：此指軍隊之編制單位。《續漢書·百官志》謂大將軍統營五部，部下有曲，曲下有屯。

　　[4]問：消息。

　　[5]料簡：料理揀擇。

　　[6]遣將：遣送。　大營：指原來之大本營。

　　[7]二千人：殿本《考證》云："'二千人'下《通鑑》有'往'字。"

　　[8]東兵：指劉柱所帶之兵。因從東來，故稱東兵。

　　[9]主者：主管士兵名籍者。

　　[10]差別：分別。謂分別留守者與送回者。

　　[11]分布：謂分布于東還者之中。　羅落：即"羅絡"。謂警戒控制。

　　[12]周成：周成王。《史記》卷三九《晉世家》："成王與叔虞戲，削桐葉爲珪以與叔虞，曰：'以此封若。'史佚因請擇日立叔虞。成王曰：'吾與之戲耳。'史佚曰：'天子無戲言。言則史書之，禮成之，樂歌之。'於是遂封叔虞於唐。"

　　[13]晉文：春秋時晉文公。《左傳·僖公二十五年》："晉侯圍原，命三日之糧。原不降，命去之。諜出，曰：'原將降矣。'軍吏曰：'請待之。'公曰：'信，國之寶也，民之所庇也。得原失信，何以庇之？所亡滋多。'退一舍而原降。"原，小國名。在今河南濟源縣西北。

　　[14]刑措：《史記》卷四《周本紀》："成、康之際，天下安寧，刑錯四十餘年不用。"《集解》應劭曰："錯，置也。民不犯法，無所置刑。"

　　[15]民：盧弼《集解》本作"衆"，百衲本、殿本、校點本作"民"。今從百衲本等。

關羽圍征南將軍曹仁於樊。[1]儼以議郎參仁軍事南行,(遷)〔與〕平寇將軍徐晃俱前。[2]既到,羽圍仁遂堅,餘救兵未到,晃所督不足解圍,而諸將呵責晃促救。[3]儼謂諸將曰:"今賊圍素固,水潦猶盛。我徒卒單少,而仁隔絕不得同力,此舉適所以弊內外耳。當今不若前軍偪圍,遣諜通仁,使知外救,以勵將士。計北軍不過十日,尚足堅守。然後表裏俱發,破賊必矣。如有緩救之戮,[4]余爲諸軍當之。"[5]諸將皆喜,便作地道,箭飛書與仁,[6]消息數通,北軍亦至,并勢大戰。羽軍既退,舟船猶據沔水,[7]襄陽隔絕不通,而孫權襲取羽輜重,羽聞之,即走南還。仁會諸將議,咸曰:"今因羽危懼,必可追禽也。"儼曰:"權邀羽連兵之難,[8]欲掩制其後,顧羽還救,恐我承其兩疲,故順辭求效,[9]乘釁因變,以觀利鈍耳。[10]今羽已孤迸,[11]更宜存之以爲權害。若深入追北,權則改虞於彼,[12]將生患於我矣。王必以此爲深慮。"仁乃解嚴。太祖聞羽走,恐諸將追之,果疾敕仁,如儼所策。

文帝即王位,爲侍中。頃之,拜駙馬都尉,領河東太守,[13]典農中郎將。黃初三年,贈爵關內侯。孫權寇邊,征東大將軍曹休統五州軍禦之,[14]徵儼爲軍師。權衆退,軍還,封宜土亭侯,轉爲度支中郎將,[15]遷尚書。從征吳,到廣陵,復留爲征東軍師。明帝即位,進封都鄉侯,[16]邑六百戶,監荊州諸軍事,假節。[17]會疾,不行,復爲尚書,出監豫州諸軍事,轉大司馬軍師,入爲大司農。齊王即位,以儼監雍、涼諸軍事，[18]假節，轉征蜀將軍，[19]又遷征西將軍[20]，都督雍、涼。正始四年，老疾求還，徵爲驃騎將軍，[一]遷司空。[21]薨，謚曰穆侯。子亭嗣。初，儼與同郡辛毗、陳羣、杜襲並知名，號曰辛、陳、杜、趙云。

〔一〕《魏略》曰：舊故四征有官廚財籍，[22]遷轉之際，無不因緣。而儼叉手上車，[23]發到霸上，[24]忘持其常所服藥。雍州聞之，乃追送雜藥材數箱，儼笑曰："人言語殊不易，我偶問所服藥耳，何用是爲邪？"遂不取。

[1] 征南將軍：官名。秩二千石，第二品。黃初中位次三公。領兵屯新野，統荆、豫二州刺史。資深者爲大將軍。趙幼文《校箋》謂《太平御覽》卷三二八引"征"上有"行"字。按，本書卷九《曹仁傳》，曹仁在破侯音前屯樊，爲行征南將軍，在破侯音後還屯樊，即拜征南將軍，關羽圍樊時，曹仁已爲征南將軍。

[2] 與：各本皆作"遷"。盧弼《集解》引陳景雲説，《册府元龜》"遷"作"與"，《通志》同，當從之。校點本即從陳説改"遷"爲"與"。今從之。

[3] 呵：《通鑑》作"呼"。（卷六八漢獻帝建安二十四年）

[4] 緩救：盧弼《集解》本作"緩急"，百衲本、殿本、校點本作"緩救"。今從百衲本等。

[5] 諸軍：殿本《考證》謂《通鑑》作"諸君"，較合文義。

[6] 箭飛書：殿本《考證》云："'箭'上《太平御覽》多'射'字。"趙幼文《校箋》謂此見《太平御覽》卷三二八。

[7] 沔水：即漢水。

[8] 邀：胡三省云："'邀'當作'徼'，幸也。難，謂與曹仁連兵。（《通鑑》卷六八漢獻帝建安二十四年注）

[9] 求效：胡三省云："求效，猶言求自效也。"（《通鑑》卷六八漢獻帝建安二十四年注）

[10] 利鈍：校點本1982年7月第2版誤作"利純"。

[11] 孤迸：胡三省云："言羽失根本而勢孤奔迸也。"（《通鑑》卷六八漢獻帝建安二十四年注）

[12] 改虞：胡三省云："虞，度也，防也。謂度羽不能爲害，則改其防羽之心而防操，則必爲操之患矣。"（《通鑑》卷六八漢獻帝建安二十四年注）

[13] 河東：郡名。治所安邑縣，在今山西夏縣西北禹王城。

[14] 征東大將軍：官名。秩二千石。黃初中位次三公，第二品，資輕者爲征東將軍。

[15] 度支中郎將：官名。秩二千石，第六品。掌諸軍兵田，與典農之職相近。典農主屯田，度支主調遣，故其設官略同。隸屬大司農。

[16] 都鄉侯：爵名。列侯食邑爲都鄉（近城之鄉）者，稱都鄉侯，位次於縣侯，高於鄉侯。

[17] 假節：漢末三國時期，皇帝賜予臣下的一種權力。至晉代，此種權力明確爲因軍事可殺犯軍令者。

[18] 涼：州名。刺史治所姑臧，在今甘肅武威市。（本吳增僅《三國郡縣表附考證》）

[19] 征蜀將軍：官名。曹魏置，第三品。

[20] 征西將軍：官名。秩二千石，第二品，位次三公。多授予都督雍、涼二州諸軍事，領兵屯駐長安。資深者爲征西大將軍。

[21] 司空：官名。曹魏後期，第一品，爲名譽宰相，無實際職掌，多爲大臣加官。

[22] 舊故：趙幼文《校箋》謂《北堂書鈔》卷六四、《册府元龜》卷四〇六引"故"下有"事"字。　四征：指四征將軍。即征東、征西、征南、征北等將軍。

[23] 無不因緣而儼叉手上車：趙幼文《校箋》謂《北堂書

鈔》卷三八引作"無不因緣取之趙儼自征西徵爲驃騎叉手上車"。按,《北堂書鈔》引實無"緣"字。

[24] 霸上:地名。在今陝西西安市東白鹿原北首。

裴潛字文行,河東聞喜人也。〔一〕[1]避亂荆州,劉表待以賓禮。[2]潛私謂所親王粲、司馬芝曰:"劉牧非霸王之才,乃欲西伯自處,[3]其敗無日矣。"遂南適長沙。[4]太祖定荆州,以潛參丞相軍事,[5]出歷三縣令,入爲倉曹屬。[6]太祖問潛曰:"卿前與劉備俱在荆州,卿以備才略何如?"潛曰:"使居中國,能亂人而不能爲治也。若乘間守險,[7]足以爲一方主。"

〔一〕《魏略》曰:潛世爲著姓。父茂,仕靈帝時,歷縣令、郡守、尚書。建安初,以奉使率導關中諸將討李傕有功,封列侯。潛少不脩細行,由此爲父所不禮。

[1] 聞喜:縣名。治所在今山西聞喜縣。
[2] 劉表待以賓禮:趙幼文《校箋》謂《世説新語·識鑒篇》注引作"劉表待之賓客禮"。
[3] 乃欲西伯自處:趙幼文《校箋》謂《世説新語·識鑒篇》注引作"而欲以西伯自處"。西伯,周文王。殷商末,周文王爲西伯,即西方諸侯之長。
[4] 南適:趙幼文《校箋》謂《世説新語·識鑒篇》注引"南"下有"渡"字。
[5] 參丞相軍事:官名。丞相府之屬吏,職責是參與丞相府之軍事謀議。
[6] 倉曹屬:官名。此指丞相府之倉曹屬,爲倉曹掾之副,主管倉穀事。趙幼文《校箋》則謂《册府元龜》卷七二六引"曹"

下有"掾"字。按,宋本《册府元龜》亦無"掾"字。

[7] 乘閒:趙幼文《校箋》謂《世説新語·識鑒篇》注引"閒"字作"邊"。按,趙氏所引乃《世説新語》之文,非劉孝標注引之文。又按,此兩段曹操與裴潛之問對,俱見《世説新語·識鑒篇》,趙幼文《校箋》多注其異字,若不影響語意,本注不再引録。

時代郡大亂,[1]以潛爲代郡太守。烏丸王及其大人,凡三人,[2]各自稱單于,專制郡事。前太守莫能治正,太祖欲授潛精兵以鎮討之。潛辭曰:"代郡户口殷衆,士馬控弦,動有萬數。單于自知放横日久,内不自安。今多將兵往,必懼而拒境;少將則不見憚。宜以計謀圖之,不可以兵威迫也。"遂單車之郡。單于驚喜。潛撫之以靜。單于以下脱帽稽顙,[3]悉還前後所掠婦女、器械、財物。潛案誅郡中大吏與單于爲表裏者郝温、郭端等十餘人,北邊大震,百姓歸心。在代三年,還爲丞相理曹掾,[4]太祖褒稱治代之功,潛曰:"潛於百姓雖寬,於諸胡爲峻。今計者必以潛爲理過嚴,[5]而事加寬惠。彼素驕恣,過寬必弛,既弛又將攝之以法,此訟争所由生也。[6]以勢料之,代必復叛。"於是太祖深悔還潛之速。後數十日,三單于反問至,乃遣鄢陵侯彰爲驍騎將軍征之。[7]

潛出爲沛國相,[8]遷兖州刺史。[9]太祖次摩陂,歎其軍陳齊整,特加賞賜。文帝踐阼,入爲散騎常侍。出爲魏郡、潁川典農中郎將,奏通貢舉,比之郡國,由是農官進仕路泰。遷荆州刺史,[10]賜爵關内侯。明帝即位，入爲尚書。出爲河南尹，[11]轉太尉軍師、大司農，封清陽亭侯，邑二百戶。入爲尚書令，[12]奏正分職，料簡名實，出事使斷官府者百五十餘條。喪父去官，拜光祿大夫。[13]正始五年薨，追贈太常，謚曰貞侯。〔一〕子秀嗣。遺令儉葬，墓中惟置一坐，瓦器數枚，其餘一無所設。秀，咸熙中爲尚書僕射。〔二〕[14]

〔一〕《魏略》曰：時遠近皆云當爲公，會病亡。始潛自感所生微賤，無舅氏，又爲父所不禮，即折節仕進，雖多所更歷，清省恪然。每之官，不將妻子。妻子貧乏，織藜芘以自供。[15]又潛爲兗州時，嘗作一胡牀，[16]及其去也，留以掛柱。又以父在京師，出入薄拳車；羣弟之田廬，常步行；家人小大或并日而食；其家教上下相奉，事有似於石奮。[17]其履檢校度，自魏興少能及者。潛爲人材博，有雅（要）容，[18]然但如此而已，終無所推進，故世歸其絜而不宗其餘。

〔二〕《文章敘錄》曰：秀字季彥。弘通博濟，八歲能屬文，遂知名。大將軍曹爽辟。喪父服終，推財與兄弟。年二十五，遷黃門侍郎。爽誅，以故吏免。遷衛國相，[19]累遷散騎常侍、尚書僕射令、光祿大夫。咸熙中，晉文王始建五等，[20]命秀典爲制度，封廣川侯。[21]晉室受禪，進左光祿大夫，[22]改封鉅鹿公，遷司空。著《易》及《樂》論，又畫《地域圖》十八篇，[23]傳行於世。《盟會圖》及《典治官制》皆未成。年四十八，泰始七年薨，[24]謚元公，配食宗廟。少子頠，字逸民，襲封。

荀綽《冀州記》曰：頠爲人弘雅有遠識，[25]博學稽古，[26]履行高整，自少知名。歷位太子中庶子、侍中、尚書，[27]元康末，[28]爲尚書左僕射。趙王倫以其望重，畏而惡之，知其不與賈氏同心，猶被枉害。

臣松之案陸機《惠帝起居注》稱"頠雅有遠量，當朝名士也"，又曰"民之望也"。頠理具淵博，[29]贍於論難，著《崇有》《貴無》二論，[30]以矯虛誕之弊，文辭精富，爲世名論。子嵩，字道文。荀綽稱嵩有父祖風。爲中書郎，[31]早卒。頠從父弟逸，字景聲，有雋才，爲太傅司馬越從事中郎，[32]假節監中外營諸軍事。[33]

潛少弟徽，字文季，冀州刺史。有高才遠度，善言玄妙。事見荀粲、傅嘏、王弼、管輅諸傳。[34]徽長子黎，字伯宗，一名演，游擊將軍。[35]次康，字仲豫，太子左衛率。[36]次楷，字叔則，侍中、中書令、光禄大夫、開府。[37]次綽，字季舒，黃門侍郎，[38]早卒，追贈長水校尉。[39]康、楷、綽皆爲名士，而楷才望最重。

《晋諸公贊》曰：康有弘量，綽以明達爲稱，楷少與琅邪王戎俱爲掾發名，[40]鍾會致之大將軍司馬文王曰："裴楷清通，王戎簡要。"文王即辟爲掾，[41]進歷顯位。謝鯤爲《樂廣傳》，稱楷雋朗有識具，當時獨步。黎子苞，秦州刺史。[42]康子純，黃門侍郎。次盾，徐州刺史。[43]次邰，有器望。晋元帝爲安東將軍，[44]邰爲長史，侍中王曠與司馬越書曰："裴邰在此，雖不治事，然識量弘淹，此下人士大敬附之。"次廓，中壘將軍。[45]楷子瓚，中書郎。次憲，豫州刺史。[46]綽子遐，太傅主簿。瓚、遐並有盛名，早卒。

《晋諸公贊》稱憲有清識。

《魏略列傳》以徐福、嚴幹、李義、張既、游楚、梁習、趙儼、裴潛、韓宣、黃朗十人共卷，其既、習、儼、潛四人自有傳，徐福事在《諸葛亮傳》，游楚事在《張既傳》。餘幹等四人載之於後。[47]

嚴幹字公仲，[48]李義字孝懿，皆馮翊東縣人也。[49]馮翊東縣舊無冠族，故二人並單家，[50]其器性皆重厚。當中平末，[51]同年二十餘，幹好擊劍，義好辦護喪事。馮翊甲族桓、田、吉、郭及故侍中鄭文信等，[52]頗以其各有器實，共紀識之。會三輔亂，人多流宕，而幹、義不去，與諸知故相浮沈，採樵自活。逮建安初，關中始開。詔分馮翊西數縣爲左内史郡，治高陵；[53]以東數縣爲本郡，治臨晉。義於縣分當西屬，義謂幹曰："西縣兒曹，不可與爭坐席，今當共作方牀耳。"遂相附結，皆仕東郡爲右職。司隸辟幹，[54]不至。歲終，郡舉幹孝廉，義上計掾。[55]義留京師，爲平陵令，[56]遷冗從僕射，[57]遂歷顯職。逮魏封十郡，請義以爲軍祭酒，又爲魏尚書左僕射。及文帝即位，拜諫議大夫、執金吾、衛尉，[58]卒官。義子豐，字宣國，[59]見《夏侯玄傳》。幹以孝廉拜蒲阪令，[60]病，去官。復舉至孝，[61]爲公車司馬令。[62]爲州所請，詔拜議郎，還參州事。會以建策捕高幹，又追錄前討郭援功，封武鄉侯，遷弘農太守。[63]及馬超反，幹郡近超，民人分散。超破，爲漢陽太守。[64]遷益州刺史，[65]以道不通，黃初中，轉爲五官中郎將。[66]明帝時，遷永安太僕，[67]數歲卒。始李義以直道推誠於人，故于時陳羣等與之齊好。雖無他材力，而終仕進不頓躓。幹從破亂之後，更折節學問，特善《春秋公羊》。司隸鍾繇不好《公羊》而好《左氏》，謂《左氏》爲太官，[68]而謂《公羊》爲賣餅家，故數與幹共辯析長短。[69]繇爲人機捷，善持論，而幹訥口，臨時屈無以應。繇謂幹曰："公羊高竟爲左丘明服矣。"[70]幹曰："直故吏爲明使君服耳，[71]公羊未肯也。"

韓宣字景然，勃海人也。[72]爲人短小。建安中，丞相召署軍謀掾，[73]冗散在鄴。嘗於鄴（出）〔步〕入宫，[74]於東掖門内與臨菑侯植相遇。時天新雨，地有泥潦。宣欲避之，閹潦不得去。乃以扇自障，住於道邊。植嫌宣既不去，又不爲禮，乃駐車，使其常從問宣何官。宣云："丞相軍謀掾也。"植又問曰："應得唐突列侯否？"宣曰："《春秋》之義，王人雖微，[75]列于諸侯之上，未聞宰士而爲下土諸侯禮也。"[76]植又曰："即如所言，爲人父吏，見其子應有禮否？"宣又曰："於禮，臣、子一例也，而宣年又長。"植知其枝柱難窮，[77]乃釋去，具爲太子言，以爲辯。黄初中，爲尚書郎，[78]嘗以職事當受罰於殿前，已縛，束杖未行。文帝輦過，問："此爲誰？"[79]左右對曰：[80]"尚書郎勃海韓宣也。"帝追念前臨菑侯所說，乃窹曰："是子建所道韓宣邪！"特原之，遂解其縛。時天大寒，宣前以當受杖，豫脫袴，纏褌面縛；[81]及其原，褌腰不下，乃趨而去。帝目而送之，笑曰："此家有瞻諦之士也。"[82]後出爲清河、東郡太守。[83]明帝時，爲尚書、大鴻臚，數歲卒。宣前後當官，在能否之間，然善以己恕人。始南陽韓暨以宿德在宣前爲大鴻臚，暨爲人賢，及宣在後亦稱職，[84]故鴻臚中爲之語曰："大鴻臚，小鴻臚，前後治行曷相如。"案本志，宣名都不見，惟《魏略》有此傳，而《世語》列於名臣之流。

黃朗字文達，沛郡人也。爲人弘通有性實。父爲本縣卒，朗感其如此，抗志游學，由是爲方國及其郡士大夫所禮異。特與東平右姓王惠陽爲碩交，[85]惠陽親拜朗母於牀下。朗始仕黃初中，爲長吏，[86]遷長安令，[87]會喪母不赴，[88]復爲魏令，[89]遷襄城典農中郎將、涿郡太守。[90]以明帝時疾病卒。始朗爲君長，[91]自以父故，常忌不呼鈴下、伍伯，[92]而呼其姓字，至於忿怒，亦終不言。朗既仕至二千石，而惠陽亦歷長安令、酒泉太守。[93]故時人謂惠陽外似麤疏而内堅密，能不顧朗之本末，事朗母如己母，爲通度也。

魚豢曰：世稱君子之德其猶龍乎，蓋以其善變也。昔長安市儈有劉仲始者，[94]一爲市吏所辱，乃感激，蹋其尺折之，遂行學問，經明行脩，流名海内。後以有道徵，[95]不肯就，衆人歸其高。余以爲前世偶有此耳，而今徐、嚴復參之，若皆非似龍之志也，其何能至於此哉？李推至道，張工度主，韓見識異，黃能拔萃，各著根於石上，而垂陰乎千里，亦未爲易也。游翁慷慨，展布腹心，全軀保郡，見延帝王，又放陸生，優游宴戲，亦一賢也。[96]梁、趙及裴，雖張、楊不足，至于檢己，老而益明，亦難能也。

[1] 代郡：東漢治所高柳縣，在今山西陽高縣西北。曹魏移治所於代縣，在今河北蔚縣東北。

[2] 三人：本書卷一《武帝紀》建安十二年、二十一年謂代郡烏丸行單于普富盧至朝廷朝賀，又本書卷三〇《烏丸鮮卑傳》謂代郡烏丸首領有能臣氏與修武盧。

[3] 稽（qǐ）顙：古人最隆重的禮節。跪拜時叩頭至地，並稍事停留。

[4] 理曹掾：官名。建安十九年（214）曹操於丞相府置理曹掾屬，典司法刑獄。

[5] 今計者必以潛爲理過嚴：盧弼《集解》云："《通鑑》'計'作'繼'，'理'作'治'，均是。"

[6] 此訟爭所由生也：盧弼《集解》云："《通鑑》'訟爭'作'怨叛'。"趙幼文《校箋》謂《册府元龜》卷七九六引作"此怨讟之所由生也"。按，宋本《册府元龜》仍作"此訟爭所由生也"。

[7] 驍騎將軍：官名。東漢爲雜號將軍，統兵出征，事迄即罷。魏置爲中軍將領，有營兵，遂常設，以功高者任之。第四品。

[8] 沛國：王國名。治所相縣，在今安徽濉溪縣西北。

[9] 兗州：刺史治所昌邑縣，在今山東金鄉縣西北。

[10] 荆州：魏初荆州刺史治所宛縣，在今河南南陽市。

[11] 河南尹：官名。秩二千石。東漢建都洛陽，將京都附近二十一縣合爲一行政區，稱河南尹。相當於一郡；河南尹的長官亦稱河南尹，地區名與官名相同。魏晋因之，第三品。

[12] 尚書令：官名。曹魏時仍爲尚書臺長官，第三品，不再隸屬少府。仍掌奏、下尚書曹文書衆事，選用署置官吏；總典臺中綱紀法度，無所不統。後又綜理萬機，決策出令。

[13] 光禄大夫：趙幼文《校箋》謂郝經《續後漢書》"光"上有"右"字。

[14] 咸熙：魏元帝曹奂年號（264—265）。

[15] 藜(lí)芘(bì)：藜，百衲本、盧弼《集解》本作"蔾"，殿本、校點本作"藜"。按，二字同。《說文》："藜，草也。"朱駿聲《通訓定聲》："字亦作莉、作蔾。"今從殿本等。芘，通"庇"，蔭蔽。《集韻·至韻》："芘，覆也。或作庇。"藜芘，即藜草編織的壁障。

[16] 胡牀：一種可以折叠的輕便坐具，因從胡地傳入，故名。後世又稱交牀、交椅。

[17] 石奮：漢景帝初爲九卿。其四子爲官皆二千石，一門共爲萬石，故當時號石奮爲萬石君。《漢書》卷四六《石奮傳》云："萬石君家以孝謹聞乎郡國，雖齊魯諸儒質行，皆自以爲不及也。"

[18] 雅容：各本皆作"雅要容"。殿本《考證》云："'要'字疑衍。"校點本即從删"要"字。今從之。趙幼文《校箋》則謂《通志》"要"字作"姿"。

[19] 衛國：侯國名。治所在今河南清豐縣東南。

[20] 五等：公、侯、伯、子、男五等封爵。

[21] 廣川：侯國名。治所在今河北景縣西南廣川鎮。

[22] 左光禄大夫：官名。西晉時無職掌，假金章紫綬，禄賜、班位、冠幘、車服、佩玉、置吏卒及諸所賜予與特進同。二品。

[23] 地域圖：《晉書》卷三五《裴秀傳》作《禹貢地域圖》。

[24] 泰始：晉武帝司馬炎年號（265—274）。

[25] 弘雅有遠識：趙幼文《校箋》謂《世說新語·言語篇》注引作"弘濟有清識"。

[26] 博學稽古：趙幼文《校箋》謂《世說新語·言語篇》注引"稽古"下有"善言名理"四字。

[27] 太子中庶子：官名。東宮官屬，晉置四員，與中舍人共掌文翰。

[28] 元康：晉惠帝司馬衷年號（291—299）。

[29] 理具淵博：趙幼文《校箋》謂《世說新語·賞譽篇》注引"具"字作"甚"。

［30］崇有：《晋書》卷三五《裴秀附頠傳》載有《崇有論》。

［31］中書郎：官名。即中書侍郎。魏文帝黃初初，置中書監、令，下設通事郎，掌詔草，後又增設中書侍郎，亦稱中書郎，亦掌詔草。第五品。晋沿置，設四員。

［32］從事中郎：官名。三國時，三公府、將軍府皆置爲屬吏。秩六百石，第六品。其職依時、依府而定，或爲主吏，或分掌諸曹，或掌機密，或參謀議，地位較高。員不定。

［33］監中外營諸軍事：蓋指監督京城內外（包括宮中）之宿衛諸軍。

［34］荀粲：按，本書無《荀粲傳》。《荀粲傳》乃何劭所撰，見本書卷一〇《荀彧傳》裴注引。其中亦言及裴徽。 傅嘏：本書卷二一《傅嘏傳》亦未言及裴徽，而裴注引《傅子》有裴徽事。 王弼：本書亦無《王弼傳》。《王弼傳》乃何劭所撰，見本書卷二八《鍾會傳》裴注引。其中亦言及裴徽事。 管輅：本書卷二九《管輅傳》及裴注引《管輅別傳》皆言及裴徽事。

［35］游擊將軍：官名。漢代爲雜號將軍之一。魏、晋爲禁軍將領，與驍騎將軍等分領中虎賁，掌宿衛之任。第四品。

［36］太子左衛率：官名。晋武帝泰始五年（269）分太子衛率置左、右衛率，各領一軍，宿衛東宮，亦任征伐，地位頗重。

［37］開府：開設府署，辟置僚屬。漢代許三公、大將軍開府。魏晋以後範圍擴大，同一官銜而開府者，地位較高。

［38］黃門侍郎：官名。即給事黃門侍郎，東漢時，秩六百石。掌侍從左右，給事禁中，關通中外。初無員數，漢獻帝定爲六員，與侍中出入禁中，近侍帷幄，省尚書奏事。三國沿置，魏定爲五品，西晋因之。

［39］長水校尉：官名。魏時秩比二千石，第四品。掌宿衛兵。晋沿置。

［40］琅邪：郡名。治所開陽縣，在今山東臨沂市北。

［41］即辟：趙幼文《校箋》謂《世説新語・德行篇》注引

"即"下有"俱"字。

［42］秦州：晋武帝泰始五年置，刺史治所冀縣，在今甘肅甘谷縣東。太康三年（282）廢，七年復置，治所移至上邽縣，在今甘肅天水市。

［43］徐州：刺史治所彭城縣，在今江蘇徐州市。

［44］安東將軍：官名。爲出鎮地方的軍事長官，或爲州刺史兼理軍務的加官。魏、晋時皆第三品。

［45］中壘將軍：官名。第四品，掌宿衛兵。

［46］豫州：西晋豫州刺史治所陳縣，在今河南淮陽縣。

［47］餘幹：百衲本、校點本作"餘韓"，殿本、盧弼《集解》本作"餘幹"。盧弼《集解》云："馮本、監本作'徐韓'，宋本、元本作'餘幹'，均誤。"又殿本《考證》盧明楷曰："按此即指下嚴幹、李義、韓宣、黄朗等四人也。且上文已云徐福事在《諸葛亮傳》，不應又云'徐韓'。"今從殿本等。

［48］嚴幹：盧弼《集解》謂《北堂書鈔》卷九五作"嚴韓"，《太平御覽》卷五四二（當作三四二）引作"嚴翰"。趙幼文《校箋》謂《白孔六帖》卷八八，《太平御覽》卷三四二、卷六〇一（當作六一〇）俱作"嚴翰"。按，《北堂書鈔》實引作"嚴漢"。

［49］東縣：趙一清《注補》云："東縣，即臨晋以東之縣。"臨晋縣治所在今陝西大荔縣。

［50］單家：孤寒人家。與豪族大姓相對而言。

［51］中平：漢靈帝劉宏年號（184—189）。

［52］田：百衲本作"甲"，殿本、盧弼《集解》本、校點本作"田"。今從殿本等。

［53］高陵：縣名。治所在今陝西高陵縣西南。

［54］司隸：即司隸校尉。

［55］上計掾：官名。東漢郡國遣吏至京都向朝廷呈上計簿，彙報本郡國的户口、錢糧、獄訟、盗賊等情況。此事稱爲上計，所遣之吏稱爲上計掾或上計吏。

［56］平陵：縣名。治所在今陝西咸陽市西北。

［57］冗從僕射（yè）：官名。即中黃門冗從僕射。東漢置，秩六百石。統領中黃門冗從，掌宿衛宮禁，直守門戶，皇帝出行則騎從，夾乘輿車。名義上隸少府。

［58］諫議大夫：官名。秩六百石，第七品。掌議論，無定員。　執金吾：官名。建安十八年（213）魏國置中尉，黃初元年（220）改爲執金吾，秩中二千石，第三品，掌宮外及京都警衛，皇帝出行，則充任護衛及儀仗。　衛尉：官名。秩中二千石，第三品，掌宮門及宮中警衛。

［59］宣國：本書卷九《夏侯玄傳》裴注引《魏略》作"安國"。

［60］蒲阪：縣名。治所在今山西永濟縣西南蒲州鎮。

［61］至孝：漢代察舉人才科目之一。漢武帝時，初令郡國舉孝、廉各一人，即孝子、廉吏各一人。至孝爲孝子科。後孝廉連用，混爲一科，不再區分。此蓋特設。

［62］公車司馬令：官名。秩六百石，第六品。掌皇宮南闕門，凡吏民上章，四方貢獻及徵詣公車者，均由公車司馬令呈達。

［63］弘農：郡名。治所弘農縣，在今河南靈寶市東北。

［64］漢陽：殿本作"濮陽"，今從百衲本、盧弼《集解》本、校點本作"漢陽"。漢陽，郡名。治所冀縣，在今甘肅甘谷縣東。

［65］益州：刺史治所成都縣，在今四川成都市舊東、西城區。按，當時益州已爲劉備所據。

［66］五官中郎將：官名。漢代五官中郎將主管五官郎，掌宿衛殿門，出充車騎，屬光祿勳，不置僚屬，秩比二千石。漢末曹丕爲此官，置僚屬，並爲丞相之副。曹丕代漢之初未置此官，未詳何時復置。復置後仍屬光祿勳，似無郎署。

［67］永安太僕：官名。魏太后置衛尉、太僕、少府三卿，皆隨太后宮爲號，本在九卿上，魏改漢制，在九卿下。魏明帝即位後，尊文帝郭皇后爲太后，稱永安宮。

［68］太官：趙幼文《校箋》謂《北堂書鈔》卷九六（當作九五）、《太平御覽》卷六一〇引"官"下有"厨"字。

［69］故數與：趙幼文《校箋》謂《太平御覽》卷四六四引"故"下有"常"字。

［70］公羊高：戰國時齊人，子夏弟子。傳說爲《公羊傳》之作者，而《公羊傳》成書於漢景帝時。（見《公羊傳》何休《解詁序》徐彦疏引戴宏說）

［71］明使君：對州郡長官之尊稱。鍾繇爲司隸校尉，相當於刺史，故李義如此稱繇。

［72］勃海：郡名。治所南皮縣，在今河北南皮縣東北。

［73］建安中：趙幼文《校箋》謂《北堂書鈔》卷六八引"中"下有"太祖爲"三字。　署：殿本作"置"，百衲本、盧弼《集解》本、校點本作"署"。今從百衲本等。

［74］步入：各本作"出入"。趙幼文《校箋》謂《北堂書鈔》卷六〇引"出"字作"步"；《太平御覽》卷七〇二引亦作"步"，又卷四六三引作"步行入"。疑"出"爲"步"之殘誤。而"步入"語意已備，著"行"反贅矣。今從趙說改"出"爲"步"。

［75］王人：謂王室之官。《春秋·僖公八年》："王正月，公會王人、齊侯、宋公、衛侯、許男、曹伯、陳世子款盟于洮。"《公羊傳》："王人者何？微者也。曷爲序乎諸侯之上？先王命也。"

［76］宰士：周王之冢宰，掌管王家內外事務，相當秦漢的宰相，漢代又尊稱宰相之僚屬爲宰士。《漢書》卷八四《翟方進傳》"以宰士督察天子奉使命大夫"，顏師古注："謂丞相掾史爲宰士者，言其宰相之屬官，而位爲士也。"　下土：百衲本、殿本、盧弼《集解》本均作"下土"，校點本作"下土"。今從百衲本等。

［77］枝柱：抵觸，不順從。

［78］尚書郎：官名。東漢之制，取孝廉之有才能者入尚書臺，初入臺稱守尚書郎中，滿一年稱尚書郎，三年稱侍郎，統稱尚書郎。曹魏襲之，而分曹有異。曹魏有殿中、吏部、駕部、度支等等

二十五郎，秩皆四百石，第六品，主文書起草。

［79］此爲誰：趙幼文《校箋》謂《北堂書鈔》卷六〇、《太平御覽》卷二一五引作"是誰"。

［80］左右對：趙幼文《校箋》謂《北堂書鈔》《太平御覽》引作"左右以實對"。

［81］褌（kūn）：滿襠的内褲稱褌，無襠的套褲稱褲。

［82］瞻諦：吴金華《校詁》云："'瞻諦'乃古人成語，形容性氣剛志，志不可奪。"

［83］清河：郡名。治所清河縣，在今山東臨清市東北。 東郡：治所濮陽縣，在今河南濮陽縣西南。

［84］在後：趙幼文《校箋》謂《北堂書鈔》卷五四、《太平御覽》卷二三二引"後"字作"官"。

［85］東平：王國名。治所無鹽縣，在今山東東平縣東。

［86］長吏：百衲本"吏"字作"史"，殿本、盧弼《集解》本、校點本作"吏"。今從殿本等。

［87］長安：縣名。治所在今陝西西安市西北。

［88］赴：百衲本作"對"，殿本、盧弼《集解》本、校點本作"赴"。今從殿本等。

［89］魏：縣名。治所在今河北大名縣西南。

［90］襄城：縣名。治所在今河南襄城縣。 涿郡：治所涿縣，在今河北涿州市。

［91］君長：謂郡縣之長。

［92］鈴下：吏名。漢朝官府的侍從小吏，因其在鈴閣之下，有警則掣鈴以呼，故名。魏、晋或作爲門吏之代稱。 伍伯：官府侍從小吏，職在導引、問事。

［93］酒泉：郡名。治所福禄縣，在今甘肅酒泉市。

［94］市儈：買賣的中間介紹人。

［95］有道：漢代選舉人才科目之一。

［96］賢：百衲本、盧弼《集解》本、校點本作"實"，今從

殿本作"賢"。按，此游翁指游楚，其事迹見本書卷一五《張既傳》裴注引《魏略》。《玉篇·貝部》："賢，能也。"以游楚之行事看，實爲能幹之郡守。

　　評曰：和洽清和幹理，常林素業純固，楊俊人倫行義，杜襲温粹識統，趙儼剛毅有度，裴潛平恒貞幹，皆一世之美士也。至林能不繋心於三司，以大夫告老，美矣哉！

三國志 卷二四

魏書二十四

韓崔高孫王傳第二十四

　　韓暨字公至，南陽堵陽人也。[一][1]同縣豪右陳茂，譖暨父兄，幾至大辟。[2]暨陽不以爲言，[3]庸賃積資，陰結死士，遂追（呼）尋禽茂，[4]以首祭父墓，由是顯名。舉孝廉，[5]司空辟，[6]皆不就。乃變名姓，隱居避亂魯陽山中。[7]山民合黨，欲行寇掠。暨散家財以供牛酒，請其渠帥，爲陳安危。山民化之，終不爲害。避袁術命召，徙居山都之山。[8]荆州牧劉表禮辟，[9]遂遁逃，南居孱陵界，[10]所在見敬愛，而表深恨之。暨懼，應命，除宜城長。[11]

　　〔一〕《楚國先賢傳》曰："暨，韓王信之後。[12]祖術，河東太守。[13]父純，南郡太守。[14]"

　　[1] 南陽：郡名。治所宛縣，在今河南南陽市。　堵陽：縣

名。治所在今河南方城縣東。

〔2〕大辟：死刑。

〔3〕陽：同"佯"，假裝。

〔4〕遂追尋禽茂：各本"追"下有"呼"字。趙幼文《校箋》謂《太平御覽》卷四八一引無"呼"字，《册府元龜》卷八九六引作"遂尋禽茂"。按，宋本《册府元龜》亦作"遂追尋禽茂"。今從趙說及宋本《册府元龜》删"呼"字。

〔5〕孝廉：漢代選拔官吏的主要科目。孝指孝子，廉指廉潔之士。原本爲二科，後混同爲一科，也不再限於孝子和廉士。東漢後期定制爲不滿四十歲者不得察舉；被舉者先詣公府課試，以觀其能。郡國每年要向中央推舉一至二人。

〔6〕司空：官名。東漢時，與太尉、司徒並爲三公，共同行使宰相職能，而位列三公之末。本職掌土木營建與水利工程。

〔7〕避亂：趙幼文《校箋》謂《册府元龜》卷九四八引"亂"字作"難"。 魯陽：縣名。治所在今河南魯山縣。 山：指魯山。在今河南魯山縣東北，接襄城縣界。

〔8〕山都：縣名。治所在今湖北穀城縣東南。

〔9〕荆州：東漢末，州牧刺史之治所襄陽縣，在今湖北襄陽市樊城區。

〔10〕孱（zhàn）陵：縣名。治所在今湖北公安縣西。

〔11〕宜城：縣名。治所在今湖北宜城縣南。

〔12〕韓王信：戰國韓襄王之孫。楚漢相争中，劉邦立韓信爲韓王。（見《史記》卷九三《韓信列傳》）

〔13〕河東：郡名。治所安邑縣，在今山西夏縣西北禹王城。

〔14〕南郡：治所江陵縣，在今湖北江陵縣。

太祖平荆州，辟爲丞相士曹屬。[1]後遷樂陵太守，[2]徙監冶謁者。[3]舊時冶，作馬排，蒲拜反。爲排以吹炭。[4]每一熟石用馬百匹；[5]更作人排，又費功力。[6]暨乃因長流爲水排，計其利益，三倍於前。在職七年，[7]器用充實。制書褒歎，就加司金都尉，[8]班亞九卿。文帝踐阼，封宜城亭侯。[9]黃初七年，[10]遷太常，[11]進封南鄉亭侯，邑二百户。

時新都洛陽，[12]制度未備，而宗廟主祏音石。〔一〕皆在鄴都。[13]暨奏請迎鄴四廟神主，[14]建立洛陽廟，四時蒸嘗，[15]親奉粢盛。[16]崇明正禮，廢去淫祀，多所匡正。在官八年，以疾遜位。景初二年春，[17]詔曰：“太中大夫韓暨，[18]澡身浴德，志節高絜，年踰八十，守道彌固，可謂純篤，老而益劭者也。[19]其以暨爲司徒。”[20]夏四月薨，遺令斂以時服，葬爲土藏。[21]諡曰恭侯。〔二〕子肇嗣。肇薨，子邦嗣。〔三〕

〔一〕《春秋傳》曰：命我先人典司宗祏。注曰：“宗廟所以藏主石室者。”[22]

〔二〕《楚國先賢傳》曰：暨臨終遺言曰：“夫俗奢者，示之以儉，儉則節之以禮。歷見前代送終過制，失之甚矣。若爾曹敬聽吾言，斂以時服，葬以土藏，穿畢便葬，送以瓦器，慎勿有增益。”又上疏曰：“生有益於民，死猶不害於民。況臣備位台司，[23]在職日淺，未能宣揚聖德以廣益黎庶。寢疾彌留，奄即幽冥。方今百姓農務，不宜勞役，乞不令洛陽吏民供設喪具。懼國典有常，使臣私願不得展從，謹冒〔死〕以聞，[24]惟蒙哀許。”帝得表嗟歎，乃詔曰：“故司徒韓暨，積德履行，忠以立朝，至於黃髮，[25]直亮不虧。既登三事，[26]望獲毗輔之助，如何奄忽，天命不永！曾參臨没，[27]易簀以禮；晏嬰尚儉，[28]遣車降制。今司徒知命，遺言卹民，必欲崇約，可謂善始令終者也。其喪禮所設，皆如故事，勿有所闕。特賜溫明祕器，[29]衣一稱，[30]五時朝服，[31]玉具劍佩。"

〔三〕《楚國先賢傳》曰：邦字長林。少有才學。晉武帝時為野王令，[32]有稱績。為新城太守，[33]坐舉野王故吏為新城計吏，[34]武帝大怒，遂殺邦。暨次子鯀，高陽太守。[35]鯀子洪，侍御史。[36]洪子壽，字德真。[37]

《晉諸公贊》曰：自暨已下，世治素業，壽能敦尚家風，性尤忠厚。早歷清職，惠帝踐阼，為散騎常侍，[38]遷守河南尹，[39]病卒，贈驃騎將軍。[40]壽妻賈充女。[41]充無後，以壽子謐為嗣，弱冠為祕書監、侍中，[42]性驕佚而才出眾。[43]少子蔚，亦有器望，並為趙王倫所誅。韓氏遂滅。

[1] 士曹屬：官名。漢末曹操丞相府置有士曹，屬為長官。

[2] 遷：校點本作"選"，百衲本、殿本、盧弼《集解》本均作"遷"。今從百衲本等。　樂陵：郡名。治所厭次縣，在今山東惠民縣東桑落堡。

[3] 監冶謁者：官名。漢末曹操臨時置，以謁者之職兼領冶鑄。

[4] 排（bài）：鼓風吹火之器具。梁章鉅《旁證》云："排"與"鞴""橐""韝"通，吹火樸也。

[5] 一熟石：盧弼《集解》本作"一孰石"，百衲本、殿本、校點本均作"一熟石"。今從百衲本等。一熟石，謂熔煉成一石（十斗）金屬液。

[6] 功力：趙幼文《校箋》謂《冊府元龜》卷四九九引"功"字作"工"。

[7] 七年：殿本《考證》云："《太平御覽》作'一年'。"趙幼文《校箋》謂見《太平御覽》卷二四一。按宋本《太平御覽》亦作"七年"。

[8] 司金都尉：官名。建安中曹操置，秩比二千石，掌冶鑄製造等。

[9] 亭侯：爵名。漢制，列侯大者食縣邑，小者食鄉、亭。東漢後期遂以食鄉、亭者稱爲鄉侯、亭侯。

[10] 黃初：魏文帝曹丕年號（220—226）。

[11] 太常：官名。秩中二千石，第三品。掌禮儀祭祀，選試博士。

[12] 洛陽：縣名。治所在今河南洛陽市東北白馬寺東。

[13] 鄴：縣名。治所在今河北臨漳縣西南鄴鎮東一里半。自曹操破袁紹後即以鄴爲據點；後曹操封魏公、魏王，又以鄴爲都，故曹魏稱鄴爲都。

[14] 四廟：指曹魏的高皇帝曹騰、太皇帝曹嵩、武帝曹操、文帝曹丕之廟。見本書卷三《明帝紀》太和三年十一月。

[15] 蒸嘗：同"烝嘗"。本來冬祭稱烝，秋祭稱嘗。後遂泛指祭祀。

[16] 粢（zī）盛：祭品。粢爲穀類之總稱。粢盛即指盛在祭器中之黍稷，因泛指祭品。

[17] 景初：魏明帝曹叡年號（237—239）。

[18] 太中大夫：官名。秩千石，第七品。掌顧問應對，參謀議政。

[19] 劭：自勵自強。

[20] 司徒：官名。與太尉、司空並爲三公，共同行使宰相職能，位次太尉，本職掌民政，第一品。

[21] 土藏：謂挖土坑埋葬，不修石椁。

[22] 主：指木神主。又《左傳·昭公十八年》"使祝史徙主祏于周廟"。杜預注："祏，廟主石函。"孔穎達疏："每廟木主皆以石函盛之，當祭則出之，事畢則納於函，藏於廟之北壁之內，所以辟火災也。"故有"主祏"之稱。

[23] 台司：台謂三台，司謂三司。均指三公。

[24] 謹冒死以聞：各本無"死"字。趙幼文《校箋》謂郝經《續後漢書》"冒"下有"死"字，應補，句意乃備。今從趙説補。

[25] 黃髮：指年老高壽。因老人髮白，白久則黃。

[26] 三事：指三公。

[27] 曾參：孔子弟子。以孝著稱，亦極遵禮重修養。後教授門徒甚衆。《禮記·檀弓上》："曾子寢疾，病。樂正子春坐於牀下，曾元、曾申坐於足，童子隅坐而執燭。童子曰：'華而睆，大夫之簀與？'子春曰：'止。'曾子聞之，瞿然曰：'呼？'曰：'華而睆大夫之簀與？'曾子曰'然。斯季孫之賜也，我未之能易也。元，起易簀。'曾元曰：'夫子病革矣，不可以變，幸而至於旦，請敬易之。'曾子曰：'爾之愛我也，不如彼。君子之愛人也以德，細人之愛人也以姑息。吾何求哉！吾得正而斃焉斯已矣。'舉扶而易之，反席未安而没。"

[28] 晏嬰：春秋時齊國大夫，以節儉著稱。《禮記·檀弓下》："曾子曰：'晏子可謂知禮也已，恭敬之有焉。'有若曰：'晏子一狐裘三十年，遣車一乘，及墓而反。國君七个，遣車七乘；大夫五个，遣車五乘。晏子焉知禮？'"孔穎達疏："遣車一乘者，其父晏桓子是大夫，大夫遣車五乘，其葬父唯用一乘，又是儉失禮也"；"國君七个，遣車七乘，大夫五个，遣車五乘者，此更舉正禮以證晏子失禮也。个，謂所包遣奠牲體臂臑也，折爲七段、五段，以七乘、五乘遣車載之。今晏子略不從禮數，是不知也"。

[29] 特：百衲本作"時"，今從殿本等作"特"。 溫明：古代葬器。《漢書》卷六八《霍光傳》"東園溫明"注：服虔曰："東園處此器，形如方漆桶，開一面，漆畫之，以鏡置其中，以懸屍上，大斂並蓋之。"師古曰："東園，署名也，屬少府。其署主作此器也。"

[30] 一稱（chèn）：一套。

[31] 五時朝服：按春、夏、季夏、秋、冬五個時令所穿不同顏色的朝服。《後漢書》卷四二《東平憲王蒼傳》"乃命留五時衣

各一襲"，李賢注："五時衣，謂春青、夏朱、季夏黃、秋白、冬黑也。衣單複具曰襲。"

[32] 野王：縣名。治所在今河南沁陽市。

[33] 新城：郡名。治所房陵縣，在今湖北房縣。

[34] 計吏：漢代的郡國，在年終遣吏至京都，向朝廷呈上計簿，彙報本郡國的户口、錢糧、獄訟、盜賊等情况。此事稱爲上計，所遣之吏稱爲計吏或上計吏。

[35] 高陽：郡名。治所高陽縣，在今河北高陽縣東舊城。

[36] 侍御史：官名。秩六百石，第七品。掌察舉非法，受公卿群吏奏事，有違失者舉劾之。

[37] 德真：殿本、校點本作"德貞"，百衲本、盧弼《集解》作"德真"，《晉書》卷四〇《賈充附謐傳》亦作"德真"。今從百衲本等。

[38] 散騎常侍：官名。秩比二千石，第三品。爲門下重職，侍從皇帝左右，諫諍得失，應對顧問，與侍中等共平尚書奏事，有異議得駁奏。

[39] 河南尹：官名。秩二千石。東漢建都洛陽，將京都附近二十一縣合爲一行政區，稱河南尹。相當於一郡；河南尹的長官亦稱河南尹，地區名與官名相同。魏晉因之，第三品。

[40] 驃騎將軍：官名。東漢時位比三公，地位尊崇。魏、晉沿置，居諸名號將軍之首，僅作爲軍府名號，加授大臣、重要州郡長官，無具體職掌，二品。開府者位從公，一品。

[41] 賈充女：指賈充小女賈午。詳情見《晉書》卷四〇《賈充附謐傳》。

[42] 秘書監：官名。魏文帝初，置爲秘書署長官，秩六百石，第三品。掌管藝文圖籍。初屬少府，魏明帝時王肅任此職，上表諫不應屬少府，後遂不屬。晉武帝以秘書併入中書省，罷此職。晉惠帝永平元年（291）復置，爲秘書局長官，綜理經籍，考校古今，課試署吏，統著作局，掌國史修撰並管理中外三閣圖書。仍爲三

品。　侍中：官名。曹魏時，第三品。爲門下侍中寺長官。職掌門下衆事，侍從左右，顧問應對，拾遺補闕，與散騎常侍、黃門侍郎等共平尚書奏事。晉沿置，爲門下省長官。

[43] 出梟：百衲本作"出壽"，殿本、盧弼《集解》本、校點本作"出梟"。今從殿本等。

　　崔林字德儒，清河東武城人也。[1]少時晚成，[2]宗族莫知，惟從兄琰異之。太祖定冀州，召除鄔長，[3]貧無車馬，單步之官。太祖征壺關，[4]問長吏德政最者，并州刺史張陟以林對，[5]於是擢爲冀州主簿，[6]徙署別駕、丞相掾屬。[7]魏國既建，稍遷御史中丞。[8]

　　文帝踐阼，拜尚書，[9]出爲幽州刺史。[10]北中郎將吳質統河北軍事，[11]涿郡太守王雄謂林別駕曰：[12]"吳中郎將，上所親重，國之貴臣也。仗節統事，州郡莫不奉牋致敬，而崔使君初不與相聞。[13]若以邊塞不脩斬卿，[14]使君寧能護卿邪？"別駕具以白林，林曰："刺史視去此州如脱屣，寧當相累邪？此州與胡虜接，宜鎮之以静，擾之則動其逆心，特爲國家生北顧憂，[15]以此爲寄。"[16]在官一期，寇竊寢息；〔一〕猶以不事上司，左遷河間太守，[17]清論多爲林怨也。〔二〕

　　〔一〕案《王氏譜》：[18]雄字元伯，太保祥之宗也。[19]
　　《魏名臣奏》載安定太守孟達薦雄曰：[20]"臣聞明君以求賢爲業，忠臣以進善爲效，故《易》稱'拔茅連茹'，[21]《傳》曰'舉爾所知'。[22]臣不自量，竊慕其義。臣昔以人乏，謬充備部職，[23]時涿郡太守王雄爲西部從事，[24]與臣同僚。雄天性良固，果而有謀。歷試三縣，政成人和，[25]及在近職，[26]奉宣威恩，[27]

懷柔有術，清慎持法。臣往年出使，經過雄郡。自說特受陛下拔擢之恩，常勵節精心，思投命爲效。言辭激揚，情趣款惻。臣雖愚闇，不識真僞，以謂雄才兼資文武，[28]忠烈之性，踰越倫輩。今涿郡領户三千，[29]孤寡之家，參居其半，北有守兵藩衛之固，誠不足舒雄智力，展其勤幹也。[30]臣受恩深厚，無以報國，不勝悾悾淺見之情，謹冒陳聞。"詔曰："昔蕭何薦韓信，[31]鄧禹進吳漢，[32]惟賢知賢也。雄有膽智技能文武之姿，吾宿知之。今便以參散騎之選，[33]方使少在吾門下知指歸，[34]便大用之矣。天下之士，欲使皆先歷散騎，然後出據州郡，是吾本意也。"雄後爲幽州刺史。子渾，涼州刺史。[35]次乂，平北將軍。[36]司徒安豐侯戎，[37]渾之子。太尉武陵侯衍、荆州刺史澄，[38]皆乂之子。

〔二〕《魏名臣奏》載侍中辛毗奏曰："昔桓階爲尚書令，[39]以崔林非尚書才，遷以爲河間太守。"與此傳不同。[40]

[1] 清河：郡名。治所清河縣，在今山東臨清市東北。　東武城：縣名。治所在今河北清和縣東北。

[2] 少時晚成：趙幼文《校箋》謂《太平御覽》卷四八五引作"幼時"，無"晚成"二字。

[3] 鄔：縣名。治所在今山西介休縣東北鄔城店。

[4] 壺關：縣名。治所在今山西長治市北。

[5] 并州：刺史治所晉陽縣，在今山西太原市西南古城營西古城。

[6] 冀州：東漢末，州牧刺史治所常設在鄴，在今河北臨漳縣西南鄴鎮東一里半。　主簿：官名。漢代中央及州郡縣官府皆置此官，以典領文書，辦理事務。

[7] 別駕：官名。別駕從事史的簡稱，爲州牧刺史的主要屬吏，州牧刺史巡行各地時，別乘傳車從行，故名別駕。　丞相掾屬：官名。丞相府之長吏。丞相府設有諸曹，如東曹、户曹、金

曹、兵曹等。掾爲曹長，屬爲副貳。

[8] 御史中丞：官名。秩千石，第四品。爲御史臺長官，掌監察、執法。

[9] 尚書：官名。曹魏置吏部、左民、客曹、五兵、度支等五曹尚書，秩皆六百石，第三品。其中吏部職要任重，徑稱爲吏部尚書，其餘諸曹均稱尚書。

[10] 幽州：刺史治所薊縣，在今北京城西南。

[11] 北中郎將：官名。東漢靈帝時所置四中郎將之一，主率軍征伐。魏、晉沿置，多有較固定的轄區和治所。西晉時多鎮鄴。

[12] 涿郡：治所涿縣，在今河北涿州市。

[13] 使君：對州郡長官之尊稱。　初：完全。

[14] 邊塞：趙幼文《校箋》謂《北堂書鈔》卷三七引"塞"字作"事"。按《北堂書鈔》實作"塞"。

[15] 特爲：趙幼文《校箋》謂《北堂書鈔》引"特"字作"將"。按《北堂書鈔》實作"特"。

[16] 以此爲寄：趙幼文《校箋》謂此句語意似未完。《北堂書鈔》引作"故不欲致煩耳"，無"以此爲寄"四字。按，《北堂書鈔》實無"耳"字。

[17] 河間：郡名。治所樂成縣，在今河北獻縣東南。

[18] 王氏譜：沈家本《三國志注所引書目》謂《隋書·經籍志》《舊唐書·經籍志》《新唐書·藝文志》皆不注錄。

[19] 太保：官名。西晉時與太宰、太傅並爲上公，第一品。爲尊貴虛銜，無職掌。

[20] 安定：郡名。治所臨晉縣，在今甘肅鎮原縣東南。　孟達：此孟達與本書卷二《文帝紀》、卷三《明帝紀》所言"蜀將孟達""新城太守孟達"不是一人。

[21] 拔茅連茹：《易·泰卦》初九爻辭："拔茅茹，以其彙，征吉。"王弼注："茅之爲物，拔其根而相牽引者也。茹，相牽引之貌也。"孔穎達疏："以其彙者，彙，類也。以類相從。征吉者，

征，行也。"

[22] 舉爾所知：《論語·子路》：子曰："舉爾所知。爾所不知，人其捨諸？"

[23] 謬充：趙幼文《校箋》謂《册府元龜》卷六八八引無"充"字。

[24] 西部從事：官名。蓋即冀州西部都督從事。建安十八年（213）并州并入冀州後，於原并州地置西部都督從事統領之。見本書卷一五《梁習傳》。

[25] 人和：趙幼文《校箋》謂《册府元龜》卷六八八引"人"字作"民"。按，宋本《册府元龜》亦作"人"。

[26] 及在近職：趙幼文《校箋》謂《册府元龜》引"在"字作"任"。按，宋本《册府元龜》亦作"在"，又"及"字作"頃"。

[27] 威恩：趙幼文《校箋》謂《册府元龜》引"恩"字作"德"。按，宋本《册府元龜》亦作"恩"。

[28] 以謂：趙幼文《校箋》謂《册府元龜》引"謂"字作"爲"。按，宋本《册府元龜》亦作"謂"。

[29] 户三千：沈家本《瑣言》云："《續漢志》涿郡户十萬二千二百一十八，此永和五年户數。經喪亂之後，存者不及三十分之一。"

[30] 展其勤幹也：趙幼文《校箋》謂《册府元龜》卷六八八引"也"上有"而已"二字。按，宋本《册府元龜》亦無"而已"二字。

[31] 蕭何薦韓信：劉邦爲漢王後，以蕭何爲丞相。至南鄭，諸將道中逃亡者數十人，韓信亦逃亡。蕭何深知韓信，不及告劉邦，即往追之。蕭何追韓信回來後，劉邦責備蕭何，爲何獨追韓信，蕭何說："諸將易得耳。至如信者，國士無雙。王必欲長王漢中，無所事信；必欲爭天下，非信無所與計事者。"劉邦遂任韓信爲大將。（見《史記》卷九二《淮陰侯列傳》）

[32] 鄧禹進吳漢：劉秀起兵後，鄧禹即追隨之，深得劉秀之信任。而吳漢投劉秀後，未得重用，鄧禹便多次薦舉。及劉秀將發幽州兵，召問鄧禹誰可使者。禹曰："間數與吳漢言，其人勇鷙有謀，諸將鮮能及者。"劉秀即拜吳漢爲大將軍。（見《後漢書》卷一八《吳漢傳》）

[33] 今便：趙幼文《校箋》謂《册府元龜》卷六八八引"便"字作"使"。　散騎：官名。指散騎常侍或散騎侍郎。曹魏置，第五品。與散騎常侍、侍中、黃門侍郎等侍從皇帝左右，顧問應對，諫諍拾遺，共平尚書奏事。西晉沿置。

[34] 吾門下：趙幼文《校箋》謂《册府元龜》卷六八八引"門"字作"間"。按，宋本《册府元龜》亦作"門"。

[35] 涼州：刺史治所姑臧，在今甘肅武威市。（本吳增僅《三國郡縣表附考證》）

[36] 平北將軍：官名。建安中曹操置，魏晉時與平東、平西、平南將軍合稱四平將軍，地位較高。

[37] 司徒：官名。西晉時，與丞相通職，一般不並置，爲名譽宰相，一品。亦常參録朝政，然僅掌事務，政務仍歸尚書，加録尚書事銜者，爲真宰相。　安豐：縣名。治所在今河南固始縣東南。

[38] 太尉：官名。西晉時，仍列三公之首，爲名譽宰相，無實際職掌，多爲加官。　武陵：縣名。治所在今湖北竹山縣西北。
荆州：晉刺史治所江陵縣，在今湖北江陵縣。

[39] 尚書令：官名。曹魏時仍爲尚書臺長官，第三品，不再隸屬少府。仍掌奏、下尚書曹文書衆事，選用署置官吏；總典臺中綱紀法度，無所不統。後又綜理萬機，決策出令。

[40] 此傳：吳金華《〈三國志集解〉箋記》謂按史家通例，"此傳"應作"本傳"，此爲傳寫之誤。

遷大鴻臚。[1]龜兹王遣侍子來朝，[2]朝廷嘉其遠至，褒賞其王甚厚。餘國各遣子來朝，閒使連屬，[3]林恐所遣或非真的，[4]權取疏屬賈胡，因通使命，利得印綬，而道路護送，所損滋多。勞所養之民，資無益之事，爲夷狄所笑，此曩時之所患也。乃移書燉煌喻指，[5]并錄前世待遇諸國豐約故事，使有恒常。明帝即位，賜爵關內侯，[6]轉光祿勳、司隸校尉。[7]屬郡皆罷非法除過員吏。林爲政推誠，簡存大體，是以去後每輒見思。

散騎常侍劉劭作《考課論》，制下百僚。林議曰："案《周官》考課，[8]其文備矣，自康王以下，[9]遂以陵遲，此即考課之法存乎其人也。及漢之季，其失豈在乎佐吏之職不密哉？方今軍旅，或猥或卒，[10]備之以科條，申之以內外，增減無常，固難一矣。且萬目不張舉其綱，衆毛不整振其領。皋陶仕虞，[11]伊尹臣殷，[12]不仁者遠。五帝三王未必如一，而各以治亂。《易》曰：'易簡，[13]而天下之理得矣。'太祖隨宜設辟，以遺來今，不患不法古也。以爲今之制度，不爲疏闊，惟在守一勿失而已。若朝臣能任仲山甫之重，[14]式是百辟，則孰敢不肅？"

景初元年，司徒、司空並缺，[15]散騎侍郎孟康薦林曰：[16]"夫宰相者，天下之所瞻效，誠宜得秉忠履正本德仗義之士，足爲海內所師表者。竊見司隸校尉崔林，稟自然之正性，體高雅之弘量。論其所長以比古人，忠直不回則史魚之儔，[17]清儉守約則季文之匹也。[18]牧守州郡，所在而治，及爲外司，[19]萬里肅齊，誠台輔之妙器，[20]袞職之良才也。"[21]後年遂爲司空,[22]封安陽亭侯,邑六百户。[23]三公封列侯,[24]自林始也。〔一〕頃之,又進封安陽鄉侯。[25]

〔一〕臣松之以爲漢封丞相邑,爲荀悦所譏。[26]魏封三公,其失同也。

[1] 大鴻臚:官名。秩中二千石,第三品。掌諸侯及少數民族朝貢、郡國上計、行禮贊導、拜授諸侯、吊謚護喪。

[2] 龜(qiū)兹(cí):西域國名。魏晋時都城在延城,在今新疆沙雅縣北六十里羊達克沁廢城。

[3] 間使:趙幼文《校箋》謂《太平御覽》卷二三二、《册府元龜》卷六二四引"間"字作"問"。按,宋本《册府元龜》亦作"間"。

[4] 的:確實。

[5] 燉煌:郡名。治所敦煌縣,在今甘肅敦煌市西。

[6] 關内侯:爵名。漢制二十級爵之十九級,次於列侯,祇有封户收取租税而無封地。魏文帝定爵制爲十等,關内侯在亭侯下,仍爲虚封,無食邑。

[7] 光禄勳:官名。秩中二千石,第三品。掌宿衞宫殿門户,朝會則皆禁止,及主諸郎之在殿中侍衞者。(本洪飴孫《三國職官表》) 司隷校尉:官名。秩比二千石,第三品。掌糾察京師百官違法者,並治所轄各郡,相當於州刺史。錢大昭《辨疑》云:"《明帝紀》注引《獻帝傳》云'使持節行司空、大司農崔林監護喪事',是青龍二年林爲大司農也。史不備書。"

[8] 周官:即《周禮》。《周禮·天官·大宰》云:"歲終,則令百官府各正其治,受其會,聽其致事,而詔王廢置。三歲,則大計群吏之治而誅賞之。"

[9] 康王:指周康王。成王子,在位時繼續行成王之治,"故

成、康之際，天下安寧，刑錯四十餘年不用"。（《史記》卷四《周本紀》）

［10］或猥或卒：胡三省云："猥，積也。卒，倉猝也。"（《通鑑》卷七三魏明帝景初元年注）

［11］皋陶（yáo）：傳說舜時爲掌刑法之官，甚公平。《史記》卷一《五帝本紀》云："皋陶爲大理，平，民各伏得其實。"

［12］伊尹：夏末，佐湯滅桀。商朝建立後，湯以之爲相。（見《史記》卷三《殷本紀》）《論語·顔淵》：子夏曰："舜有天下，選於衆，舉皋陶，不仁者遠矣。湯有天下，選於衆，舉伊尹，不仁者遠矣。"

［13］易簡：《易·繫辭上》："易簡，而天下之理得矣。"謂了解容易及簡易的原理，則天下一切事物的道理就已領悟了。

［14］仲山甫：周宣王時大臣。《詩·大雅·烝民》："王命仲山甫，式是百辟。"即謂周王命令仲山甫，要做諸侯的好榜樣。

［15］司徒司空：均官名。曹魏後期，皆一品，仍與太尉並爲三公，爲名譽宰相，無實際職掌，多爲大臣加官。

［16］散騎侍郎：官名。秩六百石，第五品。侍從皇帝左右，應對顧問，與侍中、黄門侍郎等共平尚書奏事。

［17］史魚：即春秋時衛國大夫史鰌，字子魚。以剛直爲世所稱。《論語·衛靈公》：子曰："直哉史魚！邦有道，如矢；邦無道，如矢。" 之儔：趙幼文《校箋》謂《太平御覽》卷二〇八引"儔"下有"也"字。

［18］季文：即季文子。春秋時魯國執政，歷相魯宣公、成公、襄公。《左傳·襄公十五年》説季文子死時，家中"無衣帛之妾，無食粟之馬，無藏金玉，無重器備。君子是以知季文子之忠于公室也：'相三君矣，而無私積，可不謂忠乎？'"

［19］外司：司隸校尉之別稱。

［20］台輔：指宰相。謂列位三台，職居宰輔。

［21］袞（gǔn）職：指三公之職。古代三公皆穿繡龍之袞服。

[22] 後年：徐紹楨《質疑》謂崔林爲司空，《明帝紀》載於景初二年。此傳上文云"景初元年司徒、司空並缺，散騎侍郎孟康薦林"，則林爲司空在孟康薦林之明年，不當云"後年"。

[23] 六百户：趙幼文《校箋》謂《北堂書鈔》卷五〇引"六"字作"三"。

[24] 列侯：爵名。漢代二十級爵之最高者。金印紫綬，有封邑，食租税。功大者食縣，小者食鄉、亭。曹魏初亦沿襲有列侯。

[25] 鄉侯：爵名。漢制，列侯大者食縣邑，小者食鄉、亭。東漢後期，遂以食鄉、亭者稱爲鄉侯、亭侯。曹魏因之。

[26] 荀悦：東漢末人。漢獻帝時曾任黄門侍郎、秘書監、侍中。著有《申鑒》《漢紀》等。（見《後漢書》卷六二《荀淑附悦傳》）

魯相上言：[1]"漢舊立孔子廟，褒成侯歲時奉祠，[2]辟雍行禮，[3]必祭先師，王家出穀，[4]春秋祭祀。今宗聖侯奉嗣，[5]未有命祭之禮，宜給牲牢，長吏奉祀，尊爲貴神。"制三府議，博士傅祗以《春秋傳》言立在祀典，[6]則孔子是也。宗聖適足繼絶世，章盛德耳。至於顯立言，崇明德，則宜如魯相所上。林議以爲"宗聖侯亦以王命祀，不爲未有命也。周武王封黄帝、堯、舜之後，[7]及立三恪，[8]禹、湯之世，不列于時，[9]復特命他官祭也。今周公已上，達於三皇，忽焉不祀，而其禮經亦存其言。今獨祀孔子者，以世近故也。以大夫之後，特受無疆之祀，禮過古帝，義踰湯、武，[10]可謂崇明報德矣，[11]無復重祀於非族也"。〔一〕

〔一〕臣松之以爲孟軻稱宰我之辭曰：[12]"以予觀夫子，[13]

賢於堯舜遠矣。"又曰："生民以來，未有盛於孔子者也。"斯非通賢之格言，商較之定準乎！雖妙極則同，萬聖猶一，然淳薄異時，質文殊用，或當時則榮，沒則已焉，是以遺風所被，寔有深淺。若乃經緯天人，立言垂制，百王莫之能違，彝倫資之以立，[14]誠一人而已耳。周監二代，[15]斯文爲盛。然於六經之道，未能及其精致。加以聖賢不興，曠年五百，道化陵夷，憲章殆滅，[16]若使時無孔門，則周典幾乎息矣。夫能光明先王之道，以成萬世之功，齊天地之無窮，等日月之久照，豈不有踰於羣聖哉？林曾無史遷洞想之誠，[17]梅真慷慨之志，[18]而守其蓬心以塞明義，[19]可謂多見其不知量也。

[1] 魯：王國名。治所魯縣，在今山東曲阜市東古城。　相：官名。王國的相。由朝廷直接委派，掌握王國的行政大權，相當於郡太守。

[2] 褒成侯：漢平帝元始元年（1）封孔子之後代孔均爲褒成侯，追諡孔子爲褒成宣尼公。（見《漢書》卷一二《平帝紀》）東漢光武帝建武十三年（37）復封孔均子志爲褒成侯。至漢和帝永元四年（92）徙封孔志子損爲褒亭侯，遂世代相傳，至漢獻帝初，斷絕。（見《後漢書》卷七九上《儒林孔僖傳》）

[3] 辟雍：指太學。周代稱太學爲辟雍。《白虎通·辟雍》云："辟者，璧也。象璧圓又以法天；於雍水側，象教化流行也。"

[4] 王家出穀：侯康《補注》云：案後漢《孔廟置百石卒史碑》稱"春秋饗禮，出王家錢，給大酒直"；魯相史晨《祀孔廟奏銘》稱"出王家穀，春秋行禮，以供禋祀"。是漢祀孔子原有官給錢穀之例，蓋是時久廢不行矣。

[5] 宗聖侯：魏文帝黃初二年封孔子後裔孔羨爲宗聖侯。（見本書卷二《文帝紀》）

[6] 博士：官名。此指太常博士，魏置四人，秩比六百石，第

六品，屬太常。掌引導乘輿，王公以下應追謚者議定之。

[7] 周武王：《史記》卷四《周本紀》謂周武王滅殷商後，封"黃帝之後於祝，帝堯之後於薊，帝舜之後於陳"。

[8] 三恪：古代新王朝建立後，往往封前代三朝的後裔爲王侯，稱爲三恪。此指周武王封黃帝、堯、舜之後裔。

[9] 不列于時：按，《史記》卷四《周本紀》載，周武王滅殷商後，尚封"大禹之後於杞"；"封商紂子禄父殷之餘民"。成王初，紂子武庚叛亂，被周公平誅後，又封商紂兄微子於宋。崔林此說不知何據。

[10] 湯武：趙幼文《校箋》謂蕭常《續後漢書》作"湯文"。

[11] 崇明：趙幼文《校箋》謂蕭常《續後漢書》"明"字作"本"。

[12] 孟軻：即孟子。　宰我：名予，字子我。孔子弟子。以下所引，均見《孟子·公孫丑上》。而"又曰"之言，乃孔子弟子有若之辭。

[13] 以予：百衲本作"予以"，殿本、盧弼《集解》本、校點本作"以予"。今從殿本等。

[14] 彝倫：顧炎武《日知録·彝倫》云："彝倫者，天地人之常道。"

[15] 二代：指夏、商兩朝。《論語·八佾》：子曰："周監於二代，郁郁乎文哉！吾從周。"

[16] 憲章：典章制度。

[17] 史遷：即司馬遷。《史記》卷四七《孔子世家》：太史公曰："余讀孔氏書，想見其爲人。適魯，觀仲尼廟堂車服禮器，諸生以時習禮其家，余祗迴留之不能去云。天下君王至於賢人衆矣，當時則榮，没則已焉。孔子布衣，傳十餘世，學者宗之。自天子王侯，中國言六藝者折中於夫子，可謂至聖矣！"

[18] 梅真：名福，字子真，西漢後期人。漢成帝時，梅福上書請封孔子後代以奉商湯之祀。其辭頗慷慨激昂。（見《漢書》卷

六七《梅福傳》)

[19] 蓬心：比喻淺薄浮淺。

明帝又分林邑，封一子列侯。正始五年薨，[1]謚曰孝侯。子述嗣。〔一〕

〔一〕《晉諸公贊》曰：述弟隨，晉尚書僕射。[2]爲人亮濟。趙王倫篡位，隨與其事。倫敗，隨亦廢錮而卒。林孫瑋，性率而疎，至太子右衛率也。[3]初，林識拔同郡王經於民伍之中，[4]卒爲名士，世以此稱之。

[1] 正始：魏少帝齊王曹芳年號（240—249）。
[2] 尚書僕射：官名。魏、晉時爲尚書省次官，秩六百石，第三品。或單置，或並置左、右。左、右並置時，左僕射居右僕射上。輔助尚書令執行政務，參議大政，諫諍得失，監察糾彈百官，可封還詔旨，常受命主管官吏選舉。
[3] 太子右衛率：官名。晉武帝泰始五年（269）分太子衛率置左、右衛率，各領一軍，宿衛東宮，亦任征伐，地位頗重。
[4] 王經：魏少帝高貴鄉公時曾爲尚書。事見本書卷四《高貴鄉公紀》甘露五年、卷九《夏侯玄傳》及其各注引的《漢晉春秋》《世語》等。

高柔字文惠，陳留圉人也。[1]父靖，爲蜀郡都尉。〔一〕[2]柔留鄉里，謂邑中曰："今者英雄並起，陳留四戰之地也。曹將軍雖據兗州，[3]本有四方之圖，未得安坐守也。而張府君先得志於陳留，[4]吾恐變乘閒作也，欲與諸君避之。"衆人皆以張邈與太祖善，柔又年少，不然其言。柔從兄幹，[5] 袁紹甥也，〔二〕在河北呼柔，[6] 柔舉宗從之。會靖卒於西州，[7] 時道路艱澀，兵寇縱橫，而柔冒艱險詣蜀迎喪，[8] 辛苦荼毒，無所不嘗，三年乃還。

〔一〕《陳留耆舊傳》曰：[9] 靖高祖父固，不仕王莽世，爲淮陽太守所害，[10] 以烈節垂名。固子慎，字孝甫。敦厚少華，[11] 有沈深之量。撫育孤兄子五人，恩義甚篤。琅邪相何英嘉其行履，[12] 以女妻焉。英即車騎將軍熙之父也。[13] 慎歷二縣令、東萊太守。[14] 老病歸家，草屋蓬戶，甕缶無儲。[15] 其妻謂之曰："君累經宰守，積有年歲，何能不少爲儲畜以遺子孫乎？"慎曰："我以勤身清名爲之基，以二千石遺之，[16] 不亦可乎！"子式，至孝，常盡力供養。永初中，[17] 螟蝗爲害，[18] 獨不食式麥，圉令周彊以表州郡。太守楊舜舉式孝子，[19] 讓不行。後以孝廉爲郎。[20] 次子昌，昌弟賜，並爲刺史、郡守。式子弘，孝廉。弘生靖。

〔二〕謝承《後漢書》曰：[21] 幹字元才。才志弘邈，文武秀出。父躬，蜀郡太守。[22] 祖賜，司隸校尉。[23]

案《陳留耆舊傳》及謝承書，幹應爲柔從父，非從兄也。未知何者爲誤。

[1] 陳留：郡名。治所陳留縣，在今河南開封市東南。　圉：縣名。治所在今河南杞縣西南圉鎮。

[2] 蜀郡都尉：官名。即蜀郡屬國都尉。西漢於邊郡置屬國都尉，主管少數民族之事務。東漢亦於邊郡置屬國都尉，而漸漸分縣治民，職如太守。蜀郡屬國治所漢嘉縣，在今四川蘆山縣蘆陽鎮。

[3] 曹將軍：指曹操。當時曹操行奮武將軍、領兗州牧。　兗州：州牧刺史治所昌邑縣，在今山東金鄉縣西北。

[4] 張府君：指張邈。張邈時爲陳留太守。漢代人尊稱太守爲

府君。

［5］幹：高幹事見本書卷一《武帝紀》、卷六《袁紹傳》等。

［6］河北：地區名。泛指黃河以北地區。此時高幹隨袁紹在冀州。

［7］西州：指益州。州牧刺史治所成都縣，在今四川成都市舊東、西城區。

［8］蜀：指蜀郡屬國。

［9］陳留耆舊傳：袁宏《後漢紀》謂袁湯爲陳留太守時使户曹吏追録舊聞，以爲《耆舊傳》。《隋書·經籍志》史部雜傳類著録《陳留耆舊傳》二卷，漢議郎圈稱撰；又另一卷，魏散騎侍郎蘇林撰。盧弼《集解》云："是書始於袁湯官陳留太守，書未及成而去。圈稱、蘇林皆著籍陳留，繼續纂輯，各有成書，故《隋志》兩存其目。"沈家本《三國志注所引書目》又謂裴注於此所引之《陳留耆舊傳》，乃敘高柔父靖之事，靖卒於袁曹爭戰之時，恐非圈稱所及，當爲蘇林書也。

［10］淮陽：郡名。治所陳縣，在今河南淮陽縣。

［11］少華：趙幼文《校箋》謂《太平御覽》卷五一二引《陳留耆舊傳》"華"上有"文"字。

［12］琅邪：王國名。治所開陽縣，在今山東臨沂市北。

［13］車騎將軍：官名。東漢時位比三公，常以貴戚充任。出掌征伐，入參朝政，漢靈帝時常作贈官。

［14］東萊：郡名。治所黄縣，在今山東龍口市東南舊黄縣東黄城集。

［15］甕（wèng）缶（fǒu）：皆陶製盛器。

［16］二千石：漢代太守之秩爲二千石。

［17］永初：漢安帝劉祜年號（107—113）。

［18］螟蝗：《續漢書·五行志三》謂漢安帝永初四年夏有蝗災，五年夏九州有蝗災，六年三月"去蝗處復蝗子生"，七年夏又有蝗災。

［19］孝子：漢代選舉科目之一，但不常設，多與廉潔之士連稱爲孝廉，爲常設之孝廉科。

［20］郎：郎官的泛稱。西漢光禄勳的屬官郎中、中郎、侍郎、議郎等皆可稱爲郎，無定員，多至千餘人；東漢於光禄勳下又設有五官、左、右中郎將署，合稱三署，主管諸中郎、侍郎、郎中等，亦無定員，多達二千餘人；又尚書、黄門等機構亦設專職郎官。光禄勳下之郎官，掌守衛皇宮殿廊門户，出充車騎扈從，備顧問應對，守衛陵園寢廟等，任滿一定期限，即可遷補内外官職，故郎官機構，實爲儲備官吏的機構。東漢時，舉孝廉者多爲郎官。

［21］《後漢書》：百衲本、殿本、盧弼《集解》本均作"漢書"。盧氏謂應作"後漢書"。校點本作"後漢書"，今從之。

［22］蜀郡：治所即成都縣。

［23］司隸校尉：官名。秩比二千石。掌糾察京師百官違法者，並治所轄各郡，相當於州刺史。

太祖平袁氏，以柔爲（管）〔菅〕長。[1]縣中素聞其名，姦吏數人，皆自引去。柔教曰："昔邴吉臨政，[2]吏嘗有非，猶尚容之。況此諸吏，於吾未有失乎！其召復之。"咸還，[3]皆自勵，咸爲佳吏。[4]高幹既降，頃之以并州叛。柔自歸太祖，太祖欲因事誅之，以爲刺姦令史；[5]處法允當，獄無留滯，辟爲丞相倉曹屬。[一][6]太祖欲遣鍾繇等討張魯，柔諫，以爲今猥遣大兵，西有韓遂、馬超，謂爲己舉，[7]將相扇動作逆；宜先招集三輔，[8]三輔苟平，漢中可傳檄而定也。繇入關，[9]遂、超等果反。

〔一〕《魏氏春秋》曰：柔既處法平允，又夙夜匪懈，至擁膝抱文書而寢。[10]太祖嘗夜微出，觀察諸吏，[11]見柔，哀之，[12]徐解裘覆柔而去。[13]自是辟焉。

[1] 菅（jiān）：各舊本皆作"管"。梁章鉅《旁證》引沈欽韓說，"管"當作"菅"，乃青州濟南郡屬縣也。校點本即從沈說改爲"菅"。今從之。菅縣治所在今山東章丘縣西北。

[2] 邴吉：《漢書》卷七四《邴吉傳》謂漢宣帝時，邴吉爲丞相，"上寬大，好禮讓。掾史有罪臧，不稱職，輒予長休告，終無所案驗"；又謂邴吉對"官屬掾史，務掩過揚善"。駕車吏曾因酗酒嘔吐車上，西曹主吏主張罷遣之。邴吉說："以醉飽之失去士，使此人將復何所容？西曹地忍之，此不過污丞相車茵耳。"遂不罷遣。

[3] 咸還：吳金華《校詁》謂影宋本《重廣會史》卷四十一無"咸"字。"咸"爲衍文。

[4] 咸爲：梁章鉅《旁證》云："《太平御覽》卷二百六十七引，'咸爲'作'成爲'，是也。"

[5] 刺奸令史：官名。建安中曹操置爲僚屬，掌管司法事務。

[6] 丞相倉曹屬：官名。曹操爲丞相時，丞相府置有倉曹掾、屬，主管倉穀事。

[7] 爲己舉：趙幼文《校箋》謂《册府元龜》卷七二〇引"己"下有"而"字。

[8] 三輔：地區名。西漢都城在長安，遂以長安爲中心置京兆尹、右扶風、左馮（píng）翊（yì），合稱三輔。東漢定都洛陽，以三輔陵廟所在，不改其號，仍稱三輔。轄區在今陝西渭水流域一帶。

[9] 關：指戰國秦漢時之函谷關，在今河南靈寶市東北王垛村。

[10] 寢：趙幼文《校箋》謂《太平御覽》卷四三一引作"寐"。

［11］觀察：趙幼文《校箋》謂《太平御覽》引"觀"字作"覘"。

［12］見柔哀之：趙幼文《校箋》謂《太平御覽》引"柔"字作"而"。

［13］覆柔而去：趙幼文《校箋》謂《太平御覽》引"柔"字作"之"。

魏國初建，爲尚書郎。[1]轉拜丞相理曹掾，[2]令曰："夫治定之化，以禮爲首。撥亂之政，以刑爲先。是以舜流四凶族，[3]皋陶作士。漢祖除秦苛法，[4]蕭何定律。[5]掾清識平當，[6]明于憲典，勉恤之哉！"鼓吹宋金等在合肥亡逃。[7]舊法，軍征士亡，考竟其妻子。[8]太祖患猶不息，更重其刑。金有母妻及二弟皆給官，[9]主者奏盡殺之。柔啓曰："士卒亡軍，[10]誠在可疾，然竊聞其中時有悔者。愚謂乃宜貸其妻子，[11]一可使賊中不信，二可使誘其還心。正如前科，固已絶其意望，而猥復重之，[12]柔恐自今在軍之士，見一人亡逃，誅將及己，亦且相隨而走，不可復得殺也。此重刑非所以止亡，乃所以益走耳。"太祖曰："善。"即止不殺金母、弟，蒙活者甚衆。

遷爲潁川太守，[13]復還爲法曹掾。[14]時置校事盧洪、趙達等，[15]使察羣下，柔諫曰："設官分職，各有所司。今置校事，既非居上信下之旨；[16]又達等數以憎愛擅作威福，宜檢治之。"太祖曰："卿知達等，恐不如吾也。要能刺舉而辨衆事，使賢人君子爲之，則不能也。昔叔孫通用羣盜，[17]良有以也。"達等後奸利发,太祖杀之以谢于柔。

文帝践阼,以柔爲治书侍御史,[18]赐爵关内侯,转加治书执法。[19]民间数有诽谤妖言,[20]帝疾之,有妖言辄杀,而赏告者。柔上疏曰:"今妖言者必戮,告之者辄赏。既使过误无反善之路,又将开凶狡之羣相诬罔之渐,诚非所以息奸省讼,缉熙治道也。[21]昔周公作诰,[22]称殷之祖宗,咸不顾小人之怨。[23]在汉太宗,[24]亦除妖言诽谤之令。臣愚以爲宜除妖谤赏告之法,以隆天父养物之仁。"[25]帝不即从,而相诬告者滋甚。帝乃下诏:"敢以诽谤相告者,以所告者罪罪之。"[26]於是遂绝。校事刘慈等,自黄初初数年之间,举吏民奸罪以万数,[27]柔皆请惩虚实;[28]其馀小小挂法者,不过罚金。四年,迁爲廷尉。[29]

魏初,三公无事,又希与朝政。柔上疏曰:"天地以四时成功,元首以辅弼兴治。成汤仗阿衡之佐;[30]文、武凭旦、望之力;[31]逮至汉初,萧、曹之俦并以元勳代作心膂:[32]此皆明王圣主任臣於上,贤相良辅股肱於下也。今公辅之臣,皆国之栋梁,民所具瞻,[33]而置之三事,[34]不使知政,遂各偃息养高,鲜有进纳,诚非朝廷崇用大臣之义、大臣献可替否之谓也。[35]古者刑政有疑,辄议於槐棘之下。[36]自今之後,朝有疑议及刑狱大事,宜数以咨访三公。三公朝朔望之日,[37]又可特延入,讲论得失,博尽事情,庶有裨起天听,弘益大化。"帝嘉纳焉。

帝以宿嫌,欲枉法诛治书执法鲍勋,而柔固执不從詔命。帝怒甚，遂召柔詣臺；[38]遣使者承指至延尉考竟勛，勛死乃遣柔還寺。

明帝即位，封柔延壽亭侯。時博士執經，[39]柔上疏曰："臣聞遵道重學，聖人洪訓；褒文崇儒，帝者明義。昔漢末陵遲，禮樂崩壞，雄戰虎爭，[40]以戰陣爲務，[41]遂使儒林之羣，幽隱而不顯。太祖初興，愍其如此，在於撥亂之際，並使郡縣立教學之官。高祖即位，[42]遂闡其業，興復辟雍，州立課試，於是天下之士，復聞庠序之教，[43]親俎豆之禮焉。[44]陛下臨政，允迪（叡）〔濬〕哲，[45]敷弘大猷，[46]光濟先軌，雖夏啟之承基、[47]周成之繼業，[48]誠無以加也。然今博士皆經明行脩，一國清選，而使遷除限不過長，[49]懼非所以崇顯儒術、帥勵怠惰也。孔子稱'舉善而教，不能則勸'，[50]故楚禮申公，[51]學士銳精；漢隆卓茂，[52]搢紳競慕。[53]臣以爲博士者，道之淵藪，六藝所宗，[54]宜隨學行優劣，待以不次之位。敦崇道教，[55]以勸學者，於化爲弘。"帝納之。

後大興殿舍，百姓勞役；廣采衆女，充盈後宮；後宮皇子連夭，繼嗣未育。柔上疏曰："二虜狡猾，[56]潛自講肆，謀動干戈，未圖束手。宜畜養將士，繕治甲兵，以逸待之。而頃興造殿舍，上下勞擾；若使吳、蜀知人虛實，通謀并勢，復俱送死，甚不易也。昔漢文惜十家之資，[57]不營小臺之娛；去病慮匈奴之害，[58]不遑治第之事。況今所損者非惟百金之費，所憂者非徒北狄之患乎？可粗成見所營立，以充朝宴之儀。乞罷作者,[59]使得就農。二方平定,復可徐興。昔軒轅以二十五子,[60]傳祚彌遠;周室以姬國四十,[61]歷年滋多。陛下聰達,窮理盡性。而頃皇子連多夭逝,熊羆之祥又未感應,[62]羣下之心,莫不悒戚。《周禮》,天子后妃以下百二十人,[63]嬪嬙之儀,既以盛矣。竊聞後庭之數,或復過之,聖嗣不昌,殆能由此。[64]臣愚以爲可妙簡淑媛,以備內宮之數,其餘盡遣還家。且以育精養神,專靜爲寶。如此,則螽斯之徵,[65]可庶而致矣。"帝報曰:"知卿忠允,乃心王室,輒克昌言;[66]他復以聞。"

時獵法甚峻。宜陽典農劉龜竊於禁內射兔,[67]其功曹張京詣校事言之。[68]帝匿京名,收龜付獄。柔表請告者名,帝大怒曰:"劉龜當死,乃敢獵吾禁地。送龜廷尉,廷尉便當考掠,何復請告者主名,吾豈妄收龜邪?"柔曰:"廷尉,天下之平也,[69]安得以至尊喜怒而毀法乎?"重復爲奏,辭指深切。帝意寤,乃下京名。即還訊,各當其罪。

時制,吏遭大喪者,[70]百日後皆給役。有司徒吏解弘遭父喪,後有軍事,受敕當行,以疾病爲辭。詔怒曰:"汝非曾、閔,[71]何言毀邪?"[72]促收考竟。柔見弘信甚羸劣,奏陳其事,宜加寬貸。帝乃詔曰:"孝哉弘也!其原之。"

初,公孫淵兄晃,爲叔父恭任內侍,[73]先淵未反,數陳其變。及淵謀逆,帝不忍市斬,欲就獄殺之。[74]柔上疏曰:"《書》稱'用罪伐厥死,[75]用德彰厥善',

此王制之明典也。晃及妻子，叛逆之類，誠應梟縣，勿使遺育。而臣竊聞晃先數自歸，陳淵禍萌，雖爲凶族，原心可恕。夫仲尼亮司馬牛之憂，[76]祁奚明叔向之過，[77]在昔之美義也。臣以爲晃信有言，宜貸其死；苟自無言，便當市斬。今進不赦其命，退不彰其罪，閉著囹圄，[78]使自引分，[79]四方觀國，或疑此舉也。"帝不聽，竟遣使齎金屑飲晃及其妻子，賜以棺、衣，殯斂於宅。[一]

〔一〕孫盛曰：聞五帝無誥誓之文，[80]三王無盟祝之事，[81]然則盟誓之文，始自三季，[82]質任之作，起於周微。夫貞夫之一，[83]則天地可動，機心內萌，則鷗鳥不下。[84]況信不足焉而祈物之必附，猜生於我而望彼之必懷，何異挾冰求溫，抱炭希凉者哉？且夫要功之倫，陵肆之類，莫不背情任計，昧利忘親，縱懷慈孝之愛，或慮傾身之禍。是以周、鄭交惡，[85]漢高請羹，[86]隗囂捐子，[87]馬超背父，[88]其爲酷忍如此之極也，安在其因質委誠，取任永固哉？世主若能遠覽先王閑邪之至道，[89]近鑒狡肆徇利之凶心，勝之以解網之仁，[90]致之以來蘇之惠，[91]燿之以雷霆之威，潤之以時雨之施，則不恭可斂袵於一朝，[92]咆哮可屈膝於象魏矣。[93]何必拘厥親以來其情，[94]逼所愛以制其命乎？苟不能然，而仗夫計術，籠之以權數，檢之以一切，雖覽一室而庶徵於四海，[95]法生鄙局，冀或半之暫益。自不得不有不忍之刑，以遂孥戮之罰，[96]亦猶瀆盟由乎一人，而云俾墜其師，[97]無克遺育之言耳。豈得復引四罪不及之典，[98]司馬牛獲宥之義乎？假令任者皆不保其父兄，輒有二三之言，曲哀其意而悉活之，則長人子危親自存之悖。子弟雖質，必無刑戮之憂，父兄雖逆，終無勦絕之慮。柔不究明此術非盛王之道，宜開張遠義，蹢此近制，而陳法内之刑以申一人之命，可謂心存小善，非王者之體。古者殺人之中，又有仁焉。刑之於獄，未爲失也。

　　臣松之以爲辨章事理，貴得當時之宜，無爲虛唱大言而終歸無用。浮誕之論，不切於實，猶若畫魑魅之象，[99]而蹟於犬馬之形也。[100]質任之興，非（防）〔仿〕近世，[101]況三方鼎峙，遼東偏遠，[102]羈其親屬以防未然，不爲非矣。柔謂晃有先言之善，宜蒙原心之宥。而盛責柔不能開張遠理，蹋此近制，不達此言竟爲何謂？若云猜防爲非，質任宜廢，是謂應大明先王之道，不預任者生死也。晃之爲任，歷年已久，豈得於殺活之際，方論至理之本？是何異叢棘既繁，[103]事須判決，[104]空論刑措之美，無聞當不之實哉？[105]其爲迂闊，亦已甚矣。漢高事窮理迫，權以濟親，而總之酷忍之科，既已大有所誣。且自古以來，未有子弟妄告父兄以圖全身者，自存之悖，未之或聞。晃以兄告弟，而其事果驗。謂晃應殺，將以過防。若言之亦死，不言亦死，豈不杜歸善之心，失正刑之中哉？若趙括之母以先請獲免，[106]鍾會之兄以密言全子，[107]古今此比，蓋爲不少。晃之前言，事同斯例，而獨遇否閉，良可哀哉！

　　[1] 尚書郎：官名。東漢之制，取孝廉之有才能者入尚書臺，初入臺稱守尚書郎中，滿一年稱尚書郎，三年稱侍郎，統稱尚書郎。曹魏襲之，而分曹有異。曹魏有殿中、吏部、駕部、度支等二十五郎，秩皆四百石，第六品，主作文書起草。

　　[2] 丞相理曹掾：官名。曹操爲丞相後，於丞相府置理曹掾、屬，典司法刑獄。

　　[3] 四凶：據《史記》卷一《五帝本紀》，四凶謂帝鴻氏之不才子渾沌、少皡氏之不才子窮奇、顓頊氏之不才子檮杌、縉雲氏之不才子饕餮。舜繼堯位後，將他們驅逐到四方邊遠之地；並以皋陶作士，主管刑獄。

[4]漢祖：漢高祖劉邦。《史記》卷八《高祖本紀》謂劉邦入關滅秦後，除秦苛法，與民約法三章：殺人者死，傷人及盜抵罪。

　　[5]蕭何：漢高祖劉邦之功臣，漢初爲相國。《漢書·刑法志》謂三章之法後不足用，相國蕭何遂參照秦法，"取其宜於時者，作律九章"。

　　[6]平當：殿本"平"字作"年"，百衲本、盧弼《集解》本、校點本作"平"。今從百衲本等。

　　[7]鼓吹：軍樂手。此以士兵爲之。　合肥：縣名。治所在今安徽合肥市西。

　　[8]考竟：《釋名·釋喪制》云："獄死曰考竟。考得其情，竟其命於獄也。"

　　[9]給官：爲官府役使。

　　[10]亡軍：趙幼文《校箋》謂《白孔六帖》卷五四引無"軍"字。

　　[11]貸：寬免。

　　[12]猥：假若，如果。

　　[13]潁川：郡名。治所陽翟縣，在今河南禹州市。

　　[14]法曹掾：官名。曹操丞相府所置，掌郵驛科程事。

　　[15]校事：官名。建安中曹操置，以身邊地位較低的親信充任，負責監察百官及吏民，直接隸屬於曹操，威權甚大。曹魏沿置，亦稱撫軍校事。

　　[16]居上：趙幼文《校箋》謂《太平御覽》卷四五三引"居"字作"君"。

　　[17]叔孫通：秦末薛縣（今山東滕州市南皇殿崗）人。曾爲博士。逃歸薛。項梁起兵至薛，通從之。又從項羽。漢王劉邦入彭城，從叔孫通降漢王的儒生弟子百餘人，而叔孫通向劉邦薦言者，僅"故群盜壯士"，諸弟子皆竊罵曰："事先生數歲，幸得從降漢，今不能進臣等，專言大猾何也？"叔孫通聞之，曰："漢王方蒙矢石爭天下，諸生寧能鬥乎？故先言斬將搴旗之士。諸生且待我，我不

忘矣。"（《史記》卷九九《叔孫通列傳》）

［18］治書侍御史：官名。秩六百石。職掌依據法律審理疑獄，與符節郎共平廷尉奏事。以明習法律者充任。

［19］治書執法：官名。曹魏置，第六品。隸御史臺，掌奏劾官吏。

［20］民間：趙幼文《校箋》謂《群書治要》卷二六、《太平御覽》卷四五三引"民"上有"時"字。 妖言：趙幼文《校箋》謂《太平御覽》引"妖"字作"祅"，下同。

［21］緝熙：謂光輝。《詩·周頌·敬之》："日就月將，學有緝熙于光明。"鄭箋："緝熙，光明也。"後世又引申爲光輝。

［22］周公作誥：《尚書》孔傳謂《無逸》篇乃周成王親政初周公誡成王之作。篇中列舉殷王中宗、高宗、祖甲勤政"不敢荒寧"之事，誡成王："嗚呼！自殷王中宗，及高宗，及祖甲，及我周文王，兹四人迪哲。厥或告之曰：'小人怨汝詈汝。'則皇自敬德。"

［23］不顧：趙一清《注補》云："不顧，不與計較也。"

［24］漢太宗：漢文帝廟號。《漢書》卷四《文帝紀》前元二年五月詔曰："古之治天下，朝有進善之旌，誹謗之木，所以通治道而來諫者也。今法有誹謗訞言之罪，是使衆臣不敢盡情，而上無由聞過失也。將何以來遠方之賢良？其除之。"

［25］天父：趙幼文《校箋》謂《册府元龜》卷四七〇引"父"字作"地"。

［26］所告者：趙幼文《校箋》謂《群書治要》卷二六、《太平御覽》卷四五三引"告"下無"者"字。

［27］吏民：殿本《考證》謂宋本無"民"字。蓋指北宋本，今百衲本有"民"字。

［28］請懲：趙幼文《校箋》引錢儀吉曰："何校：'懲疑作徵'。"按，二字可通。《荀子·正論》："凡刑人之本，禁暴惡惡，其徵其未也。"楊倞注："徵，讀爲懲。"徵，證明，證驗。《左

傳·成公八年》:"欒、郤爲徵。"杜預注:"欒氏、郤氏亦徵其爲亂。"楊伯峻注:"欒氏、郤氏爲莊姬之譖作證。"

[29] 廷尉: 官名。秩中二千石,第三品,掌司法刑獄。

[30] 仗: 百衲本作"杖",殿本、盧弼《集解》本、校點本作"仗"。今從殿本等。 阿衡: 即伊尹。《史記》卷三《殷本紀》謂伊尹名阿衡。而《詩·商頌·長發》鄭箋又以阿衡爲官名。謂湯以伊尹爲阿衡。阿,倚也;衡,平也。湯所依倚而取平,故以爲官名。

[31] 文武: 指周文王、周武王。 旦: 指周公旦。旦爲周公名。 望: 指太公望吕尚。吕尚垂釣於渭濱,遇周西伯(文王),西伯與語大悅,曰:"吾太公望子久矣。"因號吕尚爲"太公望"。(見《史記》卷三二《齊太公世家》)

[32] 蕭曹: 指蕭何、曹參,皆漢高祖劉邦功臣,漢初又相繼爲相國。(見《史記》卷五三《蕭相國世家》、卷五四《曹相國世家》)

[33] 具瞻:《詩·小雅·節南山》:"赫赫師尹,民具爾瞻。"具,同"俱"。

[34] 三事: 即三公。周代又稱三公爲三事大夫。《詩·小雅·雨無正》:"三事大夫,莫肯夙夜。"

[35] 獻可替否:《左傳·昭公二十年》:晏子對齊侯(景公)曰:"君所謂可而有否焉,臣獻其否以成其可;君所謂否而有可焉,臣獻其可以去其否,是以政平而不干,民無爭心。"後世遂以獻可替否爲大臣之職責。

[36] 槐棘: 槐樹與棘樹。據說周代外朝廷種三槐九棘,公卿大夫議刑政於其下。《周禮·秋官·朝士》:"朝士掌建邦外朝之法: 左九棘,孤卿大夫位焉,群士在其後;右九棘,公侯伯子男位焉,群吏在其後;面三槐,三公位焉,州長衆庶在其後。"鄭玄注:"樹棘以爲立者,取其赤心而外刺,象以赤心三刺也。槐之言懷也,懷來人於此欲與之謀。"

[37]朔望：農曆每月的初一與十五，有公卿朝謁帝王之禮。

[38]臺：指尚書臺。

[39]博士：官名。此爲太學博士，秩比六百石，第五品。掌以五經教諸弟子。

[40]雄戰虎争：趙幼文《校箋》謂郝經《續後漢書》"戰"字作"傑"。

[41]陣：校點本作"陳"。雖"陳"與"陣"通，而百衲本、殿本、盧弼《集解》本均作"陣"。今從百衲本等。以下均同此，不再出注。

[42]高祖：魏文帝曹丕之廟號。

[43]庠序：學校。《孟子·梁惠王上》："謹庠序之教。"趙岐注："庠序者，教化之宫也。殷曰序，周曰庠。"

[44]俎（zǔ）豆：俎爲祭祀、朝聘、設宴置牲放肉之几；豆爲盛乾肉食物之器皿。皆爲禮器。

[45]允迪：遵循。《尚書·皋陶謨》："允迪厥德。"孔傳：迪，蹈。言人君當信蹈行古人之德。　濬哲：各本作"叡哲"。盧弼《集解》云："明帝名叡，柔疏何以不避？"趙幼文《校箋》云："《尚書·舜典》：'濬哲文明。'傳：'濬，深；哲，智也。'《詩·商頌·長發》：'濬哲維商。'疑柔疏本之作'濬'，'叡'字或後人所改。"吳金華《易氏〈三國志補注〉今證》又謂東漢以來"濬哲"屢見，如《文選》王延壽《魯靈光殿賦》"祖宗濬哲欽明"。陸雲《南征賦》"資濬哲之叡聖"。今從趙、吳説改。

[46]敷弘：傳佈弘揚。　猷：謀劃。

[47]夏啓：夏禹之子。繼禹位爲夏王。

[48]周成：周成王。

[49]長：指縣長。

[50]孔子稱：孔子此語見《論語·爲政》。

[51]楚：指西漢初楚元王劉交之楚國。劉交爲漢高祖劉邦之小弟，於高祖六年（前201）封於楚。《漢書》卷三六《楚元王交

傳》云："元王既至楚，以穆生、白生、申公爲中大夫。高后時，浮丘伯在長安，元王遣子郢客與申公俱卒業。文帝時，聞申公爲《詩》最精，以爲博士。元王好《詩》，諸子皆讀《詩》，申公始爲《詩》傳，號《魯詩》。"

［52］卓茂：西漢末南陽宛縣（今河南南陽市）人。善《詩》《禮》、曆算等，稱爲通儒。漢平帝時曾爲密縣（今河南密縣東南）令。東漢光武帝即位後，即訪求茂。下詔曰："前密令卓茂，束身自修，執節淳固，誠能爲人所不能爲。夫名冠天下，當受天下重賞，故武王誅紂，封比干之墓，表商容之閭。今以茂爲太傅，封褒德侯。"（《後漢書》卷二五《卓茂傳》）《卓茂傳論》又謂光武帝隆禮卓茂後，"於是蘊憤歸道之賓，越關阻，捐宗族，以排金門者衆矣"。

［53］搢紳：士大夫。搢，插。紳，束腰大帶。古代士大夫插笏（手板）於紳以備記録。後世遂以"搢紳"稱士大夫。

［54］六藝：指《詩》《書》《易》《禮》《樂》《春秋》六經。

［55］道教：道德教化。

［56］二虜：指蜀漢、孫吳。

［57］漢文：漢文帝。《史記》卷一○《孝文本紀》謂漢文帝"嘗欲作露臺，召匠計之，直百金。上曰：'百金，中民十家之産，吾奉先帝宫室，常恐羞之，何以臺爲！'"

［58］去病：霍去病。漢武帝時之名將，官至驃騎將軍，多次擊敗匈奴，解除了匈奴對漢朝的威脅。漢武帝曾要爲他造府第，他說："匈奴不滅，無以家爲也。"（見《漢書》卷五五《霍去病傳》）

［59］乞：百衲本、盧弼《集解》本作"訖"，殿本、校點本作"乞"。今從殿本等。

［60］軒轅：即黄帝。《史記》卷一《五帝本紀》云："黄帝者，少典之子，姓公孫，名曰軒轅。"又云："黄帝二十五子，其得姓者十四人。"

［61］姬國：姬姓之國。周人姬姓，所封之諸國爲姬國。《左

傳·昭公二十八年》：晋大夫成鱄曰："昔武王克商，光有天下，其兄弟之國者十有五人，姬姓之國者四十人，皆舉親也。"

［62］熊羆之祥：《詩·小雅·斯干》："大人占之：維熊維羆，男子之祥。"鄭箋："大人占之，謂以聖人占夢之法占之也。熊羆在山，陽之祥也，故爲生男。"又按，百衲本、殿本、盧弼《集解》本、校點本1959年第1版均作"熊羆"，而校點本1982年第2版却誤作"熊羆"。

［63］百二十人：《禮記·昏義》："古者，天子后立六宫，三夫人、九嬪、二十七世婦、八十一御妻。"共爲一百二十人。

［64］殆能：趙幼文《校箋》謂《册府元龜》卷五三八引"能"字作"亦"。

［65］螽（zhōng）斯：蝗一類的蟲。亦名蚣蝑、斯螽，爲多子蟲。《詩·周南》有《螽斯》章。其序云："《螽斯》，后妃子孫衆多也。言若螽斯不妒忌，則子孫衆多也。"

［66］輒克昌言：胡三省云："輒以昌言自克也。揚子曰：勝己之私謂之克。"（《通鑑》卷七三魏明帝青龍三年注）昌言，即直言。吴金華《〈三國志〉待質録》則謂胡説未必得實。"克"當讀作"刻"，即銘刻、深刻的意思。

［67］宜陽：縣名。治所在今河南宜陽縣西福昌鎮。　典農：此指典農都尉。《水經·洛水注》謂故洛陽典農都尉治宜陽。典農都尉，管理縣屯田區的農業、民政和田租，秩六百石或四百石，第七品，地位相當於縣、令長，但不屬郡國，而屬典農中郎將或典農校尉。

［68］功曹：官名。漢代郡縣皆置功曹史，省稱功曹，職掌人事，並參與郡縣政務。此功曹爲典農都尉之功曹，同於縣功曹。

［69］天下之平：《漢書》卷五〇《張釋之傳》：張釋之曰："廷尉，天下之平也，壹傾，天下用法皆爲之輕重，民安所錯其手足？"

［70］大喪：指父母之喪。

［71］曾閔：曾參、閔子騫。皆以孝爲孔子稱賞。孔子曰："孝哉閔子騫！人不間於其父母昆弟之言。"對曾參，"孔子以爲能通孝道，故授之業。作《孝經》"。（《史記》卷六七《仲尼弟子列傳》）

［72］毀：指極度哀傷而毀壞身體。

［73］內侍：謂在京都作侍奉官。此實爲人質。

［74］就獄殺之：胡三省云："晃數陳淵之必反，非同逆者也。帝欲殺之以絕其類，刑之於市則無名，故欲就獄殺之。"（《通鑑》卷七四魏明帝景初二年注）

［75］書稱：《尚書·盤庚》："用罪伐厥死，用德彰其善。"蔡沈《集傳》："用罪，猶言爲惡。用德，猶言爲善也。伐，猶誅也。"

［76］亮：諒解。 司馬牛：孔子弟子。《論語·顔淵》："司馬牛問君子。子曰：'君子不憂不懼。'"何晏《集解》："孔曰：牛兄桓魋將爲亂，牛自宋來學，常憂懼，故孔子解之。"

［77］祁奚：春秋時晉國大夫。晉平公六年（前552）已告老居家。而此時范宣子執政，因内部矛盾殺了叔向之弟羊舌虎，並囚禁了叔向。祁奚得知後，即親往見范宣子，説明叔向有功無過以及父子兄弟不相連及的先例。范宣子遂與叔向一道往見晉景公，赦免了叔向。（見《左傳·襄公二十一年》）

［78］囹（líng）圄（yǔ）：牢獄。

［79］引分：謂自殺。

［80］五帝：《史記·五帝本紀》以黄帝、顓頊、帝嚳、堯、舜爲五帝。

［81］三王：指夏、商、周三代開國之君。即夏禹、商湯、周文王。

［82］三季：指夏、商、周三代之末。

［83］貞夫之一：《易·繫辭下》："天下之動，貞夫一者也。"朱熹《本義》云：貞，正也，常也。天下之動，其變無窮，然順理則吉，逆理則凶，則其所正而常者，亦一理而已矣。

［84］鷗鳥不下：《列子·黄帝》："海上之人有好漚鳥者，每

旦之海上，從漚鳥游，漚鳥之至者百住而不止。其父曰：'吾聞漚鳥皆從汝游，汝取來吾玩之。'明日之海上，漚鳥舞而不下也。"

[85] 周鄭交惡：《左傳·隱公三年》："鄭武公、莊公爲平王卿士。王貳于虢。鄭伯怨王。王曰：'無之。'故周、鄭交質。王子狐爲質于鄭，鄭公子忽爲質于周。王崩，周人將畀虢公政。四月，鄭祭足帥師取温之麥。秋又取成周之禾。周、鄭交惡。君子曰：'信不由中，質無益也。明恕而行，要之以禮，雖無有質，誰能間之？'"

[86] 漢高請羹：漢高祖劉邦在與項羽爭戰中，其父太公被項羽所擄。羽常置太公軍中。至兩軍相峙於廣武（今河南榮陽市東北）數月，項羽軍糧漸缺，欲速戰，遂置太公於俎上，告劉邦曰："不急下，吾烹太公。"劉邦曰："吾與項羽俱北面受命懷王，曰'約爲兄弟'，吾翁即若翁，必欲烹而翁，則幸分我一杯羹。"（《史記》卷七《項羽本紀》）

[87] 隗囂捐子：隗囂，東漢初天水成紀（今甘肅秦安縣）人。新莽末，被當地豪強擁立，據有天水、武都、金城等郡。漢光武帝劉秀即帝位後，囂歸順漢朝廷。光武帝遣使勸囂入朝，並給予重爵。隗囂拒絕。光武帝又遣來歙說隗囂遣子入京爲侍從。囂遂遣長子恂入朝，光武帝以之爲胡騎校尉，封鐫羌侯。後隗囂不受光武之命而疑懼，遂發兵對抗，光武帝因誅殺隗恂。（見《後漢書》卷一三《隗囂傳》）

[88] 馬超背父：馬超父馬騰。事見本書卷六《董卓傳》、卷三六《馬超傳》及裴注引《典略》。

[89] 閑邪：防止邪惡。《易·乾卦》文言："閑邪存其誠。"孔穎達疏："言防閑邪惡，當自存其誠實也。"

[90] 解網之仁：《史記》卷三《殷本紀》："湯出，見野張網四面，祝曰：'自天下四方皆入吾網。'湯曰：'嘻！盡之矣！'乃去其三面，祝曰：'欲左，左。欲右，右。不用命，乃入吾網。'諸侯聞之，曰：'湯德至矣，及禽獸。'"

[91] 來蘇之惠：謂從疾苦中獲得復生之惠。《孟子·梁惠王下》："《書》曰：'徯我后，后來其蘇。'"趙岐注：《尚書》逸篇之文也。徯，待也。后，君也。待我君來，則我蘇息而已。

[92] 歛衽：整飭衣襟，表示恭敬。

[93] 炰：通"咆"。　象魏：古代天子宫門外的一對高建築，亦稱"闕"或"觀"。其上常懸示法令。此處"象魏"則代指朝廷。

[94] 拘：百衲本、殿本作"抱"，盧弼《集解》本、校點本作"拘"。今從《集解》本等。

[95] 雖覽一室：盧弼《集解》云："雖覽一室"以下四語疑中有脫誤。

[96] 孥戮：謂誅及子孫。《尚書·甘誓》："用命賞于祖，弗用命戮于社，予則孥戮汝。"孔傳："孥，子也。非但止汝身，辱及汝子，言耻累也。"

[97] 俾墜其師：此爲春秋時晉楚城濮之戰後，王室與諸侯之盟辭。《左傳·僖公二十八年》："癸亥，王子虎盟諸侯於王庭，要言曰：'皆獎王室，無相害也！有渝此盟，明神殛之，俾隊其師，無克祚國，及而玄孫，無有老幼。'君子謂是盟也信。"

[98] 四罪不及之典：指高柔疏中引"祁奚明叔向之過"之典。祁奚説明叔向無過，列舉了舜誅鯀而用其子禹，伊尹放太甲，而後又爲之相，周公之弟管叔、蔡叔助武庚反叛被周公平定後，周公又繼續輔佐成王。説明父子不相及，君臣不相怨，兄弟不相同。

[99] 魑魅：百衲本、殿本"魑"作"螭"，盧弼《集解》本、校點本作"魑"。按，二字可通，今從《集解》本等。

[100] 躓：挫折。躓於犬馬之形，謂畫不成犬馬之形。

[101] 仿：盧弼《集解》本作"昉"，百衲本、殿本作"防"。趙一清《注補》云："'防'字當作'仿'。"校點本即從趙説改"防"爲"仿"。今從之。

[102] 遼東：郡名。治所襄平縣，在今遼寧遼陽市。爲公孫氏

所據之地。

[103] 叢棘：古代囚禁罪犯之處。《易·坎卦》上六："係用徽纆，置于叢棘。"孔穎達疏："置於叢棘，謂囚執之處以棘叢而禁之也。"

[104] 判決：盧弼《集解》本作"剖決"，百衲本、殿本、校點本皆作"判決"。今從百衲本等。

[105] 不：同"否"。

[106] 趙括：戰國時趙國馬服君趙奢之子，善於紙上談兵，而無實際用兵能力。趙孝成王時，秦軍與趙軍相距于長平（今山西高平縣西北）。趙將廉頗堅守不戰。秦用離間計，致使趙王用趙括代廉頗。趙括之母上書趙王，言趙括不可爲將，趙王不聽。括母因曰："王終遣之，即有如不稱，妾得無隨坐乎？"趙王許諾。趙括代廉頗後，改變廉頗之布置，出擊秦軍，結果被秦將白起大敗，數十萬大軍全軍覆沒。而趙括之母有言在先，故得不誅。（見《史記》卷八一《廉頗藺相如列傳》）

[107] 鍾會之兄：即鍾毓。事見本書卷三〇《鍾會傳》及裴注引《漢晉春秋》。

是時，殺禁地鹿者身死，財產沒官，有能覺告者厚加賞賜。柔上疏曰："聖王之御世，莫不以廣農爲務，儉用爲資。夫農廣則穀積，用儉則財畜，畜財積穀而有憂患之虞者，未之有也。古者，一夫不耕，或爲之饑；一婦不織，或爲之寒。中閒已來，百姓供給衆役，親田者既減，加頃復有獵禁，群鹿犯暴，殘食生苗，處處爲害，所傷不貲。民雖障防，力不能禦。至如滎陽左右，[1]周數百里，歲略不收，元元之命，[2]實可矜傷。方今天下生財者甚少，而麋鹿之損者甚多。

卒有兵戎之役，凶年之災，將無以待之。惟陛下覽先聖之所念，愍稼穡之艱難，寬放民閒，使得捕鹿，遂除其禁，則衆庶永濟，[3]莫不悅豫矣。"〔一〕[4]

〔一〕《魏名臣奏》載柔上疏曰："臣深思陛下所以不早取此鹿者，誠欲使極蕃息，然後大取以爲軍國之用。然臣竊以爲今鹿但有日耗，終無從得多也。何以知之？今禁地廣輪且千餘里，[5]臣下計無慮其中有虎大小六百頭，[6]狼有五百頭，狐萬頭。使大虎一頭三日食一鹿，一虎一歲百二十鹿，是爲六百頭虎一歲食七萬二千頭鹿也。使十狼日共食一鹿，是爲五百頭狼一歲共食萬八千頭鹿。鹿子始生，未能善走，使十狐一日共食一子，比至健走一月之間，是爲萬狐一月共食鹿子三萬頭也。大凡一歲所食十二萬頭。其鵰鶚所害，臣置不計。以此推之，終無從得多，不如早取之爲便也。"

[1]滎陽：縣名。治所在今河南滎陽市東北。
[2]元元：百姓。
[3]永濟：校點本作"久濟"，百衲本、殿本、盧弼《集解》本均作"永濟"。今從百衲本等。濟，增益。
[4]豫：百衲本作"預"，殿本、盧弼《集解》本、校點本作"豫"。按，二字義通，今從殿本等。
[5]廣輪：寬長。《周禮·地官·大司徒》："以天下土地之圖，周知九州之地域，廣輪之數。"賈公彥疏："馬融云：東西爲廣，南北爲輪。"
[6]無慮：大約。

頃之，護軍營士竇禮近出不還。[1]營以爲亡，表言逐捕，没其妻盈及男女爲官奴婢。盈連至州府，稱冤自訟，莫有省者。乃辭詣廷尉。柔問曰："汝何以知夫不亡？"盈垂泣對曰："夫少單特，[2]養一老嫗爲母，事甚恭謹，又哀兒女，撫視不離，非是輕狡不顧室家者也。"柔重問曰："汝夫不與人有怨讎乎？"對曰："夫良善，與人無讎。"又曰："汝夫不與人交錢財乎？"對曰："嘗出錢與同營士焦子文，[3]〔久〕求不得。"[4]時子文適坐小事繫獄，柔乃見子文，[5]問所坐。言次，曰："汝頗曾舉人錢不？"[6]子文曰："自以單貧，初不敢舉人錢物也。"[7]柔察子文色動，遂曰："汝昔舉竇禮錢，何言不邪？"[8]子文怪知事露，應對不次。柔曰："汝已殺禮，便宜早服。"子文於是叩頭，具首殺禮本末，埋藏處所。柔便遣吏卒，承子文辭往掘禮，即得其屍。詔書復盈母子爲平民。班下天下，以禮爲戒。

在官二十三年，轉爲太常，旬日遷司空，後徙司徒。太傅司馬宣王奏免曹爽，[9]皇太后詔召柔假節、行大將軍事，[10]據爽營。太傅謂柔曰："君爲周勃矣。"[11]爽誅，進封萬歲鄉侯。高貴鄉公即位，進封安國侯，[12]轉爲太尉。常道鄉公即位，增邑并前四千，[13]前後封二子亭侯。景元四年，[14]年九十薨，諡曰元侯。孫渾嗣。咸熙中，[15]開建五等，[16]以柔等著勳前朝，[17]改封渾昌陸子。〔一〕[18]

〔一〕《晉諸公贊》曰：柔長子㑺，大將軍掾，[19]次誕，歷三州刺史、太僕。[20]誕放率不倫，而決烈過人。次光，字宣茂，少習家業，明練法理。晉武帝世，爲黃沙御史，[21]與中丞同，[22]遷守廷尉,後即真。兄誕與光異操,謂光小節,常輕侮之,而光事誕愈謹。終於尚書令。[23]追贈司空。

[1]護軍:官名。諸要鎮及將軍領兵出征者,皆置此官。第六品。

[2]單特:孤獨。

[3]出錢:謂借錢。 焦子文:趙幼文《校箋》謂《通典·刑六》"文"字作"久",《太平御覽》卷二三一、卷六三九同。按,中華書局1988年版《通典》校點本已據《三國志·高柔傳》及《册府元龜》卷六一八改"久"字爲"文"。又《太平御覽》卷二三一實作"文",並且"文"下尚有"久"字。

[4]久求不得:各本皆作"求不得"。殿本《考證》云:"《太平御覽》作'久求不得',多'久'字。"盧弼《集解》云:"《御覽》六百三十九作'久不得'。"按,《太平御覽》卷六三九引實作"久求不得",而"久"上無"文"字。《太平御覽》卷二三一引亦作"久求不得","久"上又有"文"字。今從《太平御覽》增"久"字。

[5]乃見:百衲本無"乃"字,殿本、盧弼《集解》本、校點本有。今從殿本等。

[6]舉人錢:謂借人錢。吳金華《校詁》云:"借貸之事,西漢以前多言'稱',東漢以降多言'舉'。"

[7]初不敢:始終不敢。

[8]何言不邪:盧弼《集解》云:"《御覽》作'何言不舉邪'"。趙幼文《校箋》謂《太平御覽》卷二三一引"不"下有"舉"字,而卷六三九引又無。

[9]太傅:官名。上公,位在三公上,第一品,掌善導,無常職,不常設。 司馬宣王:司馬懿。魏末其子司馬昭爲晉王後,追尊他爲宣王。

[10]假節:漢末三國時期,皇帝賜予臣下的一種權力。至晉

代，此種權力明確爲因軍事可殺犯軍令者。

［11］周勃：漢高祖劉邦之功臣。劉邦臨終前，即囑呂后，周勃可爲太尉。呂后時周勃雖爲太尉，而軍權卻在呂氏手中。呂后七年（前181），即以呂禄爲上將軍、呂産爲相國。呂后死，呂禄、呂産即專兵秉政。呂禄居北軍，呂産居南軍，謀欲作亂。周勃遂與陳平等謀劃，使人騙呂禄交出兵權離開北軍。周勃入北軍後，即奪得軍權，與陳平、劉章等共誅除諸呂。（見《漢書》卷三《高后紀》）

［12］安國：縣名。治所在今河北安國縣東南。

［13］四千：盧弼《集解》云："疑脱'户'字。"

［14］景元：魏元帝曹奐年號（260—264）。

［15］咸熙：魏元帝曹奐年號（264—265）。

［16］五等：公、侯、伯、子、男五等封爵。

［17］柔等：盧弼《集解》云："等"字疑誤。趙幼文《校箋》亦云："《通志》無'等'字，是。"

［18］昌陸：梁章鉅《旁證》："沈欽韓曰：兩漢《志》及《晋志》皆無昌陸縣。"

［19］大將軍掾：官名。大將軍府之屬吏。而大將軍府有西曹掾、東曹掾、倉曹掾、賊曹掾等，此未知何曹。

［20］三州刺史：趙幼文《校箋》云："《晋書·高光傳》：'歷徐、雍二州刺史。'毛本'三'字作'二'，是也。" 太僕：官名。秩中二千石，掌皇帝車馬，兼管官府畜牧業，東漢尚兼掌兵器製作、織綬等。曹魏因之，三品。

［21］黄沙御史：官名。黄沙獄治書侍御史之簡稱。《晋書·職官志》云："泰始四年，又置黄沙獄治書侍御史一人，秩與中丞同，掌詔獄及廷尉不當者皆治之。後并河南，遂省黄沙治書侍御史。"

［22］與中丞同：趙幼文《校箋》謂《晋書》卷四一《高光傳》"與"上有"秩"字。按，中丞，即御史中丞。

[23]尚書令：官名。晉代仍爲尚書臺長官，第三品。綜理朝廷政務，爲政務長官，參議大政，職如宰相。

孫禮字德達，涿郡容城人也。[1]太祖平幽州，召爲司空軍謀掾。[2]初喪亂時，[3]禮與母相失，同郡馬台求得禮母，禮推家財盡以與台。[4]台後坐法當死，禮私導令踰獄自首，既而曰："臣無逃亡之義。"徑詣刺奸主簿溫恢。[5]恢嘉之，具白太祖，各減死一等。[6]

後除河間郡丞，[7]稍遷滎陽都尉。[8]魯山中賊數百人，[9]保固險阻，爲民作害；乃徙禮爲魯相。禮至官，出俸穀，發吏民，募首級，招納降附，使還爲間，應時平泰。歷山陽、平原、平昌、琅邪太守。[10]從大司馬曹休征吴於夾石，[11]禮諫以爲不可深入，不從而敗。遷陽平太守，[12]入爲尚書。

明帝方修宮室，[13]而節氣不和，天下少穀。禮固爭，罷役，[14]詔曰："敬納讜言，促遣民作。"[15]時李惠監作，復奏留一月，有所成訖，禮徑至作所，不復重奏，稱詔罷民，帝奇其意而不責也。

帝獵於大石山，[16]虎趨乘輿，禮便投鞭下馬，欲奮劍斫虎，詔令禮上馬。明帝臨崩之時，[17]以曹爽爲大將軍，[18]宜得良佐，於牀下受遺詔，拜禮大將軍長史，[19]加散騎常侍。禮亮直不撓，爽弗便也，以爲揚州刺史，[20]加伏波將軍，[21]賜爵關內侯。吴大將全琮帥數萬衆來侵寇，時州兵休使，在者無幾。禮躬勒衛兵禦之，戰於芍陂，[22]自旦及暮，將士死傷過半。禮犯蹈白刃，馬被數創，手秉枹鼓，[23]奮不顧身，賊衆乃退。詔書慰勞，賜絹七百匹。禮爲死事者設祀哭臨，[24]哀號發心，皆以絹付亡者家，無以入身。[25]

徵拜少府，[26]出爲荊州刺史，[27]遷冀州牧。[28]太傅司馬宣王謂禮曰："今清河、平原爭界八年，[29]更二刺史，[30]靡能決之；虞、芮待文王而了，[31]宜善令分明。"禮曰："訟者據墟墓爲驗，聽者以先老爲正，而老者不可加以榎楚，[32]又墟墓或遷就高敞，或徙避仇讐。如今所聞，[33]雖皋陶猶將爲難。若欲使必也無訟，當以烈祖初封平原時圖決之，[34]何必推古問故，以益辭訟？昔成王以桐葉戲叔虞，[35]周公便以封之。今圖藏在天府，[36]便可於坐上斷也，豈待到州乎？"宣王曰："是也。當別下圖。"禮到，案圖宜屬平原。而曹爽信清河言，下書云："圖不可用，當參異同。"禮上疏曰："管仲霸者之佐，[37]其器又小，猶能奪伯氏駢邑，[38]使没齒無怨言。臣受牧伯之任，奉聖朝明圖，驗地著之界，[39]界實以王翁河爲限；[40]而鄃以馬丹候爲驗，[41]詐以鳴犢河爲界。[42]假虛訟訴，疑誤臺閣。竊聞衆口鑠金，浮石沈木，[43]三人成市虎，[44]慈母投其杼。[45]今二郡爭界八年，一朝決之者，緣有解書圖畫，可得尋案擿校也。平原在兩河，向東上，其間有爵隄，爵隄在高唐西南，[46]所爭地在高唐西北，相去二十餘里，可謂長歎息流涕者也。案解與圖奏而鄃不受詔，此臣軟弱不勝其任，臣亦何顏尸禄素餐。[47]輒束帶著履，駕車待放。"爽見禮奏，大怒。劾禮怨望，結刑五歲。[48]在家期年，衆人多以爲言，除城門校尉。[49]

時匈奴王劉靖部衆彊盛,[50]而鮮卑數寇邊,乃以禮爲并州刺史,加振武將軍,[51]使持節,[52]護匈奴中郎將。[53]往見太傅司馬宣王,有忿色而無言。宣王曰:"卿得并州,少邪?恚理分界失分乎?今當遠別,何不懽也!"禮曰:"何明公言之乖細也!禮雖不德,豈以官位往事爲意邪?本謂明公齊蹤伊、呂,[54]匡輔魏室,上報明帝之託,下建萬世之勳。今社稷將危,天下兇兇,此禮之所以不悅也。"因涕泣橫流。宣王曰:"且止,忍不可忍。"爽誅後,入爲司隷校尉,凡臨七郡五州,[55]皆有威信。遷司空,封大利亭侯,邑一百户。禮與盧毓同郡時輩,而情好不睦。爲人雖互有長短,然名位略齊云。嘉平二年薨,[56]謚曰景侯。孫元嗣。

[1] 字德達:盧弼《集解》云:"錢儀吉曰《御覽》'字德遠'。"趙幼文《校箋》謂見《太平御覽》卷二一二。 容城:縣名。治所在今河北容城縣北。

[2] 司空軍謀掾:官名。司空府之屬吏,職責是參議軍政。

[3] 喪亂:趙幼文《校箋》謂《藝文類聚》卷三三、《白孔六帖》卷四五、《太平御覽》卷四七九、《册府元龜》卷八六五引"喪"字作"荒"。

[4] 推家財:趙幼文《校箋》謂《册府元龜》卷八六五引"推"字上有"乃"字。

[5] 刺奸主簿:按,本書卷一五《溫恢傳》,溫恢先"爲廩丘長,鄢陵、廣川令,彭城、魯相","入爲丞相主簿"。曹操爲丞相後,於丞相府置四主簿,錄省衆事。而丞相府又置有刺奸掾,掌管司法事務,蓋是時溫恢以主簿兼刺奸掾,遂稱爲刺奸主簿;或溫恢

以主簿主管刺奸事，因而稱之。但洪飴孫《三國職官表》又將"刺奸主簿溫恢"列於曹操司空府屬之下。按，《溫恢傳》溫恢未做過司空主簿，未知洪氏何據。

［６］減死一等：謂本應判處死刑，減輕一級，免死不殺。程樹德《九朝律考》謂"減死一等亦漢律中語也"。

［７］郡丞：官名。郡的副長官，佐郡太守掌衆事，秩六百石，第八品。由朝廷任命。

［８］滎陽都尉：洪亮吉《補三國疆域志》謂齊王曹芳正始三年分河南郡置滎陽郡，而在置郡前，蓋因河南郡大，漢末已別設滎陽都尉，至正始三年乃升爲郡。今從洪氏說。都尉，西漢時郡置都尉，輔助郡守並掌本郡軍事。東漢廢除，僅在邊郡或關塞之地置都尉及屬國都尉，並漸漸分縣治民，職如太守。

［９］魯山：山名。在山東蒙陰縣北。

［１０］山陽：郡名。治所昌邑縣，在今山東金鄉縣西北。　平原：郡名。治所平原縣，在今山東平原縣西南。　平昌：郡名。魏文帝置，治所平昌縣，在今山東諸城市東北。後廢。晉惠帝時又置。

［１１］大司馬：官名。魏文帝黃初二年（２２１）置，爲上公，位在三公上，第一品，掌武事。　夾石：百衲本、殿本、盧弼《集解》本均作"夾石口"。趙一清《注補》云："'夾石'當作'硤石'，'口'字衍。"盧弼《集解》謂本書《賈逵傳》《朱桓傳》亦作"夾石"。校點本即作"夾石"。今從之。夾石乃地名，在今安徽桐城縣北。

［１２］陽平：郡名。魏文帝黃初三年分魏郡置，治所館陶縣，在今河北館陶縣。

［１３］宮室：殿本《考證》云："《太平御覽》作'臺省'。"趙幼文《校箋》謂《太平御覽》卷二一二作"臺署"。

［１４］禮固爭罷役：殿本《考證》云："《太平御覽》作'禮固爭因罷役'。"趙幼文《校箋》謂此仍見《太平御覽》卷二一二。

[15] 促遣：急速遣散。　民作：服勞役的工匠、民工。

[16] 大石山：亦名石林。在今河南洛陽市東南，接登封縣界。

[17] 明帝臨崩：殿本"明帝"下有"於"字，百衲本、盧弼《集解》本、校點本無。今從百衲本等。

[18] 大將軍：官名。東漢時，常兼錄尚書事，與太傅、太尉等共同主持政務。漢末，位在三公上。曹魏時爲上公，第一品。

[19] 大將軍長史：官名。爲大將軍府之幕僚長。

[20] 揚州：刺史治所壽春縣，在今安徽壽縣。

[21] 伏波將軍：官名。第五品。

[22] 芍陂：在今安徽壽縣南，因淠水經白芍亭東與附近諸水積而成湖，故名。今安豐塘即其遺址。

[23] 枹（fú）鼓：鼓槌與鼓。古時作戰，擊鼓即進軍。

[24] 設祀：趙幼文《校箋》謂《白孔六帖》卷五一（當作五二）"祀"字作"祭"。

[25] 無以入身：趙幼文《校箋》謂《白孔六帖》作"無自入己者"。

[26] 少府：官名。秩中二千石。東漢時，掌宮中御衣、寶貨、珍膳等。魏、晉沿之，主要管理宮廷手工業。三品。

[27] 荊州：魏刺史治所，初在宛縣，在今河南南陽市；齊王芳正始中又遷至新野縣，即今河南新野縣。

[28] 冀州：東漢末州牧刺史治所常設在鄴縣，魏黄初中移治所於信都縣，在今河北冀縣。

[29] 清河：郡名。治所清河縣，在今山東臨清市東北。

[30] 二刺史：趙幼文《校箋》謂郝經《續後漢書》"二"字作"三"。

[31] 虞芮（ruì）：殷商末二小諸侯國名。《詩·大雅·綿》："虞、芮質厥成，文王蹶厥生。"毛傳："質，成也，平也。蹶，動也。虞、芮之君，相與爭田，久而不平。乃相謂曰：'西伯仁人也，盍往質焉？'乃相與朝周。入其境，則耕者讓畔，行者讓路。入其

邑，男女異路，斑白不提挈。入其朝，士讓爲大夫，大夫讓爲卿。二國之君，感而相謂曰：'我等小人，不可以履君子之庭。'乃相讓，以其所爭田爲閒田而退。天下聞之而歸者四十餘國。"

[32] 榎（jiǎ）楚：皆木名。用作打人的刑具。

[33] 所聞：趙幼文《校箋》謂《册府元龜》卷六九五引"聞"字作"云"。按，宋本《册府元龜》亦作"聞"。

[34] 烈祖：魏明帝廟號。魏明帝即位前，黃初三年曾封爲平原王。

[35] 叔虞：周成王弟。成王即位時年幼，周公攝政。《史記》卷三九《晉世家》云："成王與叔虞戲，削桐葉爲珪以與叔虞，曰：'以此封若。'史佚因請擇日立叔虞。成王曰：'吾與之戲耳。'史佚曰：'天子無戲言。言則史書之，禮成之，樂歌之。'於是遂封叔虞於唐。"

[36] 天府：《周禮·春官·天府》："天府掌祖廟之守藏與其禁令。"後世泛指皇家倉庫或圖籍檔案庫。

[37] 管仲：春秋齊國人，爲齊桓公之相，使桓公稱霸諸侯。孔子卻說："管仲之器小哉！"（《論語·八佾》）

[38] 伯氏：齊國大夫。 駢邑：地名。伯氏之采地。在今山西臨朐縣柳山寨。孔子說管仲"奪伯氏駢邑三百，飯疏食，沒齒無怨言"。（《論語·憲問》）

[39] 地著之界：謂地圖之界。趙幼文《校箋》云："《淮南子·主術篇》'皆著於明堂'高注：'著猶圖也。'地著猶言地圖。"

[40] 王翁河：在今山東平原縣西南。

[41] 鄃：縣名。治所在今山東平原縣西南。 馬丹候：盧弼《集解》本作"馬丹侯"，百衲本、殿本、校點本均作"馬丹候"。今從百衲本等。馬丹候，地名。仍在平原縣西南。

[42] 鳴犢河：故道在今山東高唐縣至河北景縣界。

[43] 浮石沈木：比喻是非顛倒。陸賈《新語·辨惑》云："夫衆口之毀譽，浮石沉木。"

［44］三人成市虎：《韓非子·內儲說上》："龐恭與太子質於邯鄲，謂魏王曰：'今一人言市有虎，王信之乎？'曰：'不信。''二人言市有虎，王信之乎？'曰：'不信。''三人言市有虎，王信之乎？'曰：'寡人信之。'龐恭曰：'夫市之無虎也明矣，然而三人言而成虎。今邯鄲之去魏也遠於市，議臣者過於三人，願王察之。'"

［45］慈母：指曾子之母。《戰國策·秦策二》："昔者曾子處費，費人有與曾子同名族者而殺人。人告曾子母曰：'曾參殺人。'曾子之母曰：'吾子不殺人。'織自若。有頃焉，人又曰：'曾參殺人。'其母尚織自若也。頃之，一人又告之曰：'曾參殺人。'其母懼，投杼逾牆而走。夫以曾參之賢，與母之信也，而三人疑之，則慈母不能信也。"

［46］爵隄：地名。　高唐：縣名。治所在今山東禹城市西南。

［47］尸祿素餐：謂爲官白食俸祿而不理事。

［48］結刑五歲：胡三省云："結刑五歲者，但結以徒作五歲之罪，而不使之輸作也。"（《通鑑》卷七五魏邵陵厲公正始九年注）

［49］城門校尉：官名。秩比二千石，第四品，掌洛陽十二城門。（本洪飴孫《三國職官表》）

［50］王：殿本作"主"，百衲本、盧弼《集解》本、校點本作"王"。今從百衲本等。

［51］振武將軍：官名。第四品。

［52］使持節：漢末三國，皇帝授予出征或出鎮的軍事長官的一種權力。至晉代，此種權力明確爲可誅殺二千石以下官員。若皇帝派遣大臣執行出巡或祭弔等事務時，加使持節，則表示權力和尊崇。

［53］護匈奴中郎將：官名。東漢置，漢末罷。魏明帝太和五年（231）復置，監護南匈奴事務，多以并州刺史兼任，使持節或假節，第四品。晉亦沿置，仍四品。

[54] 伊吕：伊尹、吕尚。

[55] 七郡：指河間、滎陽、山陽、平原、平昌、琅邪、陽平等七郡。　五州：指揚州、荆州、冀州、并州、司州（司隸校尉）等。

[56] 嘉平：魏少帝齊王曹芳年號（249—254）。

王觀字偉臺，東郡廩丘人也。[1]少孤貧厲志，[2]太祖召爲丞相文學掾，[3]出爲高唐、陽泉、酇、任令，[4]所在稱治。文帝踐阼，入爲尚書郎、廷尉監，[5]出爲南陽、涿郡太守。涿北接鮮卑，數有寇盗，觀令邊民十家已上，屯居，築京候。[6]時或有不願者，觀乃假遣朝吏，使歸助子弟，不與期會，但敕事訖各還。於是吏民相率不督自勸，旬日之中，一時俱成。守禦有備，寇鈔以息。明帝即位，下詔書使郡縣條爲劇、中、平者。[7]主者欲言郡爲中平，觀教曰："此郡濱近外虜，數有寇害，云何不爲劇邪？"主者曰："若郡爲外劇，[8]恐於明府有任子。"[9]觀曰："夫君者，所以爲民也。今郡在外劇，則於役條當有降差。豈可爲太守之私而負一郡之民乎？"遂言爲外劇郡，後送任子詣鄴。時觀但有一子而又幼弱。其公心如此。觀治身清素，帥下以儉，僚屬承風，莫不自勵。

明帝幸許昌，[10]召觀爲治書侍御史，典行臺獄。[11]時多有倉卒喜怒，而觀不阿意順指。太尉司馬宣王請觀爲從事中郎，[12]遷爲尚書，出爲河南尹，徙少府。大將軍曹爽使材官張達斫家屋材，[13]及諸私用之物，觀聞知，[14]皆録奪以没官。少府統三尚方御府內藏玩弄之寶,[15]爽等奢放,多有干求,懼觀守法,乃徙爲太僕。司馬宣王誅爽,使觀行中領軍,[16]據爽弟羲營,賜爵關內侯,復爲尚書,加駙馬都尉。[17]高貴鄉公即位,封中鄉亭侯。頃之,加光祿大夫,[18]轉爲右僕射。[19]常道鄉公即位,進封陽鄉侯,增邑千户,并前二千五百户。遷司空,固辭,不許,遣使即第拜授。就官數日,上送印綬,輒自輿歸里舍。薨于家,遺令藏足容棺,不設明器,[20]不封不樹。[21]謚曰肅侯。子悝嗣。咸熙中,開建五等,以觀著勳前朝,改封悝膠東子。[22]

    [1] 東郡:治所濮陽縣,在今河南濮陽縣西南。　廩丘:縣名。治所在今山東鄄城縣西北。

    [2] 厲:校點本作"勵",百衲本、殿本、盧弼《集解》本作"厲"。按,二字義通,皆激勵之義,今從百衲本等。

    [3] 丞相文學掾:官名。曹操爲丞相後,於丞相府所置之屬吏。

    [4] 陽泉:縣名。治所在今安徽霍邱縣西北。　酇:縣名。治所在今河南永城縣西北酇城鎮。　任:縣名。治所在今河北任縣東南。

    [5] 廷尉監:官名。秩六百石,第六品。掌拘捕、參議案例、律條,審理疑獄。與廷尉正、平通署公牘,互相監督,稱爲廷尉三官。

    [6] 京候:瞭望偵察的高土堡。

    [7] 劇:情況複雜、治理困難的郡縣。

    [8] 外劇:指邊郡而又劇者。

    [9] 明府:對郡太守的敬稱。　任子:送至京都作人質之子。

[10] 許昌：縣名。治所在今河南許昌市東。

[11] 行臺：官署名。曹魏置，為皇帝出征時隨行執掌尚書臺職權的機構，由尚書臺部分主要官員組成，以便皇帝和執政大臣決定國家大事。

[12] 從事中郎：官名。魏晉時三公府、將軍府皆置為屬吏，秩六百石，第六品。其職依時、依府而異，或為主吏，或分掌諸曹，或掌機密，或參謀議，地位較高。員不定。

[13] 材官：官名。即材官校尉，魏文帝黃初中置，秩比二千石，第六品。屬少府，掌土木工程用材及工徒。 斫家屋材：趙幼文《校箋》謂《北堂書鈔》卷五四、《太平御覽》卷二三六引無"家"字。按，《北堂書鈔》實有"家"字，又《册府元龜》卷六二三引亦有"家"字。

[14] 聞知：趙幼文《校箋》謂《册府元龜》卷六二三引"知"字作"之"。

[15] 三尚方：指中、左、右尚方三署，主製皇帝所用器物。隸少府。

[16] 中領軍：官名。第三品，掌禁軍，主五校、中壘、武衛三營。（本洪飴孫《三國職官表》）

[17] 駙馬都尉：官名。秩比二千石，掌皇帝副車之馬。曹魏時第六品，無定員或為加官。

[18] 光祿大夫：官名。秩比二千石，第三品，位次三公。無定員，無固定職守，相當於顧問。諸公告老及在朝重臣加此銜以示優重。

[19] 右僕射：即尚書右僕射。

[20] 明器：百衲本"明"字作"盟"，殿本、盧弼《集解》本、校點本作"明"。今從殿本等。明器，隨葬器物。《禮記·檀弓下》："其曰明器，神明之也。塗車芻靈，自古有之，明器之道也。"

[21] 不封不樹：不壘土為墳，也不種樹為識。

[22] 膠東：縣名。治所在今山東平度市。

評曰："韓暨處以靜居行化，出以任職流稱；崔林簡樸知能；高柔明於法理；孫禮剛斷伉厲；王觀清勁貞白：咸克致公輔。及暨年過八十，起家就列；柔保官二十年，元老終位：比之徐邈、常林，於茲爲疚矣。

三國志 卷二五

魏書二十五

辛毗楊阜高堂隆傳第二十五

辛毗字佐治，潁川陽翟人也。[1]其先建武中，[2]自隴西東遷。[3]毗隨兄評從袁紹。太祖為司空，[4]辟毗，毗不得應命。及袁尚攻兄譚於平原，[5]譚使毗詣太祖求和。[一]太祖將征荊州，[6]次于西平。[7]毗見太祖致譚意，太祖大悅。後數日，更欲先平荊州，使譚、尚自相斃。他日置酒，毗望太祖色，知有變，以語郭嘉。嘉白太祖，太祖謂毗曰："譚可信？[8]尚必可克不？"毗對曰："明公無問信與詐也，直當論其勢耳。袁氏本兄弟相伐，非謂他人能閒其閒，乃謂天下可定於己也。今一旦求救於明公，此可知也。顯甫見顯思困而不能取，[9]此力竭也。兵革敗於外，謀臣誅於內，[10]兄弟讒鬩，[11]國分為二；連年戰伐，[12]而介冑生蟣蝨，[13]加以旱蝗，饑饉並臻，國無囷倉，行無裹糧，天災應於上，人事困於下，民無愚智，皆知土崩瓦解，此乃天亡尚之時也。兵法稱有石城湯池帶甲百萬而無粟者,[14]不能守也。今往攻鄴,[15]尚不還救,即不能自守。還救,即譚躡其後。以明公之威,應困窮之敵,擊疲弊之寇,無異迅風之振秋葉矣。天以袁尚與明公,明公不取而伐荊州。荊州豐樂,國未有釁。仲虺有言:[16]'取亂侮亡。'方今二袁不務遠略而內相圖,可謂亂矣;居者無食,行者無糧,可謂亡矣。朝不謀夕,民命靡繼,而不綏之,欲待他年;他年或登,又自知亡而改脩厥德,失所以用兵之要矣。今因其請救而撫之,利莫大焉。且四方之寇,莫大於河北;[17]河北平,則六軍盛而天下震。"[18]太祖曰:"善。"乃許譚平,[19]次于黎陽。[20]明年攻鄴,克之,表毗爲議郎。[21]

〔一〕《英雄記》曰:譚、尚戰於外門,[22]譚軍敗奔北。郭圖說譚曰:"今將軍國小兵少,糧匱勢弱,顯甫之來,久則不敵。愚以爲可呼曹公來擊顯甫。曹公至,必先攻鄴,顯甫還救。將軍引兵而西,自鄴以北皆可虜得。若顯甫軍破,其兵奔亡,又可斂取以拒曹公。曹公遠僑而來,糧餉不繼,必自逃去。比此之際,趙國以北皆我之有,[23]亦足與曹公爲對矣。不然,不諧。"譚始不納,後遂從之。問圖:"誰可使?"圖答:"辛佐治可。"譚遂遣毗詣太祖。

[1] 潁川:郡名。治所陽翟縣,在今河南禹州市。
[2] 建武:漢光武帝年號(25—56)。
[3] 隴西:郡名。東漢初治所狄道縣,在今甘肅臨洮縣。
[4] 司空:官名。東漢時與太尉、司徒並爲三公,共同行使宰相職能,而位列三公之末。本職掌土木營建與水利工程。漢末曹操

爲司空，權力擴大，成爲實際的宰相。

［5］平原：縣名。治所在今山東平原縣西南。

［6］荊州：刺史治所本在漢壽縣，在今湖南常德市東北。劉表爲刺史，移治所於襄陽縣，在今湖北襄陽市襄州區。

［7］西平：縣名。治所在今河南西平縣西。

［8］譚可信：趙幼文《校箋》謂《册府元龜》卷八九一引"譚"下有"必"字。

［9］顯甫：袁尚字顯甫。　顯思：袁譚字顯思。

［10］謀臣：指逢紀、田豐等。

［11］讒鬩（xì）：攻訐爭吵。《國語·周語中》："兄弟讒鬩，侮人百里。"韋昭注："鬩，很也。兄弟雖以讒言相違很，猶以禁禦他人侵侮己者。"

［12］戰伐：盧弼《集解》本作"征伐"，百衲本、殿本、校點本作"戰伐"。今從百衲本等。

［13］介胄：盧弼《集解》本作"戰士"，百衲本、殿本、校點本作"介胄"。今從百衲本等。介胄，鎧甲與頭盔。

［14］"兵法"句：《漢書·食貨志》載晁錯《論貴粟疏》云："神農之教曰：'有石城十仞，湯池百步，帶甲百萬，而無粟，弗能守也。'"顏師古注："池，城邊池也。以沸湯爲池，不可輒近，喻嚴固之甚。"

［15］鄴：縣名。治所在今河北臨漳縣西南鄴鎮東一里半。

［16］仲虺（huǐ）：商湯之左相。《左傳·宣公十二年》：隨武子（士會）曰："仲虺有言曰'取亂侮亡'，兼弱也。"杜預注："仲虺，湯左相，薛之祖奚仲之後。"

［17］河北：地區名。泛指黄河以北地區。

［18］六軍：古時天子有六軍，因以指國家軍隊。胡三省云："觀毗之言，非爲譚請救也，勸操以取河北也。"（《通鑑》卷六四漢獻帝建安八年注）

［19］平：講和。《廣韻·庚韻》："平，和也。"

[20] 黎陽：縣名。治所在今河南浚縣東北。

[21] 議郎：官名。郎官之一種，屬光祿勳，秩六百石，不入直宿衛，得參預朝政議論。

[22] 外門：《通鑑》作"門外"。胡三省云："鄴城門外也。"（《通鑑》卷六四漢獻帝建安八年注）

[23] 趙國：王國名。治所邯鄲縣，在今河北邯鄲市西南。

　　久之，太祖遣都護曹洪平下辯，[1]使毗與曹休參之，令曰："昔高祖貪財好色，而良、平匡其過失。[2]今佐治、文烈憂不輕矣。"[3]軍還，爲丞相長史。[4]

　　文帝踐阼，遷侍中，[5]賜爵關内侯。[6]時議改正朔。[7]毗以魏氏遵舜、禹之統，[8]應天順民；至于湯、武，[9]以戰伐定天下，乃改正朔。孔子曰"行夏之時"，[10]《左氏傳》曰"夏數爲得天正"，[11]何必期於相反。帝善而從之。

　　帝欲徙冀州士家十萬戶實河南。[12]時連蝗民饑，[13]羣司以爲不可，而帝意甚盛。毗與朝臣俱求見，帝知其欲諫，作色以見之，[14]皆莫敢言。毗曰："陛下欲徙士家，其計安出？"帝曰："卿謂我徙之非邪？"毗曰："誠以爲非也。"[15]帝曰："吾不與卿共議也。"毗曰："陛下不以臣不肖，置之左右，廁之謀議之官，[16]安得不與臣議邪！臣所言非私也，[17]乃社稷之慮也，安得怒臣！"帝不答，起入内；毗隨而引其裾。[18]帝遂奮衣不還，良久乃出，曰："佐治，卿持我何太急邪？"毗曰："今徙，既失民心，又無以食也。"帝遂徙其半。嘗從帝射雉，帝曰："射雉樂哉！"毗曰："於陛下甚樂,而於羣下甚苦。"[19]帝默然,後遂爲之稀出。

上軍大將軍曹真征朱然于江陵,[20]毗行軍師。[21]還,封廣平亭侯。[22]帝欲大興軍征吳,毗諫曰:"吳、楚之民,[23]險而難禦,道隆後服,道洿先叛,自古患之,非徒今也。今陛下祚有海內,夫不賓者,其能久乎?昔尉佗稱帝,[24]子陽僭號,[25]歷年未幾,或臣或誅,何則?違逆之道不久全,而大德無所不服也。方今天下新定,土廣民稀。夫廟算而後出軍,猶臨事而懼,況今廟算有闕而欲用之,臣誠未見其利也。先帝屢起銳師,臨江而旋。今六軍不增於故,而復循之,此未易也。今日之計,莫若脩范蠡之養民,[26]法管仲之寄政,[27]則充國之屯田,[28]明仲尼之懷遠;[29]十年之中,彊壯未老,童齔勝戰,兆民知義,將士思奮,然後用之,則役不再舉矣。"帝曰:"如卿意,更當以虜遺子孫邪?"毗對曰:"昔周文王以紂遺武王,唯知時也。苟時未可,容得已乎!"[30]帝竟伐吳,至江而還。

明帝即位,進封潁鄉侯,[31]邑三百戶。時中書監劉放、令孫資見信於主,[32]制斷時政,大臣莫不交好,而毗不與往來。毗子敞諫曰:"今劉、孫用事,衆皆影附,大人宜小降意,和光同塵;[33]不然必有謗言。"毗正色曰:"主上雖未稱聰明,不爲闇劣。吾之立身,自有本末。就與劉、孫不平,不過令吾不作三公而已,何危害之有?焉有大丈夫欲爲公而毀其高節者邪?"[34]冗從僕射畢軌表言:[35]"尚書僕射王思精勤舊吏,[36]

忠亮計略不如辛毗，毗宜代思。"[37]帝以訪放、資，放、資對曰："陛下用思者，誠欲取其效力，不貴虛名也。毗實亮直，然性剛而專，聖慮所當深察也。"遂不用。出爲衛尉。[38]

帝方脩殿舍，百姓勞役，毗上疏曰：[39]"竊聞諸葛亮講武治兵，而孫權市馬遼東，[40]量其意指，似欲相左右。[41]備豫不虞，古之善政，而今者宮室大興，加連年穀麥不收。《詩》云：[42]'民亦勞止，[43]迄可小康，[44]惠此中國，[45]以綏四方。'[46]唯陛下爲社稷計。"帝報曰："二虜未滅而治宮室，直諫者立名之時也。夫王者之都，當及民勞兼辦，使後世無所復增，是蕭何爲漢規摹之略也。[47]今卿爲魏重臣，亦宜解其大歸。"[48]帝又欲平北芒，[49]令於其上作臺觀，則見孟津。[50]毗諫曰："天地之性，高高下下，[51]今而反之，既非其理；加以損費人功，民不堪役。且若九河盈溢，[52]洪水爲害，而丘陵皆夷，將何以禦之？"[53]帝乃止。〔一〕

〔一〕《魏略》曰：諸葛亮圍祁山，[54]不克，引退。張郃追之，爲流矢所中死。帝惜郃，臨朝而歎曰："蜀未平而郃死，將若之何！"司空陳羣曰：[55]"郃誠良將，國所依也。"毗心以爲郃雖可惜，然已死，不當內弱主意，而示外以不大也。乃持羣曰："陳公，是何言歟！當建安之末，[56]天下不可一日無武皇帝也，及委國祚，而文皇帝受命。黃初之世，[57]亦謂不可無文皇帝也，及委棄天下，而陛下龍興。今國內所少，豈張郃乎？"陳羣曰："亦誠如辛毗言。"帝笑曰："陳公可謂善變矣。"

臣松之以爲擬人必於其倫，取譬宜引其類，故君子於其言，無所苟而已矣。毗欲弘廣主意，當舉若張遼之疇，安有於一將之死而可以祖宗爲譬哉？非所宜言，莫過於兹。進違其類，退似諂佞，佐治剛正之體，不宜有此。《魏略》既已難信，習氏又從而載之，[58]竊謂斯人受誣不少。

[1] 都護：即都護將軍。官名。胡三省云："都護將軍，以盡護諸將而立號，光武始以命賈復。"（《通鑑》卷六七漢獻帝建安二十年注）　下辩：縣名。治所在今甘肅成縣西。

[2] 良平：張良、陳平。《史記》卷五五《留侯世家》謂漢高祖劉邦入關進咸陽後，"入秦宮，宮室帷帳狗馬重寶婦女以千數，意欲留居之。樊噲諫沛公出舍，沛公不聽。良曰：'夫秦爲無道，故沛公得至此。夫爲天子除殘賊，宜縞素爲資。今始入秦，即安其樂，此所謂助桀爲虐。且忠言逆耳利於行，毒藥苦口利於病，願沛公聽樊噲言。'沛公乃還軍霸上"。

[3] 文烈：曹休字文烈。

[4] 丞相長史：官名。秩千石，丞相府幕僚之長，協助丞相署理相府諸曹，監領府事。曹操爲丞相，權位加重，遂分置左、右長史。若丞相出征，則置行軍長史掌軍旅行伍；又置留府長史掌留守事。位皆崇重。

[5] 侍中：官名。曹魏時，第三品。爲門下侍中寺長官。職掌門下衆事，侍從左右，顧問應對，拾遺補闕，與散騎常侍、黃門侍郎等共平尚書奏事。晋沿置，爲門下省長官。

[6] 關內侯：爵名。漢制二十級爵之第十九級，次於列侯，祇有封户收取租税而無封地。魏文帝定爵制爲十等，關內侯在亭侯下，仍爲虛封，無食邑。

[7] 改正（zhēng）朔：謂改曆法。《禮記·大傳》"改正朔"，孔穎達疏："改正朔者，正謂年始，朔謂月初。言王者得政，

示從我始，改故用新。"

〔8〕舜禹之統：指舜禪讓於禹之傳統。漢獻帝被迫讓位於魏文帝曹丕，亦稱爲禪讓。

〔9〕湯武：商湯、周武王。

〔10〕行夏之時：孔子此語見《論語·衛靈公》。夏朝用自然曆，以建寅之月爲正月，即今農曆正月。

〔11〕夏數爲得天正：此語見《左傳·昭公十七年》，原文爲"夏數得天"。因夏朝用自然曆，以建寅之月爲正月，與春、夏、秋、冬之自然氣象相適應，故云得天。又楊伯峻注引《周書·周月》云："萬物春生、夏長、秋收、冬藏，天地之正，四時之極，不易之道。夏數得天。"

〔12〕帝欲：趙幼文《校箋》謂《太平御覽》卷二一九引"帝"上有"於時"二字。 冀州：東漢末州牧刺史之治所常設在鄴縣，魏黃初中移治所於信都縣，在今河北冀縣。 士家：士兵之家。曹魏施行士家制（又稱世兵制），士家有單獨的兵籍，不與民籍相混，社會地位低下。士家子弟世代爲兵，沒有政府特許，不得脱離兵籍。 河南：即河南尹。曹魏定都洛陽，仍將京都附近二十二縣合爲一行政區，稱河南尹，相當於一郡。治所在洛陽。

〔13〕時連蝗：趙幼文《校箋》謂《藝文類聚》卷三四（當作二四）引作"時旱蝗"，無"連"字，《通鑑·魏紀一》作"時天旱蝗"，亦無"連"字。按，上海古籍出版社1999年出版汪紹楹校《藝文類聚》第2版仍作"時連蝗"，有"連"字。

〔14〕見之：趙幼文《校箋》謂《通鑑·魏紀一》"見"字作"待"。

〔15〕誠：盧弼《集解》本作"臣"，百衲本、殿本、校點本作"誠"。今從百衲本等。

〔16〕廁之：百衲本無"之"字，殿本、盧弼《集解》本、校點本有。今從殿本等。

〔17〕也：百衲本無"也"字，殿本、盧弼《集解》本、校點

本皆有。今從殿本等。

[18] 裾（jū）：衣服的後襟。

[19] 而於：趙幼文《校箋》謂《群書治要》卷二六引無"而"字，《通鑑》同。

[20] 上軍大將軍：官名。第二品，魏文帝黃初三年（222）置，後不常設。　江陵：縣名。治所在今湖北江陵縣。

[21] 軍師：官名。曹魏時，大司馬、大將軍、三公、諸征鎮將軍等府皆置，主管軍務。第五品。

[22] 亭侯：爵名。漢制，列侯大者食縣邑，小者食鄉、亭。東漢後期遂以食鄉、亭者稱爲鄉侯、亭侯。

[23] 吳楚：孫吳之地，爲兩周吳國、楚國之地，因以稱之。

[24] 尉佗：即南越王趙佗。秦末趙佗曾爲南海郡尉，故稱尉佗。漢高祖劉邦定天下後，遣陸賈至南越立趙佗爲南越王。吕后時，曾禁鐵器入南越，趙佗遂自稱南越武帝。漢文帝即位後，又遣陸賈使南越，仍以趙佗爲南越王。趙佗又從命稱臣。（見《史記》卷一一三《南越列傳》）

[25] 子陽：公孫述字子陽，新莽末年爲導江卒正（即蜀郡太守）。後起兵，據有益州。漢光武帝建武元年（25），公孫述稱帝，號成家。建武十二年即被漢軍所破，被殺。（見《後漢書》卷一三《公孫述傳》）

[26] 范蠡：春秋末越國大夫。越國被吳國擊敗後，隨越王勾踐入吳爲臣僕。至回越國後，越王勾踐向范蠡求教治國圖強之方略。范蠡説："同男女之功，除民之害，以避天殃。田野開辟，府倉實，民衆殷。無曠其衆，以爲亂梯。時將有反，事將有間，必有以知天地之恒制，乃可以有天下之成利。事無間，時無反，則撫民保教以須之。"（《國語·越語下》）

[27] 管仲：春秋初齊桓公之相，助桓公首霸諸侯。桓公未爲霸主前，問管仲爲霸之道，管仲説："君若正卒伍，修甲兵，則大國亦將正卒伍，修甲兵，則難以速得志矣。君有攻伐之器，小國諸

侯有守禦之備，則難以速得志矣。君若欲速得志於天下諸侯，則事可以隱，令可以寄政。"桓公曰："爲之若何？"管仲曰："作內政而寄軍令焉。"桓公曰："善。"（見《國語·齊語》）

[28] 充國：即趙充國。西漢隴西上邽（今甘肅天水市）人。熟悉匈奴和羌族情況。漢武帝、昭帝時率軍與匈奴作戰，勇猛善戰。漢宣帝時封營平侯，爲後將軍、少府等。後率軍屯田西北以防備羌族，對發展當地農業生產起了積極作用。（見《漢書》卷六九《趙充國傳》）

[29] 仲尼之懷遠：《論語·季氏》：孔子曰："故遠人不服，則修文德以來之。既來之，則安之。"

[30] 容得已乎：趙幼文《校箋》云："《册府》卷五百二十六引'容'字作'庸'。庸，啟也。作'庸'字是。"按，宋本《册府元龜》亦作"容"。劉淇《助字辨略》卷一引辛毗此言云："此'容'字與'庸'通，豈辭也。"

[31] 鄉侯：爵名。漢制，列侯大者食縣邑，小者食鄉、亭。東漢後期，遂以食鄉、亭者稱爲鄉侯、亭侯。曹魏因之。

[32] 中書監：官名。秩千石，第三品。黃初中改秘書令爲中書令；又置中書監，並高於令，掌贊詔命，作文書，典尚書奏事。若密詔下州郡及邊將，則不由尚書。與中書令並掌機密。

[33] 和光同塵：《老子》第四章："和其光，同其塵。"元吳澄注："和，猶平也，掩抑之意。同，謂齊等與之不異也。鏡受塵者不光，凡光者終必暗；故先自掩其光以同乎彼之塵，不欲其光也，則亦終無暗之時矣。"後世則以"和光同塵"爲隨大流，不露鋒芒。

[34] 焉有：百衲本無"有"字，殿本、盧弼《集解》本、校點本有。今從殿本等。

[35] 冗從僕射（yè）：官名。即中黃門冗從僕射。東漢置，秩六百石。統領中黃門冗從，掌宿衛宮禁，直守門户，皇帝出行則騎從，夾乘輿車。名義上隸少府。曹魏沿置，第六品。

[36] 尚書僕射：官名。魏、晉時爲尚書省次官，秩六百石，第三品。或單置，或並置左、右。左、右並置時，左僕射居右僕射上。輔助尚書令執行政務，參議大政，諫諍得失，監察糾彈百官，可封還詔旨，常受命主管官吏選舉。

[37] 不如辛毗毗宜代思：趙幼文《校箋》謂《太平御覽》卷二四一（當作二四二）引"如"字作"及"，"毗宜"作"宜以毗"。

[38] 衛尉：官名。秩中二千石，第三品，掌宮門及宮中警衛。

[39] 毗上疏：沈家本《瑣言》云："《明紀》太和六年'治許昌宮，起景福、承光殿'，毗上疏乃是年事，故尚有諸葛亮講武治兵語。"

[40] 遼東：郡名。治所襄平縣，在今遼寧遼陽市。當時遼東爲公孫氏所據。

[41] 相左右：謂蜀漢與孫吳相機從左右（西東）攻擊魏國。

[42] 詩：此詩見《詩·大雅·民勞》。

[43] 止：語助詞。

[44] 迄：《詩》原文作"汔"。鄭玄箋："汔，幾也。"即庶幾，差不多。　小康：小安。

[45] 中國：毛傳："中國，京師也。"

[46] 四方：毛傳："四方，諸夏也。"

[47] 蕭何爲漢規摹之略：漢高祖劉邦即帝位後，蕭何爲丞相，在長安大建未央宮，劉邦回都後見宮殿甚富麗堂皇，遂怒責蕭何。蕭何說："天下方定，故可因遂就宮室。且夫天子以四海爲家，非壯麗無以重威，且無令後世有以加也。"（《史記》卷八《高祖本紀》）

[48] 大歸：大要，大旨。

[49] 北芒：山名。亦作"北邙"。《說文·邑部》："邙，河南雒陽北芒上邑。"段玉裁注："山本名芒，山上之邑則作'邙'。後人但云北邙，是少知芒山矣。"按，北芒山，在今河南洛陽市北。

［50］令於其上作臺觀則見孟津：趙幼文《校箋》謂《水經·穀水注》作"令登臺見孟津"。《藝文類聚》卷七、《白孔六帖》卷五引作"令登臺觀孟津"。《太平御覽》卷一二作"令登臺以觀見孟津"，又卷一五八作"令登臺觀見孟津"（按實作"令登觀臺見孟津"）。疑此句或作"令登臺觀以見孟津"爲是。蓋曹叡欲將北邙山削平，使能極目遠眺，非謂將北邙割除之後，於其故址作臺也。則此似當删"於其上作則"五字，補"登"字。　孟津：津渡名。在今河南孟津縣東北的黄河上。東漢末又於此地置關隘，爲河南八關之一。

［51］高高下下：《國語·周語下》：周太子晉諫靈王，謂大禹治水，"高高下下，疏川導滯"。亦即謂順應地形，高的保留其高，低的除其淤塞，使河流暢通。

［52］盈溢：趙幼文《校箋》謂《藝文類聚》卷七、《太平御覽》卷一五八引"盈"字作"盛"。

［53］將何以：趙幼文《校箋》謂《藝文類聚》卷七、《太平御覽》卷九四引《魏略》俱無"將"字。

［54］祁山：山名。在今甘肅禮縣東。

［55］司空：官名。曹魏前期，秩與職掌基本同東漢。第一品。

［56］建安：漢獻帝劉協年號（196—220）。

［57］黄初：魏文帝曹丕年號（220—226）。

［58］習氏：指習鑿齒。此所謂"載之"，當指《漢晉春秋》。

　　青龍二年，[1]諸葛亮率衆出渭南。[2]先是，大將軍司馬宣王數請與亮戰，[3]明帝終不聽。是歲恐不能禁，乃以毗爲大將軍軍師，使持節；[4]六軍皆肅，準毗節度，莫敢犯違。〔一〕亮卒，復還爲衛尉。薨，謚曰肅侯。子敞嗣，咸熙中爲河内太守。〔二〕[5]

〔一〕《魏略》曰：宣王數數欲進攻，毗禁不聽。宣王雖能行意，而每屈於毗。[6]

〔二〕《世語》曰：敞字泰雍，官至衛尉。毗女憲英，適太常泰山羊耽，[7]外孫夏侯湛爲其傳曰：[8]"憲英聰明有才鑒。初文帝與陳思王爭爲太子，既而文帝得立，抱毗頸而喜曰：'辛君知我喜不？'毗以告憲英，憲英歎曰：'太子代君主宗廟社稷者也。代君不可以不戚，主國不可以不懼，宜戚而喜，何以能久？魏其不昌乎！'弟敞爲大將軍曹爽參軍。[9]司馬宣王將誅爽，因爽出，閉城門。大將軍司馬魯芝將爽府兵，[10]犯門斬關，出城門赴爽，來呼敞俱去。敞懼，問憲英曰：'天子在外，太傅閉城門，[11]人云將不利國家，[12]於事可得爾乎？'憲英曰：'天下有不可知，然以吾度之，太傅殆不得不爾！[13]明皇帝臨崩，把太傅臂，以後事付之，此言猶在朝士之耳。且曹爽與太傅俱受寄託之任，而獨專權勢，行以驕奢，於王室不忠，於人道不直，此舉不過以誅曹爽耳。'敞曰：'然則事就乎？'憲英曰：'得無殆就！爽之才非太傅之偶也。'敞曰：'然則敞可以無出乎？'憲英曰：'安可以不出？[14]職守，人之大義也。凡人在難，猶或恤之；爲人執鞭而棄其事，不祥，不可。且爲人死，爲人任，親昵之職也，從衆而已。'敞遂出。宣王果誅爽。事定之後，敞歎曰：'吾不謀於姊，幾不獲於義。'逮鍾會爲鎮西將軍，[15]憲英謂從子羊祜曰：'鍾士季何故西出？'[16]祜曰：'將爲滅蜀也。'憲英曰：'會在事縱恣，[17]非持久處下之道，吾畏其有他志也。'祜曰：'季母勿多言。'[18]其後會請子琇爲參軍，憲英憂曰：'他日見鍾會之出，吾爲國憂之矣。今日難至吾家，此國之大事，必不得止也。'琇固請司馬文王，[19]文王不聽。憲英語琇曰：'行矣，戒之！古之君子，入則致孝於親，出則致節於國，在職思其所司，在義思其所立，不遺父母憂患而已。軍旅之間，可以濟者，其惟仁恕乎！汝其慎之！'琇竟以全身。憲英年至七十有九，泰始五年卒。"[20]

［1］青龍：魏明帝曹叡年號（233—237）。

　　［2］渭南：渭水之南。

　　［3］大將軍：官名。東漢時，常兼録尚書事，與太傅、太尉等共同主持政務。漢末，位在三公上。曹魏時爲上公，第一品。　司馬宣王：即司馬懿。其子司馬昭爲晉王後，追尊他爲宣王。

　　［4］使持節：漢末三國，皇帝授予出征或出鎮的軍事長官的一種權力。至晉代，此種權力明確爲可誅殺二千石以下官員。若皇帝派遣大臣出巡或祭吊等事務時，加使持節，則表示權力和尊崇。

　　［5］咸熙：魏元帝曹奂年號（264—265）。　河内：郡名。治所懷縣，在今河南武陟縣西南。

　　［6］屈於毗：此事見本書卷三《明帝紀》青龍二年及裴注引《魏氏春秋》，又見本書卷三五《諸葛亮傳》及裴注引《漢晉春秋》。

　　［7］太常：官名。秩中二千石，第三品。掌禮儀祭祀，選試博士。　泰山：郡名。治所奉高縣，在今山東泰安市東。

　　［8］外孫夏侯湛：盧弼《集解》云："夏侯湛爲夏侯莊之子，莊爲羊衜之婿，湛爲羊衜之外孫，非羊耽之外孫也。參閲《夏侯淵傳》注引《世語》即知。"　傳：沈家本《三國志注所引書目》謂《隋書·經籍志》《舊唐書·經籍志》《新唐書·藝文志》，皆不著録夏侯湛《辛憲英傳》。

　　［9］參軍：官名。曹魏時，大將軍、大司馬、太尉及諸開府將軍，均置參軍，爲重要幕僚。

　　［10］大將軍司馬：官名。大將軍府之屬官，秩千石，第六品。參贊軍務，管理府内武職，地位僅次於長史。

　　［11］太傅：指司馬懿。時司馬懿爲太傅。

　　［12］國家：指少帝齊王曹芳。

　　［13］殆：殿本、盧弼《集解》本無"殆"字，百衲本、校點本有。今從百衲本等。

　　［14］可以：殿本、盧弼《集解》本無"以"字，百衲本、校

點本有。今從百衲本等。

[15] 鎮西將軍：官名。第二品，位次四征將軍，領兵如征西將軍。多爲持節都督，出鎮方面。

[16] 鍾士季：鍾會字士季。

[17] 會在事縱恣：趙幼文《校箋》謂《太平御覽》卷五一三引作"會所在縱恣"。按，《太平御覽》所引乃《晉書》。

[18] 季母：周壽昌《注證遺》云："羊祜爲羊耽從子，故呼辛氏爲季母，亦猶叔母之稱。"

[19] 司馬文王：司馬昭。

[20] 泰始：晉武帝司馬炎年號（265—274）。

楊阜字義山，天水冀人也。〔一〕[1]以州從事爲牧韋端使詣許，[2]拜安定長史。[3]阜還，關右諸將問袁、曹勝敗孰在，[4]阜曰："袁公寬而不斷，好謀而少決；不斷則無威，少決則失後事，今雖彊，終不能成大業。曹公有雄才遠略，決機無疑，法一而兵精，能用度外之人，所任各盡其力，必能濟大事者也。"長史非其好，遂去官。而端徵爲太僕，[5]其子康代爲刺史，辟阜爲別駕。[6]察孝廉，[7]辟丞相府，州表留參軍事。

〔一〕《魏略》曰：阜少與同郡尹奉次曾、趙昂偉章俱發名，[8]偉章、次曾與阜俱爲涼州從事。

[1] 天水：郡名。治所冀縣，在今甘肅甘谷縣東。按，魏文帝黄初初始改漢陽郡爲天水郡。此以魏之郡名稱之。

[2] 州：指涼州。漢末涼州刺史治所即冀縣。　從事：官名。漢代州牧刺史的佐吏，有別駕從事史、治中從事史、兵曹從事史、

部從事史等，均可簡稱爲從事。　許：縣名。治所在今河南許昌市東。當時爲漢獻帝之都城。

〔3〕安定：郡名。治所臨涇縣，在今甘肅鎮原縣東南。　長史：官名。東漢時，邊郡不置郡丞而置長史，掌兵馬，亦稱將兵長史。安定爲邊郡，故置長史。

〔4〕關右：地區名。指函谷關以西之地，故又稱關西。

〔5〕太僕：官名。秩中二千石，掌皇帝車馬，兼管官府畜牧業，東漢尚兼掌兵器製作、織綬等。曹魏因之，三品。

〔6〕別駕：官名。別駕從事史的簡稱，爲州牧刺史的主要屬吏，州牧刺史巡行各地時，別乘傳車從行，故名別駕。

〔7〕孝廉：漢代選拔官吏的主要科目。孝指孝子，廉指廉潔之士。原本爲二科，後混同爲一科，也不再限於孝子和廉士。東漢後期定制爲不滿四十歲者不得察舉；被舉者先詣公府課試，以觀其能。郡國每年要向中央推舉一至二人。

〔8〕發名：周一良《魏晉南北朝詞語小記》云："發名是少年得名之意。"（《周一良集》第一卷《魏晉南北朝史論》，遼寧教育出版社1998年版，第571頁）

　　馬超之戰敗渭南也，走保諸戎。太祖追至安定，而蘇伯反河間，^[1]將引軍東還。阜時奉使，言於太祖曰："超有信、布之勇，^[2]甚得羌、胡心，西州畏之。若大軍還，不嚴爲之備，隴上諸郡非國家之有也。"^[3]太祖善之，而軍還倉卒，爲備不周。超率諸戎渠帥以擊隴上郡縣，^[4]隴上郡縣皆應之，惟冀城奉州郡以固守。超盡兼隴右之眾，^[5]而張魯又遣大將楊昂以助之，凡萬餘人，攻〔冀〕城，^[6]阜率國士大夫及宗族子弟勝兵者千餘人，^[7]使從弟岳於城上作偃月營，^[8]與超接戰，自正月至八月拒守而救兵不至。州遣別駕閻溫循水潛出求救，爲超所殺，于是刺史、太守失色，始有降超之計。[9]阜流涕諫曰：“阜等率父兄子弟以義相勵，有死無二；田單之守，[10]不固於此也。棄垂成之功，陷不義之名，阜以死守之。”遂號哭。刺史、太守卒遣人請和，開城門迎超。超入，拘岳於冀，使楊昂殺刺史、太守。

阜內有報超之志，而未得其便。頃之，阜以喪妻求葬假。阜外兄姜敘屯歷城。[11]阜少長敘家，見敘母及敘，説前在冀中時事，歔欷悲甚。敘曰：“何爲乃爾？”阜曰：“守城不能完，君亡不能死，[12]亦何面目以視息於天下！[13]馬超背父叛君，虐殺州將，[14]豈獨阜之憂責，一州士大夫皆蒙其恥。君擁兵專制而無討賊心，此趙盾所以書弑君也。[15]超彊而無義，多釁易圖耳。”敘母慨然，勑敘從阜計。[16]計定，外與鄉人姜隱、趙昂、尹奉、姚瓊、孔信、武都人李俊、王靈結謀，定討超約，使從弟謨至冀語岳，并結安定梁寬、南安趙衢、龐恭等。[17]約誓既明，十（七）〔八〕年九月，[18]與敘起兵於鹵城。[19]超聞阜等兵起，自將出。而衢、寬等解岳，閉冀城門，討超妻子。超襲歷城，得敘母。敘母罵之曰：“汝背父之逆子，殺君之桀賊，天地豈久容汝，而不早死，敢以面目視人乎！”超怒，殺之。阜與超戰，身被五創，宗族昆弟死者七人。[20]超遂南奔張魯。

隴右平定，太祖封討超之功，侯者十一人，賜阜爵關內侯。阜讓曰："阜君存無扞難之功，君亡無死節之效，於義當絀，於法當誅；超又不死，無宜苟荷爵祿。"太祖報曰："君與羣賢共建大功，西土之人以爲美談。子貢辭賞，[21]仲尼謂之止善。君其剖心以順國命。姜敍之母，勸敍早發，明智乃爾，雖楊敞之妻蓋不過此。[22]賢哉，賢哉！良史記錄，必不墜於地矣。"〔一〕

〔一〕皇甫謐《列女傳》曰：姜敍母者，天水姜伯奕之母也。[23]建安中，馬超攻冀，害涼州刺史韋康，州人悽然，莫不感憤。敍爲撫夷將軍，[24]擁兵屯歷。敍姑子楊阜，故爲康從事，同等十餘人，皆略屬超，陰相結爲康報仇，未有閒。會阜妻死，辭超寧歸西，因過至歷，候敍母，説康被害及冀中之難，相對泣良久。姜敍舉室感悲，敍母曰："咄！伯奕，韋使君遇難，[25]豈一州之恥，亦汝之負，[26]豈獨義山哉？汝無顧我，事淹變生。人誰不死？死國，忠義之大者。但當速發，我自爲汝當之，不以餘年累汝也。"因敕敍與阜參議，許諾，分人使語鄉里尹奉、趙昂及安定梁寬等，[27]令敍先舉兵叛超，超怒，必自來擊敍，寬等因從後閉門。約誓以定，敍遂進兵入鹵，昂、奉守祁山。超聞，果自出擊敍，寬等從後閉冀門，超失據。過鹵，敍守鹵。超因進至歷，歷中見超往，以爲敍軍還。又傳聞超以走奔漢中，[28]故歷無備。及超入歷，執敍母，母怒罵超。超被罵大怒，即殺敍母及其子，燒城而去。阜等以狀聞，太祖甚嘉之，手令褒揚，語如本傳。

臣松之案：謐稱阜爲敍姑子，而本傳云敍爲阜外兄，與今名内外爲不同。謐又載趙昂妻曰：趙昂妻異者，故益州刺史天水趙偉璋妻，王氏女也。[29]昂爲羌道令，[30]留異在西。[31]會同郡梁雙反，攻破西城，害異兩男。異女英，年六歲，獨與異在城中。異見兩男已死，又恐爲雙所侵，引刀欲自刎，顧英而歎曰："身死爾棄，當誰恃哉！吾聞西施蒙不潔之服，[32]則人掩鼻，况我貌非西施乎？"乃以溷糞涅麻而被之，[33]斟食瘠形，自春至冬。雙與州郡和，異竟以是免難。昂遣吏迎之，未至三十里，止謂英曰："婦人無符信保傅，則不出房闥。昭姜沈流，[34]伯姬待燒，[35]每讀其傳，心壯其節。今吾遭亂不能死，將何以復見諸姑？所以偷生不死，惟憐汝耳。今官舍已近，吾去汝死矣。"遂飲毒藥而絶。時適有解毒藥良湯，撅口灌之，良久迺蘇。建安中，昂轉參軍事，[36]徙居冀。會馬超攻冀，異躬著布韝，[37]佐昂守備，又悉脫所佩環、黼黻以賞戰士。[38]及超攻急，城中飢困，刺史韋康素仁，愍吏民傷殘，欲與超和。昂諫不聽，歸以語異，異曰："君有爭臣，大夫有專利之義；專不爲非也。焉知救兵不到關隴哉？[39]當共勉卒高勳，全節致死，不可從也。"比昂還，康與超和。超遂背約害康，又劫昂，質其嫡子月於南鄭，欲要昂以爲己用，然心未甚信。超妻楊聞異節行，請與讌終日。異欲信昂於超以濟其謀，謂楊曰："昔管仲入齊，立九合之功；[40]由余適秦，[41]穆公成霸。方今社稷初定，治亂在於得人，涼州士馬，迺可與中夏爭鋒，不可不詳也。"楊深感之，以爲忠於己，遂與異重相接結。昂所以得信於超，全功免禍者，異之力也。及昂與楊阜等結謀討超，告異曰："吾謀如是，事必萬全，當奈月何？"異厲聲應曰："忠義立於身，雪君父之大恥，喪元不足爲重，[42]况一子哉？夫項託、顏淵，[43]豈復百年，貴義存耳。"昂曰："善。"遂共閉門逐超，超奔漢中，從張魯得兵還。異復與昂保祁山，爲超所圍，三十日救兵到，乃解。超卒殺異子月。凡自冀城之難，至于祁山，昂出九奇，異輒參焉。

[1] 河間：郡名。治所樂成縣，在今河北獻縣東南。
[2] 信、布：指韓信、黥布。
[3] 隴上諸郡：指隴山以西諸郡，即隴西、南安、漢陽、永陽

等郡。(參《通鑑》卷六六漢獻帝建安十八年胡三省注)

［4］諸戎：盧弼《集解》本作"衆戎"，百衲本、殿本、校點本作"諸戎"。今從百衲本等。

［5］隴右：指隴山以西之地。

［6］攻冀城：各本皆無"冀"字。盧弼《集解》云："《通鑑》作'攻冀城'。在建安十八年。"趙幼文《校箋》謂"攻"下脱"冀"字。《後漢書》注（按，見《後漢書》卷七二《董卓傳》注引《魏志》）、《太平御覽》卷三一五引俱有"冀"字可證。今從盧、趙説補。

［7］國：指郡國。　士大夫：即將士。

［8］偃月營：似半月形的陣營。

［9］計：盧弼《集解》本作"意"，百衲本、殿本、校點本作"計"。今從百衲本等。

［10］田單：戰國時齊將。初爲臨菑市吏。齊湣王末年，燕將樂毅伐齊，連破七十餘城，唯莒、即墨（今山東平度市東南）二城未下。時田單在即墨城中，即墨大夫出城戰死，即墨人遂推田單爲將軍，堅守即墨城。後田單用反間計，燕即以騎劫代樂毅。田單遂用火牛陣擊敗燕軍，一舉收復七十餘城。(見《史記》卷八二《田單列傳》)

［11］歷城：地名。在今甘肅西和縣北。

［12］君：指州刺史。古代各級長官與其下屬皆爲君臣關係。

［13］視息：謂僅存視覺、呼吸。即謂苟全活命。蔡文姬《悲憤詩》："爲復强視息，雖生何聊賴！"

［14］州將：州刺史。

［15］趙盾：春秋時晉國執政。晉靈公十四年（前607），避靈公將被殺出走，尚未出國境，其族人趙穿殺死靈公。趙盾遂返回。而太史董狐卻書曰"趙盾弑其君"，並公佈於朝。趙盾曰："不然。"董狐曰："子爲正卿，亡不越竟，反不討賊，非子而誰？"(見《左傳・宣公二年》)　弑：百衲本、殿本作"殺"，盧弼《集

解》本、校點本作"弒"。今從《集解》本等。

[16]敕敍從阜:殿本、盧弼《集解》本無"叙"字。殿本《考證》云:"北宋本作'敕敍從阜'。"按,百衲本、校點本亦作"敕叙從阜",今從之。

[17]南安:郡名。治所獂(huán)道,在今甘肅隴西縣東南渭水東岸。

[18]十八年九月:各本皆作"十七年九月"。《通鑑》卷六六漢獻帝建安十八年《考異》云:"《武帝紀》十八年'超在漢陽,復因羌胡爲害',十九年正月趙衢等討超,超奔漢中。按,姜叙九月起兵,超即應出討,超出,衢等即應閉門,不應至來年正月。蓋魏史書捷音到鄴之月耳,《楊阜傳》誤也。"按《考異》之説有理。《通鑑》書此事於十八年九月,今據改。(參盧弼《集解》)

[19]鹵城:梁章鉅《旁證》卷一〇引何焯曰:"西縣屬漢陽。'西'古作'卤'。此'卤'字與《楊阜傳》皆爲'鹵'。"西城即西縣城,西縣治所在今甘肅天水市西南。

[20]昆弟:殿本作"兄弟",百衲本、盧弼《集解》本、校點本作"昆弟"。今從百衲本等。

[21]子貢:孔子弟子。《呂氏春秋·微察》云:"魯國之法,魯人爲人臣妾於諸侯,有能贖之者,取其金於府。子貢贖魯人於諸侯,來而讓,不取其金。孔子曰:'賜失之矣。自今以往,魯人不贖人矣。'"《淮南子·齊俗訓》又云:"子贛贖人而不受金於府,孔子曰'魯國不復贖人矣'。子路受而勸德,子贛讓而止善。"

[22]楊敞:西漢華陰(今陝西華陰市東南)人。漢昭帝末年爲丞相。《漢書》卷六六《楊敞傳》云:"明年,昭帝崩。昌邑王徵即位,淫亂,大將軍光與車騎將軍張安世謀欲廢王更立。議既定,使大司農田延年報敞。敞驚懼,不知所言,汗出洽背,徒唯唯而已。延年起至更衣,敞夫人遽從東箱謂敞曰:'此國大事,今大將軍議已定,使九卿來報君侯。君侯不疾應,與大將軍同心,猶與無決,先事誅矣。'延年從更衣還,敞、夫人與延年參語許諾,請

奉大將軍教令，遂共廢昌邑王，立宣帝。"

［23］姜伯奕：姜叙字伯奕。

［24］撫夷將軍：官名。漢獻帝建安中曹操置，爲地位較低之雜號將軍。

［25］使君：對州刺史之尊稱。

［26］負：胡三省云："負，罪負也。"（《通鑑》卷六六漢獻帝建安十八年注）

［27］使：殿本、盧弼《集解》本作"傳"，百衲本、校點本作"使"。今從百衲本等。

［28］以：殿本作"已"，百衲本、盧弼《集解》本、校點本作'以'。按，二字相通，《正字通·人部》："以，與'已'同。"今從百衲本等。　漢中：郡名。治所南鄭縣，在今陝西漢中市東。

［29］益州：刺史治所成都縣，在今四川成都市舊東西城區。　王氏女：胡三省云："據皇甫謐《列女傳》，異，士氏女也。"（《通鑑》卷六六漢獻帝建安十八年注）

［30］羌道：縣名。治所在今甘肅宕昌縣西南。

［31］西：縣名。故址在今甘肅省天水市西南。

［32］西施：春秋時越國的美女，或稱先施，別名夷光，亦稱西子。《孟子·離婁下》：孟子曰："西子蒙不潔，則人皆掩鼻而過之。"

［33］涅：浸染。

［34］昭姜：春秋時楚昭王之夫人。劉向《列女傳》卷四《楚昭貞姜》："貞姜者，齊侯之女楚昭王之夫人也。王出游，留夫人漸臺之上而去。王聞江水大至，使使者迎夫人，忘持其符。使者至，請夫人出，夫人曰：'王與宮人約，召必以符，今使者不持符，妾不敢從使者。'使者曰：'今水方大至，而還取符，則恐後矣。'夫人曰：'妾聞之，貞女之義不犯約，勇者不畏死，守一節而已。妾知從使者必生，留必死，然棄約越義而求生，不若留而死耳。'於是使者取符，則水大至，臺崩，夫人流而死。王曰：'嗟夫！守義

死節，不爲苟生，處約持信，以成其貞。'乃謚曰'貞姜'。"

[35] 伯姬：春秋時宋共公夫人，故又稱宋共姬。《穀梁傳·襄公三十年》："伯姬之舍失火，左右曰：'夫人少辟火乎？'伯姬曰：'婦人之義，傅母不在，宵不下堂。'左右又曰：'夫人少辟火乎？'伯姬曰：'婦人之義，保母不在，宵不下堂。'遂逮乎火而死。"

[36] 參軍事：官名。參謀軍務之官。漢獻帝建安中曹操爲司空與丞相，兩府均置有參軍事。

[37] 布韝（gōu）：校點本1982年7月第2版作"布韝"，百衲本、殿本、盧弼《集解》本、校點本1959年12月第1版均作"布韝"。今從百衲本等。布韝，布製的臂套。射箭時，縛於兩臂束住衣袖以便動作的套子，本用皮製。

[38] 黼（fǔ）黻（fú）：綉有華美花紋的禮服。

[39] 關隴：地區名。泛指關中和隴西地區。

[40] 九合：謂多次糾合。《論語·憲問》：子曰："桓公九合諸侯，不以兵車，管仲之力也。"楊伯峻《譯注》："九合：齊桓公糾合諸侯共計十一次，這一'九'字實是虛數，不過表示其多罷了。"

[41] 由余：春秋時秦穆公任爲大夫。其祖先爲晉人，逃亡入戎。初在戎任職，戎王使入秦觀察，穆公知其賢，因離間之，由余遂轉入秦。《史記》卷五《秦本紀》云："秦用由余謀伐戎王，益國十二，開地千里，遂霸西戎。"

[42] 元：首，頭。

[43] 項託：盧弼《集解》本作"項橐"，百衲本、殿本、校點本作"項託"。按，二字音同，同爲一人。今從百衲本等。《戰國策·秦策五》：甘羅曰："夫項橐生七歲而爲孔子師，今臣生十二歲於茲矣。" 顏淵：孔子弟子，以德行著稱。小孔子三十歲，而二十九歲髮盡白，三十二歲即死。（見《史記》卷六七《仲尼弟子列傳》）

太祖征漢中，以阜爲益州刺史。還，拜金城太守，[1]未發，轉武都太守。[2]郡濱蜀漢，阜請依龔遂故事，[3]安之而已。會劉備遣張飛、馬超等從沮道趣下辯，[4]而氐雷定等七部萬餘落反應之。[5]太祖遣都護曹洪禦超等，超等退還。洪置酒大會，令女倡著羅縠之衣，蹋鼓，[6]一坐皆笑。阜厲聲責洪曰："男女之別，國之大節，何有於廣坐之中裸女人形體！雖桀、紂之亂，不甚於此。"遂奮衣辭出。洪立罷女樂，請阜還坐，肅然憚焉。

及劉備取漢中以逼下辯，太祖以武都孤遠，欲移之，恐吏民戀土。阜威信素著，前後徙民、氐，[7]使居京兆、扶風、天水界者萬餘户，[8]徙郡小槐里，[9]百姓襁負而隨之。爲政舉大綱而已，下不忍欺也。文帝問侍中劉曄等："武都太守何如人也？"皆稱阜有公輔之節。未及用，會帝崩。在郡十餘年，徵拜城門校尉。[10]

阜常見明帝著繡帽，[11]被縹綾半褎，[12]阜問帝曰："此於禮何法服也？"[13]帝默然不答，自是不法服不以見阜。

遷將作大匠。[14]時初治宮室，發美女以充後庭，數出入弋獵。秋，大雨震電，多殺鳥雀。阜上疏曰："臣聞明主在上，羣下盡辭。堯、舜聖德，[15]求非索諫；大禹勤功，[16]務卑宮室；成湯遭旱，[17]歸咎責己；周文刑於寡妻，[18]以御家邦；漢文躬行節儉，[19]身衣弋綈：此皆能昭令問，[20]貽厥孫謀者也。伏惟陛下奉武皇帝開拓之大業，守文皇帝克終之元緒，[21]誠宜思齊往古聖賢之善治，總觀季世放蕩之惡政。所謂善治者，務儉約、重民力也；所謂惡政者，從心恣欲，觸情而發也。惟陛下稽古世代之初所以明赫，及季世所以衰弱至于泯滅，近覽漢末之變，足以動心誡懼矣。曩使桓、靈不廢高祖之法，文、景之恭儉，[22]太祖雖有神武，於何所施其能邪？而陛下何由處斯尊哉？今吳、蜀未定，軍旅在外，願陛下動則三思，慮而後行，重慎出入，以往鑒來，言之若輕，成敗甚重。頃者天雨，又多卒暴，[23]雷電非常，至殺鳥雀。天地神明，以王者為子也，政有不當，則見災譴。克己內訟，聖人所記。惟陛下慮患無形之外，慎萌纖微之初，法漢孝文出惠帝美人，[24]令得自嫁；頃所調送小女，遠聞不令，宜為後圖。諸所繕治，務從約節。《書》曰：[25]'九族既睦，[26]協和萬國。'事思厥宜，以從中道，精心計謀，省息費用。吳、蜀以定，爾乃上安下樂，九親熙熙。[27]如此以往，祖考心歡，堯、舜其猶病諸。[28]今宜開大信於天下，以安衆庶，以示遠人。"時雍丘王植怨於不齒，[29]藩國至親，法禁峻密，故阜又陳九族之義焉。詔報曰："閒得密表，先陳往古明王聖主，以諷闇政，切至之辭，款誠篤實。退思補過，將順匡救，備至悉矣。覽思苦言，吾甚嘉之。"

後遷少府。[30]是時大司馬曹真伐蜀，[31]遇雨不進。阜上疏曰："昔文王有赤烏之符，[32]而猶日昃不暇食；

武王白魚入舟，[33]君臣變色。而動得吉瑞，猶尚憂懼，況有災異而不戰竦者哉？今吳、蜀未平，而天屢降變，陛下宜深有以專精應答，側席而坐，[34]思示遠以德，綏邇以儉。閒者諸軍始進，便有天雨之患，稽閡山險，[35]以積日矣。[36]轉運之勞，擔負之苦，所費以多，若有不繼，必違本圖。《傳》曰：[37]'見可而進，知難而退，軍之善政也。'徒使六軍困於山谷之間，進無所略，退又不得，非主兵之道也。[38]武王還師，殷卒以亡，知天期也。今年凶民饑，宜發明詔損膳減服，技巧珍玩之物，皆可罷之。昔邵信臣爲少府於無事之世，[39]而奏罷浮食；今者軍用不足，益宜節度。"帝即召諸軍還。

後詔大議政治之不便於民者，阜議以爲："致治在於任賢，興國在於務農。若舍賢而任所私，此忘治之甚者也。廣開宮館，高爲臺榭，以妨民務，此害農之甚者也。百工不敦其器，而競作奇巧，以合上欲，此傷本之甚者也。孔子曰：'苛政甚於猛虎。'[40]今守功文俗之吏，爲政不通治體，苟好煩苛，此亂民之甚者也。當今之急，宜去四甚，並詔公卿郡國，舉賢良方正敦樸之士而選用之，此亦求賢之一端也。"

阜又上疏欲省宮人諸不見幸者，[41]乃召御府吏問後宮人數。[42]吏守舊令，對曰："禁密，不得宣露。"阜怒，杖吏一百，數之曰："國家不與九卿爲密，反與小吏爲密乎？"[43]帝聞而愈敬憚阜。

帝愛女淑，未期而夭，帝痛之甚，追封平原公主，立廟洛陽，葬於南陵。將自臨送，阜上疏曰："文皇帝、武宣皇后崩，陛下皆不送葬，所以重社稷、備不虞也。何至孩抱之赤子而可送葬也哉？"帝不從。

帝既新作許宮，[44]又營洛陽宮殿觀閣。阜上疏曰："堯尚茅茨而萬國安其居，[45]禹卑宮室而天下樂其業；及至殷、周，或堂崇三尺，[46]度以九筵耳。[47]古之聖帝明王，未有極宮室之高麗以彫弊百姓之財力者也。桀作璇室、象廊，[48]紂爲傾宮、鹿臺，[49]以喪其社稷，楚靈以築章華而身受其禍；[50]秦始皇作阿房而殃及其子，[51]天下叛之，二世而滅。夫不度萬民之力，以從耳目之欲，未有不亡者也。陛下當以堯、舜、禹、湯、文、武爲法則，夏桀、殷紂、楚靈、秦皇爲深誡。高高在上，[52]實監后德。[53]慎守天位，以承祖考，巍巍大業，猶恐失之。不夙夜敬止，[54]允恭卹民，[55]而乃自暇自逸，惟宮臺是侈是飾，必有顛覆危亡之禍。《易》曰：[56]'豐其屋，[57]蔀其家，[58]闚其戶，闃其無人。'[59]王者以天下爲家，言豐屋之禍，至於家無人也。方今二虜合從，謀危宗廟，十萬之軍，東西奔赴，邊境無一日之娛；農夫廢業，民有饑色。陛下不以是爲憂，而營作宮室，無有已時。使國亡而臣可以獨存，臣又不言也；〔一〕君作元首，臣爲股肱，存亡一體，得失同之。《孝經》曰：[60]'天子有爭臣七人，[61]雖無道不失其天下。'臣雖駑怯，敢忘爭臣之義？言不切至，不足以感寤陛下。陛下不察臣言，恐皇祖烈考之祚，將墜于地。使臣身死有補萬一，則死之日，猶生之年也。謹叩棺沐浴,伏俟重誅。"奏御,天子感其忠言,手筆詔答。每朝廷會議,阜常侃然以天下爲己任。數諫争,不聽,乃屢乞遜位,未許。會卒,家無餘財。孫豹嗣。

〔一〕臣松之以爲忠至之道,以亡己爲理。是以匡救其惡,不爲身計。而阜表云"使國亡而臣可以獨存,臣又不言也",此則發憤爲己,豈爲國哉?斯言也,豈不傷謹烈之義,爲一表之病乎!

[1] 金城:郡名。治所允吾縣,在今甘肅永靖縣西北湟水南岸。

[2] 武都:郡名。治所下辯縣,在今甘肅成縣西。

[3] 龔遂:西漢山陽郡南平陽縣(今山東鄒城市)人。漢宣帝時,渤海郡及附近各郡饑荒,農民紛紛起事反抗。朝廷任龔遂爲渤海太守。遂到郡後,開倉借糧,獎勵農桑,農民歸田,獄訟大減。(見《漢書》卷八九《龔遂傳》)

[4] 沮道:治所在今陝西略陽縣東。趙一清《注補》云:"此云沮道,縣有蠻夷謂之道,或漢末所增。"

[5] 氐:校點本1982年7月第2版誤作"氏",百衲本、殿本、盧弼《集解》本、校點本1959年12月第1版均作"氐"。氐,少數民族名。較集中地分佈於今陝西、甘肅、四川鄰近之地區。

[6] 女倡:歌舞女。 羅縠(hú):輕軟稀疏透明的絲織品。 蹋鼓:古代歌舞者舞於鼓上,踏步與鼓聲合拍的一種舞蹈。

[7] 氐:校點本1982年7月第2版誤作"氏"。

[8] 京兆:郡名。治所長安縣,在今陝西西安市西北。 扶風:郡名。治所槐里縣,在今陝西興平市東南。

[9] 小槐里:城邑名。故址在今陝西武功縣東。

[10] 城門校尉:官名。秩比二千石,第四品,掌洛陽十二城

門。(本洪飴孫《三國職官表》)

［11］繡裲：百衲本、殿本作"裲",盧弼《集解》本、校點本作"繡裲",《宋書·五行志一》亦作"繡帽"。"裲"與"帽"同,今從《集解》本等。

［12］縹綾半褎：百衲本、殿本作"縹綾半褎袖",盧弼《集解》、校點本作"縹綾半褎",《宋書·五行志一》作"縹紈半袖"。按,"褎"爲"袖"之本字,今從《集解》本等。縹綾,極薄而有彩紋的淡青色絲織品。

［13］法服：禮法規定的制服。賈山《至言》云："故古之君人者於其臣也,可謂盡禮矣;服法服,端容貌,正顔色,然後見之。"(《漢書》卷五一《賈山傳》)

［14］將作大匠：官名。漢代秩二千石,掌宫室、宗廟、陵寢及其他土木之營建。曹魏沿置,第三品。

［15］堯舜聖德：《後漢書》卷五四《楊震傳》：楊震上疏云："臣聞堯、舜之世,諫鼓謗木,立之於朝。"李賢注引《帝王紀》曰："堯置敢諫之鼓,舜立誹謗之木。"

［16］大禹勤功：《論語·泰伯》：子曰："禹,吾無間然矣。菲飲食而致孝乎鬼神,惡衣服而致美乎黻冕,卑宫室而盡力乎溝洫。禹,吾無間然矣。"

［17］成湯遭旱：《吕氏春秋·季秋紀·順民》："昔者湯克夏而正天下,天大旱,五年不收。湯乃以身禱於桑林,曰：'余一人有罪,無及萬夫,萬夫有罪,在余一人,無以一人之不敏,使上帝神鬼傷民之命。'"

［18］周文刑於寡妻：謂周文王以禮法對待自己的嫡妻。《詩·大雅·思齊》："刑于寡妻,至于兄弟,以御于家邦。"

［19］漢文躬行節儉：《漢書·文帝紀》贊云："孝文皇帝即位二十三年,宫室苑囿車騎服御無所增益。有不便,輒弛以利民。嘗欲作露臺,召匠計之,直百金。上曰：'百金,中人十家之産也。吾奉先帝宫室,常恐羞之,何以臺爲!'身衣弋綈,所幸慎夫人衣

不曳地，帷帳無文繡，以示敦樸，爲天下先。"

［20］令問：好名聲。

［21］克終之元緒：趙幼文《校箋》云："《漢書·董仲舒傳》：'元者，辭之所謂大也。'《詩·魯頌·閟宮》：'纘禹之緒。'傳：'緒，業也。'是元緒猶大業。"

［22］不廢高祖之法文景之恭儉：盧弼《集解》云："錢大昭曰：'法字上下疑有脱字。'弼按《通鑑》'法'下有'度'字。"周壽昌《注證遺》則云："以'不廢'二字貫下讀，義亦可通。"趙幼文《校箋》又謂《册府元龜》卷五三八引重"法"字。疑此當作"不廢高祖之法度，法文，景之恭儉"。按，周説是，今從之。

［23］卒暴：胡金華《校詁》云："謂突然而來。"

［24］出惠帝美人：《漢書》卷二《文帝紀》：前元十二年（前168）"二月，出孝惠皇帝後宮美人，令得嫁"。

［25］書曰：見《尚書·堯典》。

［26］九族：孔傳："九族，上自高祖，下至玄孫，凡九族。"

［27］熙熙：和睦歡樂之貌。

［28］堯舜其猶病諸：堯、舜或者都難以做到。《論語·雍也》：子曰："何事於仁！必也聖乎！堯、舜其猶病諸！"

［29］不齒：不被任用。

［30］少府：官名。秩中二千石。東漢時，掌宮中御衣、寶貨、珍膳等。魏、晋沿之，主要管理宮廷手工業。三品。

［31］大司馬：官名。魏文帝黃初二年（221）置，爲上公，位在三公上，第一品，掌武事。

［32］赤烏之符：《吕氏春秋·有始覽·應同》："及文王之時，天先見火，赤烏銜丹書集於周社，文王曰：'火氣勝。'火氣勝，故其色尚赤，其事則火。代火者必將水。"

［33］白魚入舟：《史記》卷四《周本紀》："武王渡河，中流，白魚躍入王舟中，武王俯取以祭。既渡，有火自上復於下，至於王屋，流爲烏，其色赤，其聲魄云。是時，諸侯不期而會盟津者八

百。諸侯皆曰：'紂可伐矣。'武王曰：'女未知天命，未可也。'乃還師歸。"

[34] 側席而坐：謂坐不安穩。《禮記·曲禮上》："有憂者側席而坐。"

[35] 稽閡（hé）：停留阻隔。

[36] 以：同"已"。

[37] 傳曰：此說見《左傳·宣公十二年》隨武子語。

[38] 主兵：猶領兵，統帥軍隊。如《史記》卷九《呂太后本紀》："太尉絳侯勃不得入軍中主兵。"盧弼《集解》則云："《通鑑》'主'作'王'。胡注：'王兵，王者之兵也。'"

[39] 邵信臣：西漢九江壽春（今安徽壽縣）人。漢元帝末任少府。《漢書》卷八九《召信臣傳》云："竟寧中，徵爲少府，列於九卿，奏請上林諸離遠宫館稀幸御者，勿復繕治共張；又奏省樂府黃門倡優諸戲，及宫館兵弩什器減過泰半。太官園種冬生葱韭菜茹，覆以屋廡，晝夜燃蘊火，待溫氣乃生，信臣以爲此皆不時之物，有傷於人，不宜以奉供養，及它非法食物，悉奏罷，省費歲數千萬。"

[40] 苛政甚於猛虎：此語見《禮記·檀弓下》，而原文作"苛政猛於虎"。

[41] 欲省：趙幼文《校箋》謂《白孔六帖》卷七五引"欲"字作"請"。按，《藝文類聚》卷四九引亦作"欲"。

[42] 御府吏：官名。御府典官奴婢、製作及補浣皇宫所用衣服，置令一人，六百石，第七品。漢又有員吏七人，吏從官三十人。趙幼文《校箋》則謂《藝文類聚》卷四九、《太平御覽》卷六五〇引"吏"字作"史"。

[43] 反與：趙幼文《校箋》謂《白孔六帖》卷七五引"反"字作"乃"。

[44] 許宫：趙幼文《校箋》謂《群書治要》卷二六引"許"下有"昌"字。

［45］茅茨：茅草屋頂。《韓非子·五蠹》："堯之王天下也，有茅茨不翦，采椽不斲。"

［46］堂崇：堂高。《周禮·考工記》："殷人重屋，堂修七尋，堂崇三尺。"

［47］筵：竹編席。《周禮·考工記》："周人明堂，度九尺之筵，東西九筵，南北七筵，堂崇一筵。"

［48］琁室、象廊：《淮南子·本經訓》："晚世之時，帝有桀、紂，爲琁室、瑶臺、象廊、玉牀。"高誘注："琁、瑶，石之似玉，以飾室、臺也。用象牙飾廊殿，以玉爲牀。言淫役也。"

［49］傾宮：高聳華麗之宮室。《列子·楊朱》："紂亦藉累世之資，居南面之尊，威無不行，志無不從，肆情於傾宮，縱欲於長夜。" 鹿臺：遺址在今河南淇縣城中。劉向《新序·刺奢》："紂爲鹿臺，七年而成，其大三里，高千尺，臨望雲雨。"

［50］章華：宮名與臺名。遺址在今湖北潛江市西南龍灣區沱口鄉。《左傳·昭公七年》謂楚靈王"及即位，爲章華之宮，納亡人以實之"。又云："楚子成章華之臺，願與諸侯落之。"後來楚靈王伐徐，駐於乾谿，國內發生政變另立王，靈王不能歸，遂餓死於山中。（見《史記》卷四〇《楚世家》）

［51］阿房（páng）：即阿房宮，秦宮殿名。宮之前殿築於秦始皇三十五（前212）年。遺址在今陝西西安市西阿房村。秦亡時全部工程尚未完成，故未正式命名。因作前殿阿房，時人即稱之爲阿房宮。秦亡，爲項羽焚毀。（見《史記》卷六《秦始皇本紀》）

［52］高高在上：謂上天。《詩·周頌·敬之》："無曰高高在上，陟降厥士，日監在兹。"鄭箋："無謂天高又高在上，遠人而不畏也。"

［53］后德：君主之德。

［54］夙夜敬止：《詩·周頌·閔予小子》："維予小子，夙夜敬止。"鄭箋："夙，早。敬，慎也。我小子早夜慎行祖考之道，不敢懈倦也。"

[55] 允恭：誠信而恭勤。《尚書·堯典》："允恭克讓，光被四表。"孔傳："允，信。"孔穎達疏引鄭玄曰："不懈於位曰恭。"

[56] 易曰：此《易·豐卦》上六之爻辭。譬喻人閉藏在高大房屋里，又用席簾將家完全遮蔽，更加黑暗，從門縫窺視，看不到人影。如此孤立之情象，自然凶險。

[57] 豐其屋：房屋建得很高大。

[58] 蔀（bù）其家：謂以席蔀覆蓋其家以遮蔽陽光。

[59] 闃（qù）：寂靜。

[60] 孝經曰：此《孝經·諫諍章》之語。

[61] 爭臣：唐玄宗注："爭，謂諫也。雖言無道，爲有爭臣，則終不至失天下亡家國也。"

高堂隆字升平，泰山平陽人，[1]魯高堂生後也。[2]少爲諸生，泰山太守薛悌命爲督郵。[3]郡督軍與悌爭論，[4]名悌而呵之。隆按劍叱督軍曰："昔魯定見侮，[5]仲尼歷階；趙彈秦箏，相如進缶。[6]臨臣名君，義之所討也。"督軍失色，悌驚起止之。後去吏，避地濟南。[7]

建安十八年，太祖召爲丞相軍議掾，[8]後爲歷城侯徽文學，[9]轉爲相。[10]徽遭太祖喪，不哀，反游獵馳騁；[11]隆以義正諫，甚得輔導之節。黄初中，爲堂陽長，[12]以選爲平原王傅。[13]王即尊位，是爲明帝。以隆爲給事中、博士、駙馬都尉。[14]帝初踐阼，羣臣或以爲宜饗會，隆曰："唐、虞有遏密之哀，[15]高宗有不言之思，[16]是以至德雍熙，[17]光于四海。"以爲不宜爲會，帝敬納之。遷陳留太守。[18]犢民西牧，[19]年七十餘，有至行，舉爲計曹掾；[20]帝嘉之，[21]特除郎中以

顯焉。[22]徵隆爲散騎常侍,[23]賜爵關內侯。[一]

[一]《魏略》曰:太史上漢曆不及天時,[24]因更推步弦望朔晦,[25]爲太和曆。[26]帝以隆學問優深,於天文又精,乃詔使隆與尚書郎楊偉、太史待詔駱祿參共推校。[27]偉、祿是太史,隆故據舊曆更相劾奏,紛紜數歲,偉稱祿得日蝕而月晦不盡,隆不得日蝕而月晦盡,詔從太史。隆所爭雖不得,而遠近猶知其精微也。

[1] 升平:趙幼文《校箋》謂《北堂書鈔》卷六七、《太平御覽》卷二五三引"升"字作"叔"。按,《北堂書鈔》卷七二六引亦作"升"。 平陽:縣名。西漢名東平陽縣,東漢省,魏復置。治所在今山東新泰市。(本吳增僅《三國郡縣表附考證》)

[2] 高堂生:西漢初魯人。《漢書》卷八八《儒林傳序》謂漢興,"言《禮》,則魯高堂生"。又《儒林毛公傳》云:"漢興,魯高堂生傳《士禮》十七篇,而魯徐生善爲頌。"

[3] 督郵:官名。本名督郵書掾(或督郵曹掾),省稱督郵掾、督郵。漢置,郡府屬吏,秩六百石。主要職掌除督送郵書外,又代表郡守督察屬縣,宣達教令,並兼司獄訟捕亡等。每郡督郵皆分部,有二部、三部、四部、五部不等。

[4] 督軍:官名。建安中曹操置,統兵,權任較重,位在郡守之上。魏沿置。

[5] 魯定:指春秋時魯定公。《史記》卷四七《孔子世家》載:魯定公十年(前500)春,魯國與齊國媾和。夏天,魯定公與齊景公會於夾谷(在今山東萊蕪市西南),孔子相禮。"齊有司趨而進曰:'請奏四方之樂。'景公曰:'諾。'於是旍旄羽被矛戟劍撥鼓噪而至。孔子趨而進,歷階而登,不盡一等,舉袂而言曰:'吾兩君爲好會,夷狄之樂何爲於此!請命有司!'"齊景公即命撤去。不久,"齊有司趨而進曰:'請奏宮中之樂。'景公曰:'諾。'

優倡侏儒爲戲而前。孔子趨而進，歷階而登，不盡一等，曰：'匹夫而營惑諸侯者罪當誅！請命有司！'有司加法焉，手足異處"。

[6] 相如：指藺相如。《史記》卷八一《廉頗藺相如列傳》載：趙惠文王二十年（前318）與秦昭王會於澠池（今河南澠池縣西），"秦王飲酒酣，曰：'寡人竊聞趙王好音，請奏瑟。'趙王鼓瑟。秦御史前書曰'某年月日，秦王與趙王會飲，令趙王鼓瑟'。藺相如前曰：'趙王竊聞秦王善爲秦聲，請奏盆缻秦王，以相娛樂。'秦王怒，不許。於是相如前進缻，因跪請秦王。秦王不肯擊缻。相如曰：'五步之内，相如請得以頸血濺大王矣！'左右欲刃相如，相如張目叱之，左右皆靡。於是秦王不懌，爲一擊缻。相如顧召趙御史書曰'某年月日，秦王爲趙王擊缻'"。抵制了秦王對趙王之侮辱。

[7] 濟南：王國名。治所東平陵縣，在今山東章丘市西北。

[8] 丞相軍議掾：官名。曹操丞相府之屬吏，主參議軍政。趙幼文《校箋》謂《册府元龜》卷七二六引"議"字作"謀"。

[9] 歷城侯徽：曹徽於建安二十二年（217）封爲歷城侯。見本書卷二〇《武文世王公傳》。　文學：官名。侯國所置。此爲文學侍從之官。魏文帝代漢後，則爲監視諸侯之官。

[10] 相：官名。侯國相由朝廷委派，執掌侯國行政大權，相當於縣令、長。

[11] 反：百衲本作"及"，殿本、盧弼《集解》本、校點本作"反"。今從殿本等。

[12] 堂陽：縣名。治所在今河北新河縣西北。

[13] 傅：官名。王國之屬官，第六品，爲諸王師，掌輔導之事。

[14] 給事中：官名。第五品。位在散騎常侍下，給事黃門侍郎上，或爲加官，或爲正官，無定員。　博士：官名。此指太常博士，魏置四人，秩比六百石，第六品，屬太常。掌引導乘輿，王公以下應追謚者議定之。　駙馬都尉：官名。秩比二千石，掌皇帝副

車之馬。曹魏時第六品，無定員或爲加官。

［15］遏密：停止。《尚書·堯典》謂堯死後，"百姓如喪考妣，三載，四海遏密八音"。 孔傳："遏，絶；密，静也。"孔穎達疏："四海之人，蠻、夷、戎、狄，皆絶静八音而不復作樂。"

［16］高宗：指殷高宗武丁。武丁乃帝小乙之子。《尚書·無逸》："其在高宗時，舊勞于外，爰暨小人，作其即位，乃或亮陰，三年不言。"孔傳："武丁起其即王位，則小乙死，乃有信默，三年不言。言孝行者。"

［17］雍熙：謂和樂升平。《文選》張平子《東京賦》"上下共其雍熙"，薛綜注："上下咸悦，故能雍和而廣也。"

［18］陳留：郡名。治所陳留縣，在今河南開封市東南。

［19］犢民：放牛人。

［20］計曹掾：官名。曹魏於郡太守府置計曹，掾爲其長官。

［21］帝嘉之：百衲本"嘉"字作"加"，殿本、盧弼《集解》本、校點本作"嘉"。今從殿本等。

［22］郎中：官名。東漢時秩比三百石，分隸五官、左、右三署中郎將，名義上備宿衛，實爲後備官吏人材。魏、晉雖罷五官、左、右三署中郎將，仍置郎中，州郡所舉秀才、孝廉，多先授郎中，再出補長吏。

［23］散騎常侍：官名。秩比二千石，第三品。典章表詔命手筆之事，與侍中、黃門侍郎等共平尚書奏事。

［24］太史：官名。即太史令。東漢秩六百石，屬太常。掌天時、星曆，歲終奏新曆，國祭、喪、嫁娶奏良日及時節禁忌，有瑞應、灾異則記之。曹魏沿置，第六品。 上漢曆：趙幼文《校箋》謂《太平御覽》卷一六引"上"下有"言"字。

［25］推步：推算天象曆法。古人認爲日月運轉於天，猶如人之行步，可推算而知。 弦：指農曆每月初七、八與二十二、三。因此時月亮半圓形，有如弓弦。《釋名·釋天》云："弦，月半圓之名也。其形一旁曲一旁直，若張弓施弦也。"初七、八又稱"上

弦"，二十二、三稱"下弦"。　望：指農曆每月十五（有時爲十六或十七日），月亮圓滿之時。《釋名·釋天》云："望，月滿之名也。月大十六日，小十五日，日在東，月在西，遥相望也。"　朔：指農曆每月初一。《釋名·釋天》云："朔，蘇也。月死復蘇生也。"　晦：指農曆每月最後一日。《釋名·釋天》云："晦，灰也。火死爲灰，月光盡，似之也。"

[26] 太和曆：姚振宗《三國藝文志》云："此是太和中太史所上者，行用數年，即改用《景初曆》。參考《魏略》及楊偉《上景初曆表》，知是曆亦仍用後漢《四分曆》，別更推步，改名《太和曆》。"

[27] 尚書郎：官名。東漢之制，取孝廉之有才能者入尚書臺，初入臺稱守尚書郎中，滿一年稱尚書郎，三年稱侍郎，統稱尚書郎。曹魏襲之，而分曹有異。曹魏有殿中、吏部、駕部、度支等二十五郎，秩皆四百石，第六品，主作文書起草。　太史待詔：官名。屬太史令，掌觀測天文，推算曆法。

青龍中，大治殿舍，西取長安大鐘。[1]隆上疏曰："昔周景王不儀刑文、武之明德，[2]忽公旦之聖制，[3]既鑄大錢，又作大鐘，[4]單穆公諫而弗聽，泠州鳩對而弗從，[5]遂迷不反，周德以衰，良史記焉，以爲永鑒。然今之小人，好説秦、漢之奢靡以盪聖心，求取亡國不度之器，[6]勞役費損，以傷德政，非所以興禮樂之和，保神明之休也。"是日，帝幸上方，[7]隆與卞蘭從。[8]帝以隆表授蘭，使難隆曰："興衰在政，樂何爲也？化之不明，豈鐘之罪？"隆曰："夫禮樂者，爲治之大本也。故簫韶九成，[9]鳳皇來儀，[10]雷鼓六變，[11]天神以降，政是以平，刑是以錯，[12]和之至也。新聲發響，商辛以隕，[13]大鐘既鑄，周景以弊，存亡之機，恒由斯作，安在廢興之不階也？君舉必書，[14]古之道也，作而不法，何以示後？聖王樂聞其闕，故有箴規之道；[15]忠臣願竭其節，故有匪躬之義也。"[16]帝稱善。

遷侍中，猶領太史令。崇華殿災，詔問隆："此何咎？於禮，寧有祈禳之義乎？"隆對曰："夫災變之發，皆所以明教誡也，惟率禮脩德，可以勝之。《易傳》曰：[17]'上不儉，下不節，孽火燒其室。'又曰：'君高其臺，天火為災。'此人君苟飾宮室，不知百姓空竭，故天應之以旱，火從高殿起也。上天降鑒，故譴告陛下；陛下宜增崇人道，以答天意。昔太戊有桑穀生於朝，[18]武丁有雊雉登於鼎，[19]皆聞災恐懼，側身脩德，三年之後，遠夷朝貢，故號曰中宗、高宗。此則前代之明鑒也。今案舊占，災火之發，皆以臺榭宮室為誡。然今宮室之所以充廣者，實由宮人猥多之故。宜簡擇留其淑懿，如周之制，[20]罷省其餘。此則祖己之所以訓高宗，[21]高宗之所以享遠號也。"詔問隆："吾聞漢武帝時，柏梁災，[22]而大起宮殿以厭之，其義云何？"隆對曰："臣聞《西京》：[23]'柏梁既災，越巫陳方，建章是經，以厭火祥。'乃夷越之巫所為，非聖賢之明訓也。《五行志》曰：[24]'柏梁災，其後有江充巫蠱（也）衛太子事。'[25]如《志》之言，越巫建章無所厭也。孔子曰：[26]'災者脩類應行，[27]精祲相感，[28]以戒人君。'是以聖主覩災責躬，退而脩德，以消復之。今宜罷散民役。宮室之制，務從約節，内足以待風雨，外足以講禮儀。清埽所災之處，不敢於此有所立作，蓍莆、嘉禾必生此地，[29]以報陛下虔恭之德。豈可疲民之力，竭民之財！實非所以致符瑞而懷遠人也。"帝遂復崇華殿，時郡國有九龍見，[30]故改曰九龍殿。

陵霄闕始構，有鵲巢其上，帝以問隆，對曰："《詩》云'維鵲有巢，[31]維鳩居之'。[32]今興宮室，起陵霄闕，而鵲巢之，此宮室未成身不得居之象也。天意若曰，[33]宮室未成，將有他姓制御之，斯乃上天之戒也。夫天道無親，惟與善人，不可不深防，不可不深慮。夏、商之季，皆繼體也，[34]不欽承上天之明命，惟讒諂是從，廢德適欲，故其亡也忽焉。太戊、武丁，覩災竦懼，祗承天戒，故其興也勃焉。今若休罷百役，儉以足用，增崇德政，動遵帝則，除普天之所患，興兆民之所利，三王可四，[35]五帝可六，[36]豈惟殷宗轉禍為福而已哉！臣備腹心，苟可以繁祉聖躬，[37]安存社稷，臣雖灰身破族，猶生之年也。豈憚忤逆之災，而令陛下不聞至言乎？"于是帝改容動色。

是歲，有星孛于大辰。[38]隆上疏曰："凡帝王徙都立邑，皆先定天地、社稷之位，[39]敬恭以奉之。將營宮室，則宗廟為先，厩庫為次，居室為後。今圜丘、方澤、南北郊、明堂、社稷，[40]神位未定，宗廟之制又未如禮，而崇飾居室，[41]士民失業。外人咸云'宮人之用，與興戎軍國之費，所盡略齊'，民不堪命，皆有怨怒。《書》曰'天聰明自我民聰明,[42]天明畏自我民明威',[43]興人作頌,[44]則響以五福,[45]民怒吁嗟,則威以六極,[46]言天之賞罰,隨民言,順民心也。是以臨政務在安民爲先,然後稽古之化,格于上下,[47]自古及今,未嘗不然也。夫采椽卑宮,[48]唐、虞、大禹之所以垂皇風也;[49]玉臺瓊室,夏癸、商辛之所以犯昊天也。[50]今之宮室,實違禮度,乃更建立九龍,華飾過前。天彗章灼,始起於房心,[51]犯帝坐而干紫微,[52]此乃皇天子愛陛下,是以發教戒之象,始卒皆於尊位,[53]殷勤鄭重,欲必覺寤陛下;斯乃慈父懇切之訓,宜崇孝子祗聳之禮,以率先天下,以昭示後昆,不宜有忽,以重天怒。"

時軍國多事,用法深重。隆上疏曰:"夫拓跡垂統,[54]必俟聖明,輔世匡治,亦須良佐,用能庶績其凝而品物康乂也。[55]夫移風易俗,宣明道化,使四表同風,回首面内,德教光熙,[56]九服慕義,[57]固非俗吏之所能也。今有司務糾刑書,[58]不本大道,是以刑用而不措,俗弊而不敦。宜崇禮樂,班敘明堂,修三雍、大射、養老,[59]營建郊廟,尊儒士,舉逸民,[60]表章制度,改正朔,易服色,[61]布愷悌,[62]尚儉素,然後備禮封禪,[63]歸功天地,使雅頌之聲盈于六合,緝熙之化混于後嗣。[64]斯蓋至治之美事,不朽之貴業也。然九域之内,可揖讓而治,尚何憂哉!不正其本而救其末,譬猶棼絲,[65]非政理也。可命羣公卿士通儒,造具其事,以爲典式。"隆又以爲改正朔,易服色，殊徽號，[66]異器械，自古帝王所以神明其政，變民耳目，故三春稱王，[67]明三統也。[68]於是敷演舊章，奏而改焉。帝從其議，改青龍五年春三月爲景初元年孟夏四月，服色尚黃，犧牲用白，從地正也。

遷光禄勳。[69]帝愈增崇宫殿，彫飾觀閣，鑿太行之石英，[70]采穀城之文石，[71]起景陽山於芳林之園，[72]建昭陽殿於太極之北，[73]鑄作黃龍鳳皇奇偉之獸，飾金墉、陵雲臺、陵霄闕。[74]百役繁興，作者萬數，公卿以下至于學生，莫不展力，帝乃躬自掘土以率之。而遼東不朝。[75]悼皇后崩。[76]天作淫雨，冀州水出，漂没民物。隆上疏切諫曰：

蓋"天地之大德曰生，[77]聖人之大寶曰位；[78]何以守位？曰仁；何以聚人？曰財"。然則士民者，乃國家之鎮也；穀帛者，乃士民之命也。穀帛非造化不育，[79]非人力不成。是以帝耕以勸農，[80]后桑以成服，[81]所以昭事上帝，告虔報施也。昔在伊唐，[82]世值陽九厄運之會，[83]洪水滔天，使鯀治之，[84]績用不成，乃舉文命，[85]隨山刊木，前後歷年二十二載。[86]災害之甚，莫過於彼，力役之興，莫久於此，堯、舜君臣，南面而已。禹敷九州，[87]庶士庸勳，各有等差，君子小人，物有服章。[88]今無若時之急，而使公卿大夫並與廝徒共供事役，聞之四夷，非嘉聲也，垂之竹帛，非令名也。是以有國有家者，近取諸身，遠取諸物，嫗煦養育，[89]故稱"愷悌君子，[90]民之父母"。今上下勞役，疾病凶荒，耕稼者寡，饑饉荐臻，無以卒歲；宜加愍卹，以救其困。

臣觀在昔書籍所載，天人之際，未有不應也。是以古先哲王，畏上天之明命，循陰陽之逆順，矜矜業業，惟恐有違。然後治道用興，德與神符，災異既發，懼而脩政，未有不延期流祚者也。爰及末葉，闇君荒主，不崇先王之令軌，不納正士之直言，以遂其情志，恬忽變戒，未有不尋踐禍難，至於顛覆者也。

天道既著，請以人道論之。夫六情五性，[91]同在於人，嗜欲廉貞，各居其一。及其動也，交爭于心。欲彊質弱，則縱濫不禁；精誠不制，則放溢無極。夫情之所在，非好則美，而美好之集，非人力不成，非穀帛不立。情苟無極，則人不堪其勞，物不充其求。勞求並至，將起禍亂。故不割情，無以相供。仲尼云：[92]"人無遠慮，必有近憂。"由此觀之，禮義之制，非苟拘分，將以遠害而興治也。

今吳、蜀二賊，非徒白地小虜、聚邑之寇，[93]乃據險乘流，跨有士衆，僭號稱帝，欲與中國爭衡。今若有人來告，權、(備)〔禪〕並脩德政，[94]復履清儉，輕省租賦，不治玩好，動咨耆賢，事遵禮度。陛下聞之，豈不惕然惡其如此，以爲難卒討滅，而爲國憂乎？若使告者曰，彼二賊並爲無道，崇侈無度，役其士民，重其徵賦，下不堪命，吁嗟日甚。陛下聞之，豈不勃然忿其困我無辜之民，而欲速加之誅，其次，豈不幸彼疲弊而取之不難乎？苟如此，則可易心而度，事義之數亦不遠矣。

且秦始皇不築道德之基，而築阿房之宮，不憂蕭牆之變，[95]而脩長城之役。當其君臣爲此計也，亦欲立萬世之業，使子孫長有天下，豈意一朝匹夫大呼，而天下傾覆哉？故臣以爲使先代之君知其所行必將至於敗，則弗爲之矣。是以亡國之主自謂不亡，然後至於亡；賢聖之君自謂將亡，然後至於不亡。昔漢文帝稱爲賢主，躬行約儉，惠下養民，而賈誼方之，[96]以爲天下倒縣，可爲痛哭者一，可爲流涕者二，可爲長歎息者三。況今天下彫弊，民無儋石之儲，[97]國無終年之畜，外有彊敵，六軍暴邊，內興土功，州郡騷動，若有寇警，則臣懼版築之士不能投命虜庭矣。[98]

又，將吏奉禄，稍見折減，方之於昔，五分居一；諸受休者又絕廩賜，不應輸者今皆出半：此爲官入兼多於舊，其所出與參少於昔。[99]而度支經用，更每不足，牛肉小賦，前後相繼。反而推之，凡此諸費，必有所在。且夫禄賜穀帛，人主所以惠養吏民而爲之司命者也，若今有廢，[100]是奪其命矣。既得之而又失之，此生怨之府也。《周禮》，(天)〔太〕府掌九(伐)〔賦〕之(則)〔財〕，[101]以給九式之用，[102]入有其分，出有其所，不相干乘而用各足。各足之後，乃以式貢之餘，[103]供王玩好。又上用財，必考于司會。[104]會音鱠。今陛下所與共坐廊廟治天下者，[105]非三司九列，[106]則臺閣近臣，[107]皆腹心造膝，宜在無諱。若見豐省而不敢以告，從命奔走，惟恐不勝，是則具臣，[108]非鯁輔也。昔李斯教秦二世曰：[109]"爲人主而不恣睢，[110]命之曰天下桎梏。"二世用之，秦國以覆，斯亦滅族。是以史遷議其不正諫，[111]而爲世誡。

書奏，帝覽焉，謂中書監、令曰："觀隆此奏，使朕懼哉！"

隆疾篤，口占上疏曰：[112]

曾子有疾，孟敬子問之。[113]曾子曰："鳥之將死，其鳴也哀；人之將死，其言也善。"臣寢疾病，有增無損，常懼奄忽，忠款不昭。臣之丹誠，豈惟曾子，願陛下少垂省覽！渙然改往事之過謬，勃然興來事之淵塞，[114]使神人嚮應，殊方慕義，四靈效珍，[115]玉衡曜精，[116]則三王可邁，五帝可越，非徒繼體守文而已也。

臣常疾世主莫不思紹堯、舜、湯、武之治，而蹈踵桀、紂、幽、厲之跡，[117]莫不蚩笑季世惑亂亡國之主，而不登踐虞、夏、殷、周之軌。悲夫！以若所爲，求若所致，[118]猶緣木求魚，煎水作冰，其不可得，明矣。尋觀三代之有天下也，聖賢相承，歷載數百，尺土莫非其有，一民莫非其臣，萬國咸寧，九有有截；[119]鹿臺之金，巨橋之粟，[120]無所用之，仍舊南面，夫何爲哉！然癸、辛之徒，恃其旅力，知足以拒諫，才足以飾非，諂諛是尚，臺觀是崇，淫樂是好，倡優是說，作靡靡之樂，安濮上之音。[121]上天不蠲，眷然回顧，宗國爲墟，（不）〔下〕夷于隸，[122]紂縣白旗，[123]桀放鳴條；[124]天子之尊，湯、武有之，豈伊異人，[125]皆明王之胄也。且當六國之時，天下殷熾，秦既兼之，不脩聖道，乃構阿房之宮，築長城之守，矜夸中國，威服百蠻，天下震悚，道路以目；自謂本枝百葉，永垂洪暉，豈寤二世而滅，社稷崩圮哉？近漢孝武乘文、景之福，外攘夷狄，内興宮殿，十餘年間，天下囂然。乃信越巫，懟天遷怒，起建章之宮，千門萬戶，卒致江充妖蠱之變，至於宮室乖離，父子相殘，殃咎之毒，禍流數世。

臣觀黃初之際，天兆其戒，異類之鳥，育長燕巢，口爪胸赤，此魏室之大異也，[126]宜防鷹揚之臣於蕭牆之内。[127]可選諸王，使君國典兵，往往碁跱，鎮撫皇畿，翼亮帝室。昔周之東遷，晋、鄭是依，[128]漢呂之亂，實賴朱虛，[129]斯蓋前代之明鑒。夫皇天無親，惟德是輔。民詠德政，則延期過歷，[130]下有怨歎，掇錄授能。[131]由此觀之，天下之天下，非獨陛下之天下也。臣百疾所鍾，氣力稍微，輒自輿出，歸還里舍，若遂沈淪，[132]

魂而有知，結草以報。[133]

詔曰："生廉侔伯夷，[134]直過史魚，[135]執心堅白，[136]謇謇匪躬，[137]如何微疾未除，退身里舍？昔邴吉以陰德，[138]疾除而延壽；貢禹以守節，[139]疾篤而濟愈。生其彊飯專精以自持。"隆卒，遺令薄葬，斂以時服。〔一〕

〔一〕習鑿齒曰：高堂隆可謂忠臣矣。君侈每思諫其惡，將死不忘憂社稷，正辭動於昏主，明戒驗於身後，謇諤足以勵物，德音沒而彌彰，可不謂忠且智乎！《詩》云："聽用我謀，[140]庶無大悔。"又曰："曾是莫聽，[141]大命以傾。"[142]其高堂隆之謂也。

[1] 大鐘：此鐘爲秦始皇所鑄，漢代在長安。潘眉《考證》云："《帝紀》注，徙長安鐘簴在景初元年，與此不同。"

[2] 周景王：東周靈王之子，名貴，在位二十五年（前544—前520）。

[3] 公旦：即周公旦。周公名旦。

[4] 作大鐘：《國語·周語下》謂周景王二十三年，爲了鑄無射樂鐘而將先造大林樂鐘。單穆公諫曰："不可。作重幣以絕民資，又鑄大鐘以鮮其繼。若積聚既喪，又鮮其繼，生何以殖？"周景王不聽，又問樂官伶州鳩，州鳩亦阻止曰："若夫匱財用、罷民力以逞淫心，聽之不和，比之不度，無益於教而離民怒神，非臣之所聞也。"景王亦不聽，終鑄大鐘。而鐘鑄成之次年，周景王即死。

[5] 泠州鳩：殿本、盧弼《集解》本、《國語·周語下》作"伶州鳩"，百衲本、校點本、《左傳·昭公二十一年》作"泠州鳩"。杜預注云："泠，樂官；州鳩，其名也。"《釋文》又云："'泠'或作'伶'。"今從百衲本等。

[6] 亡國不度之器：盧弼《集解》云："謂長安鐘簴、駱駝、銅人、承露盤也。"

［7］上方：同"尚方"，官署名。有中、左、右三尚方，各置令一人，秩皆六百石，第七品。掌製造供應皇帝所用器物。

［8］卞蘭：武宣卞皇后之侄。見本書卷五《武宣卞皇后傳》。

［9］簫韶九成：《尚書·益稷》："簫韶九成，鳳皇來儀。"孔傳："《韶》，舜樂名。言簫見細器之備。雄曰鳳，雌曰皇，靈鳥也。儀，有容儀。備樂九奏而致鳳皇，則餘鳥獸不待九而率舞。"孔穎達疏：《韶》是舜樂，經傳多矣，但餘文不言簫，簫乃樂器，非樂名。簫是樂器之小者，言簫見細器之備，謂作樂之時，小大之器皆備也。成，謂樂曲成也。鄭云成猶終也。每曲一終，必變更奏，故經言九成，傳言九奏。

［10］鳳皇：殿本"皇"字作"凰"，百衲本、盧弼《集解》本、校點本作"皇"。按，二字通。今從百衲本等。

［11］雷鼓：八面鼓。古代祭祀天神所用。《周禮·春官·大司樂》："雷鼓、雷鼗，孤竹之管，雲和之琴瑟，《雲門》之舞，冬日至，於地上之圜丘奏之。若樂六變，則天神皆降，可得而禮矣。"

［12］錯：停止，不用。《史記》卷七〇《張儀列傳》："則秦魏之交可錯矣。"司馬貞《索隱》："錯，停止也。"

［13］商辛：即商紂王。紂王名辛。《史記》卷三《殷本紀》謂紂王"好酒淫樂，嬖於婦人。愛妲己，妲己之言是從。於是使師涓作新淫聲，北里之舞，靡靡之樂"。

［14］君舉必書：《禮記·玉藻》謂天子，"動則左史書之，言則右史書之"。

［15］箴規：勸戒規諫。

［16］匪躬：謂不顧自身，竭盡忠心。《易·蹇卦》六二："王臣蹇蹇，匪躬之故。"孔穎達疏："盡忠於君，匪以私身之故而不往濟君，故曰匪躬之故。"

［17］易傳：胡三省謂此所引《易傳》之語，乃京房《易傳》之辭。（見《通鑑》卷七三魏明帝青龍三年注）京房，西漢經學家，治今文《易》，學於孟喜門人焦延壽。（見《漢書》卷七五

《京房傳》）其講解《周易》之著述今已不存，唯存《京氏易傳》三卷，爲數術之書（見《漢魏叢書》）。

［18］太戊：即殷中宗。《史記·殷本紀》："帝雍己崩，弟太戊立，是爲帝太戊。帝太戊立，伊陟爲相。亳有祥桑穀共生於朝，一暮大拱。帝太戊懼，問伊陟。伊陟曰：'臣聞妖不勝德，帝之政其有闕與？帝其修德。'太戊從之，而祥桑枯死而去"。"殷復興，諸侯歸之，故稱中宗"。

［19］武丁：即殷高宗。《史記·殷本紀》："帝武丁祭成湯，明日，有飛雉登鼎耳而呴，武丁懼。祖己曰：'王勿憂，先修政事。'""武丁修政行德，天下咸歡，殷道復興。帝武丁崩，子帝祖庚立。祖己嘉武丁之以祥雉爲德，立其廟爲高宗。"

［20］周之制：《禮記·昏義》："古者，天子后立六宮、三夫人、九嬪、二十七世婦、八十一御妻，以聽天下之内治，以明章婦順，故天下内和而家理。"

［21］祖己：百衲本作"祖乙"，殿本、盧弼《集解》本作"祖巳"，校點本、《史記·殷本紀》作"祖己"。今從校點本等。

［22］柏梁：臺名。《漢書》卷六《武帝紀》謂元鼎二年（前115）"春，起柏梁臺"。顏師古注："《三輔舊事》云以香柏爲之。"又《史記》卷一二《孝武本紀》謂太初元年（前104）"十一月乙酉，柏梁災"；"（越巫）勇之乃曰：'越俗有火災，復起屋必以大，用勝服之。'於是作建章宫，度爲千門萬户"。

［23］西京：指張平子《西京賦》。文中"建章是經"之"經"，盧弼《集解》謂《續漢書·五行志二》劉昭注引《魏志》作"營"。按，《西京賦》亦作"經"。

［24］五行志：指《漢書·五行志》。

［25］巫蠱：各本"巫蠱"下皆有"也"字，而《漢書·五行志》無，校點本即據以刪之。今從校點本。巫蠱，古代稱巫師使用邪術加害於人爲巫蠱。　衛太子：漢武帝之太子劉據，爲衛皇后所生，故以衛稱之。死謚曰戾，史稱戾太子。漢武帝時，方士和神巫

多聚京都，女巫常出入宫中，教宫人埋木偶祭祀免災。武帝晚年多病，更爲迷信。當時武帝信用江充，江充與太子有矛盾，恐武帝死後被太子所誅，遂趁武帝病於甘泉宫時，上言武帝之病實由巫蠱作祟。武帝即令江充爲使者，入宫掘地搜查，因誣太子宫中得桐木偶。太子畏懼，發兵捕殺江充，又與丞相等戰，失敗後自殺。（見《漢書》卷六三《戾太子傳》、卷四五《江充傳》）

[26] 孔子曰：此孔子語，蓋漢代讖緯書中之言。

[27] 脩：儆戒。　行：指五行。

[28] 精祲（jìn）：陰陽災害之氣。

[29] 萐（shà）莆：傳説中的瑞草。《説文》：「萐莆，瑞草也。堯時生於庖厨，扇暑而凉。」段玉裁注：「《白虎通》曰：'孝道至則萐莆生庖厨。萐莆者，樹名也。其葉大於門扇，不摇自扇，於飲食清凉助供養也。'」　嘉禾：奇異之禾。古人認爲出則吉祥。《史記》卷三三《魯周公世家》：「唐叔得禾，異母同穎，獻之成王，成王命唐叔以餽周公於東土，作《餽禾》。周公既受命禾，嘉天子命，作《嘉禾》。」

[30] 九龍：潘眉《考證》云：「此九龍非一時並見，《宋五行志》以郡國前後言龍見者九。」

[31] 詩：此詩見《詩·召南·鵲巢》。　維：語首助詞。

[32] 鳩：指鳲鳩，後世又名八哥。《本草綱目》云：「八哥居鵲巢。」

[33] 天意：趙幼文《校箋》謂《晉書·五行志》"意"字作"戒"。按，《晉書·五行志中》實作"戒"，而《宋書·五行志三》亦作"意"。

[34] 繼體：謂承繼祖宗的系統、血統。

[35] 三王可四：謂可與三王並列。三王，指夏、商、周三代開國之君。

[36] 五帝：《史記》卷一《五帝本紀》以黄帝、顓頊、帝嚳、堯、舜爲五帝。

［37］繁祉：多福。

［38］孛（bèi）：彗星的別稱。《公羊傳・文公十四年》："孛者何？彗星也。" 大辰：即心宿之中星，又名大火。《左傳・昭公十七年》："冬，有星孛于大辰，西及漢。申須曰：'彗所以除舊佈新也。天事恒象，今除于火，火出必佈焉，諸侯其有火災乎！'"

［39］社稷：帝王所祭祀之土神和穀神。

［40］圜丘：古代帝王冬至祭天之圓壇。後世亦用以祭天地。《周禮・春官・大司樂》："冬日至，於地上之圜丘奏之。"賈公彥疏："土之高者曰丘，取自然之丘。圜者，象天圜也。" 方澤：即方丘。古代帝王夏至日祭地之方壇，因壇設於水澤中，故又云方澤。《周禮・春官・大司樂》："夏日至，於澤中之方丘奏之。"賈公彥疏："地言澤中方丘者，因高以事天，故於地上，因下以事地，故于澤中。取方丘者，水鍾曰澤，不可以水中設祭，故亦取自然之方丘，象地方也。" 南北郊：南郊與北郊。分別爲帝王祭天、祭地之處所。《漢書・郊祀志下》："帝王之事莫大乎承天之序，承天之序莫重於郊祀，故聖王盡心極慮以建其制。祭天於南郊，就陽之義也；瘞地於北郊，即陰之象也。" 明堂：古代帝王宣明政教之處所。凡朝會、祭祀、慶賞、選士、養老、教學等大典，皆於此舉行。

［41］居室：各本皆作"居室"，殿本《考證》云："北宋本作'宮室'。"

［42］天聰明自我民聰明：此語見《尚書・皋陶謨》。蔡沈《集傳》："天之聰明，非有視聽也，因民之視聽以爲聰明。"

［43］天明畏自我民明威：蔡沈《集傳》："威"，古文作"畏"，二字通用。明者，顯其善；畏者，威其惡。天之明畏，非有好惡也，因民之好惡以爲明畏。

［44］輿人：衆人。

［45］嚮以五福：《尚書・洪範》："次九曰嚮用五福，威用六極。"孔傳："言天所以嚮勸人，用五福；所以威沮人，用六極。"

又《尚書·洪範》："五福：一曰壽，二曰富，三曰康寧，四曰攸好德，五曰考終命。"孔穎達疏："五福者，謂人蒙福祐有五事也。一曰壽，年得長也；二曰富，家豐財貨也；三曰康寧，無疾病也；四曰攸好德，性所好者美德也；五曰考終命，成終長短之命，不橫夭也。"

[46] 六極：《尚書·洪範》："六極：一曰凶短折，二曰疾，三曰憂，四曰貧，五曰惡，六曰弱。"孔穎達疏："六極，謂窮極惡事有六：一曰凶短折，遇凶而橫夭性命也；二曰疾，常抱疾病；三曰憂，常多憂；四曰貧，困乏于財；五曰惡，貌狀醜陋；六曰弱，志力尪劣也。"

[47] 格：感通。《字彙·木部》："格，感通也。"

[48] 采椽：櫟木或柞木製的椽子。

[49] 皇風：皇帝之教化。

[50] 夏癸：夏桀。　商辛：商紂。

[51] 房心：星座名。即二十八宿中的房宿與心宿。房宿爲東方蒼龍七宿之第四宿，有星四顆。《晉書·天文志上》云："房四星，爲明堂，天子佈政之宮也，亦四輔也。"心宿爲蒼龍七宿之第五宿，有星三顆。其主星亦稱商星、鶉火、大火、大辰。《晉書·天文志上》云："心三星，天王正位也。中星曰明堂，天子位，爲大辰，主天下之賞罰。"

[52] 帝坐：亦作"帝座"，古星名。屬天市垣。即武仙座α星。　紫微：即紫微垣，爲三垣之一。有星十五顆，分兩列，以北極爲中樞，成屏藩狀。《晉書·天文志上》："紫宮垣十五星，其西蕃七，東蕃八，在北斗北。一曰紫微，大帝之坐也，天子之常居也，主命主度也。"

[53] 尊位：古代認爲以上各星皆爲天子所居之位。

[54] 拓跡：謂開創基業。　垂統：謂將基業留傳下去。

[55] 凝：成，成功。　品物康乂：萬物得以安定和治理。

[56] 光熙：光明。

[57] 九服：王畿以外的九等地區。《周禮·夏官·職方氏》謂方千里爲王畿，其外有侯服、甸服、男服、采服、衛服、蠻服、夷服、鎮服、藩服等。

[58] 務糾刑書：謂單純致力於刑律之督責。

[59] 三雍：辟雍、明堂、靈臺之合稱。爲帝王舉行祭祀、典禮之場所。《後漢書》卷七九《儒林傳序》："中元元年，初建三雍。明帝即位，親行其禮。天子始冠通天，衣日月，備法物之駕，盛清道之儀，坐明堂而朝羣后，登靈臺以望雲物，袒割辟雍之上，尊養三老、五更。饗射禮畢，帝正坐自講，諸儒執經問難於前。"大射：天子爲祭祀、擇士而舉行的射禮。《後漢書》卷五〇《陳敬王羨傳》："鈞立，多不法，遂行天子大射禮。"李賢注："天子將祭，擇士而祭，謂之大射。大射之禮，張三侯，虎侯、熊侯、豹侯，示服猛也，皆以其皮方制之。" 養老：古禮，對年高德重之老者，按時饗酒食而敬禮之。《禮記·王制》："凡養老，有虞氏以燕禮，夏后氏以饗禮，殷人以食禮，周人修而兼用之。"孔穎達疏："皇氏云：'人君養老有四種：一是養三老、五更；二是子孫爲國難而死，王養死者父祖；三是養致仕之老；四是引户校年養庶人之老。'"

[60] 逸民：隱居未出仕之士人。

[61] 服色：指車馬和祭牲之顏色。《禮記·大傳》："改正朔，易服色。"鄭玄注："服色，車馬也。"孔穎達疏："謂夏尚黑，殷尚白，周尚赤，車之輿馬，各用從所尚之正色也。"

[62] 愷悌：和樂平易。《左傳·僖公十二年》："《詩》曰：'愷悌君子，神所勞矣。'"杜預注："愷，樂也；悌，易也。"

[63] 封禪：古代帝王祭天地之大典。在泰山上築土壇祭天，報天之功，稱爲封；又在泰山下之梁父山上辟場祭地，報地之德，稱爲禪。《史記·封禪書》云："自古受命帝王，曷嘗不封禪？"

[64] 混：殿本《考證》謂《册府元龜》作"流"。

[65] 棻（fén）絲：亂絲。

［66］徽號：旗幟的名號。指旗的式樣、圖案、顏色。爲新興朝代或帝王新政的標志之一。

［67］三春：即三正。夏正建寅，以十三月爲正月；殷正建丑，以十二月正月；周正建子，以十一月爲正月。夏、殷、周三代稱王之始，即用不同之三正。

［68］三統：亦即三正。《史記》卷四《周本紀》："今殷王紂乃用其婦人之言，自絶於天，毀壞其三正。"張守節《正義》："三正，三統也。周以建子爲天統，殷以建丑爲地統，夏以建寅爲人統也。"

［69］光禄勳：官名。秩中二千石，第三品。掌宿衛宮殿門户，朝會則皆禁止，及主諸郎之在殿中侍衛者。（本洪飴孫《三國職官表》）

［70］太行：盧弼《集解》本作"太山"，百衲本、殿本、校點本作"太行"。今從百衲本等。太行，山名。即今太行山，綿亘今山西、河南、河北三省界。　石英：礦物名。質地堅硬而脆，其透明晶體者，稱水晶。

［71］穀城：山名。一名黄山。在今山東平陰縣西南。

［72］芳林：芳林園在魏都洛陽，在今河南洛陽市東白馬寺一帶。魏少帝齊王芳時改名華林園。

［73］太極：殿名。《水經·穀水注》："魏明帝上法太極，於洛陽宮起太極殿於漢崇德殿之故處。"

［74］金墉：城名。魏明帝時建，在魏、晋洛陽故城西北隅，今河南洛陽市東北。　陵雲臺：魏文帝時建造，在魏洛陽城中金市之東，爲全木結構，登臺可觀望山川景色。詳見本書卷二《文帝紀》黄初二年"陵雲臺"注。

［75］遼東不朝：指遼東公孫淵發兵反。

［76］悼皇后：即毛皇后。景初元年（237）被賜死。見本書卷五《后妃傳》。

［77］蓋："蓋"以下引文，見《易·繫辭下》。

［78］大寶：百衲本作"太寶"，殿本、盧弼《集解》本、校點本作"大寶"。今從殿本等。

［79］造化：指自然界的創造化育。

［80］帝耕：指皇帝耕藉田。《禮記·月令》：孟春之月，"天子親載耒耜，措之於參保介之御間，帥三公、九卿、諸侯、大夫躬耕帝藉"。鄭玄注："保介，車右也。置耒於車右與御者之間，明已勸農，非農者也。"

［81］后桑：指后妃親自采桑。《禮記·月令》：季春之月，"后妃齋戒，親東鄉躬桑"。鄭玄注："后妃親采桑，示帥先天下也。東鄉者，鄉時氣也。"

［82］伊唐：即有唐氏，上古部落名。堯爲其領袖。

［83］陽九：古代數術家之説，以四千六百一十七歲爲一元，初入元一百零六歲，内有旱災九年，稱爲陽九，其餘尚有陰九、陰七、陽七、陰五、陽五、陰三、陽三等。陽爲旱災，陰爲水災。從入元至陽三，常歲四千五百六十年，災歲五十七年，共四千六百一十七年，爲一元之氣終。則平均每八十年有一災年。（詳見《漢書·律曆志上》）後世因以"陽九"泛指災害之年和厄運。

［84］鯀（gǔn）：夏禹之父。堯時，四岳推其治水，九年不成，被舜誅於羽山。（見《史記》卷二《夏本紀》）

［85］文命：夏禹名文命。（見《史記·夏本紀》）

［86］二十二載：《史記·夏本紀》謂鯀治水，九年無成；禹又繼以十三年之辛勞，方告大功。合計爲二十二年。沈家本《瑣言》云："此極言其災甚役久，故合鯀、禹治水年言之，文用'前後'二字，其長顯然。"

［87］敷：分別；區分。 九州：指冀、兗、青、徐、揚、荆、豫、梁、雍等州。

［88］服章：表示官階身份之服飾。《左傳·宣公十二年》："君子小人，物有服章。"杜預注："尊卑別也。"

［89］嫗（yǔ）煦（xù）：生養覆育。

[90] 愷悌君子：《詩·大雅·泂酌》："豈弟君子，民之父母。"豈弟，同"愷悌"。《孝經·廣至德章》引此詩即作"愷悌"。

[91] 六情五性：古代數術家據陰陽五行之說，推演人的六種情感及五臟的特性。六種情感是：廉貞、寬大、公正、奸邪、陰賊、貪狠等。五臟的特性是：肝性靜，心性躁，脾性力，肺性堅，腎性智。（詳見《漢書》卷七五《翼奉傳》及顔師古注引張晏、晋灼說）

[92] 仲尼云：孔子此語見《論語·衛靈公》。

[93] 白地小虜：吴金華《校詁》謂"白地"似爲當時俗語，"白地小虜"即無能小賊之謂。

[94] 權禪：各本皆作"權、備"。盧弼《集解》引何焯說"備"當作"禪"；又引錢大昕曰："此疏在明帝景初改元以後，蜀先主殂謝久矣，'權備'並稱殊誤。"校點本即從何、錢之說改"備"爲"禪"。今從之。

[95] 蕭牆：古代宫室内作爲屏障的矮墻，因借指内部。

[96] 賈誼：西漢政論家。漢文帝時曾爲博士、太中大夫、長沙王太傅等。曾多次上疏批評時政。此所引數句，見《漢書》卷四八《賈誼傳》。

[97] 儋（dàn）石：儋，同"甔"，一種小口大腹之陶器。可容一石（十斗）糧粟，故稱儋石。一說二石爲儋，爲一人所擔。概言之，則謂糧粟極少。

[98] 版築之士：指公卿以下參與修建宫殿園林之各類人。

[99] 參少於昔：謂比之以前僅爲三分之一。

[100] 若今：趙幼文《校箋》謂《太平御覽》卷八三七引"今"字作"令"。

[101] 太府掌九賦之財：百衲本作"天府掌和伐之則"，殿本作"天府掌九賦之則"，盧弼《集解》本作"太府掌九賦之則"，殿本《考證》云："按《周禮》，'太府掌九貢、九賦、九功之貳，以其貨賄之入'。則九賦，太府職也。此云'天府'，疑誤。九賦，

監本訛作'九伐',今改正。"梁章鉅《旁證》又云:"'則'字亦誤,當作'財'。"校點本即從殿本《考證》與梁章鉅説改。今從之。太府,周官名。太宰屬官,輔助太宰管理貢賦收藏和支出。九賦,周代的九種賦税:邦中、四郊、邦甸、家削、邦縣,邦都、關市、山澤、幣餘。(見《周禮·天官·太府》賈公彦疏)

[102] 九式:周代財政支出的九個法式(原則):祭祀、賓客、喪荒、羞服、工事、幣制、芻秣、匪頒、好用。(見《周禮·天官·太府》賈公彦疏)

[103] 式貢之餘:《周禮·天官·太府》:"凡式貢之餘財,以共玩好之用。"賈公彦疏:"釋曰:式謂九式,貢謂九貢及萬民之貢。有餘財,以供玩好器物之用。"

[104] 司會:周官名。冢宰之屬官,掌國家財政計劃之長官。

[105] 廊廟:盧弼《集解》本作"廟廊",百衲本、殿本、校點本作"廊廟"。今從百衲本等。廊廟,本為殿下屋與太廟,合稱則指朝廷。

[106] 三司九列:即三公九卿。

[107] 臺閣:指尚書臺。

[108] 具臣:備位充數之臣。

[109] 李斯:戰國楚上蔡(今河南上蔡縣西南)人。戰國末入秦。秦始皇統一六國後任丞相。秦始皇死,追隨趙高,合謀立始皇少子胡亥為二世皇帝。後為趙高所忌,被殺。(見《史記》卷八七《李斯列傳》)

[110] 為人主而不恣睢:此為李斯引申子語,見《史記》卷八七《李斯列傳》,原文作:"有天下而不恣睢,命之曰以天下為桎梏。"司馬貞《索隱》云:"恣睢猶放縱也。謂肆情縱恣也。"張守節《正義》云:"言有天下不能自縱恣督責,乃勞身於天下若堯、禹,即以天下為桎梏於身也。"

[111] 史遷:司馬遷。《史記·李斯列傳》太史公曰:"斯知六藝之歸,不務明政以補主上之缺,持爵禄之重,阿順苟合,嚴威

酷刑，聽高邪説，廢適立庶。諸侯已畔，斯乃欲諫爭，不亦末乎！"又按百衲本"議"作"譏"，今從殿本等作"議"。

［112］疾篤：趙幼文《校箋》謂《北堂書鈔》卷一〇三引《高堂隆集》、《太平御覽》卷四五三引"疾"上有"寢"字。按，《太平御覽》引"疾"上雖有"寢"字，而"疾"下無"篤"字。

口占（zhàn）：謂口授其辭。

［113］孟敬子：春秋時魯國大夫。其事見《論語・泰伯》。

［114］淵塞：深遠誠實。《詩・鄘風・定方之中》："匪直也人，秉心塞淵。"鄭箋："塞，充實。"

［115］四靈：《禮記・禮運》："何謂四靈？麟、鳳、龜、龍謂之四靈。"

［116］玉衡：本北斗七星之一。《晉書・天文志》云："又魁第一星曰天樞，二曰璇，三曰璣，四曰權，五曰玉衡，六曰開陽，七曰搖光。"又泛指北斗星。《文選》揚子雲《長楊賦》："是以玉衡正而天階平也。"李善注引韋昭曰："玉衡，北斗也。"

［117］幽厲：西周之周幽王與周厲王。周厲王名胡，在位時任用榮夷公，實行專利，又暴虐侈傲，引起國人之不滿議論。他又用衛巫監視國人，議論者即被殺害，終致國人武裝反抗。厲王逃奔彘（今山西霍縣），後死於彘。幽王名宫湦，宣王之子厲王之孫。在位時任用虢石父，搜刮加重，國人皆怨。加之地震、旱災，人民流離失所。幽王又寵愛褒姒，廢申后和太子宜臼，遂致申侯聯合繒侯與犬戎攻周，幽王被殺於驪山下，西周滅亡。（見《史記》卷四《周本紀》）

［118］所致：謂所欲得到者。盧弼《集解》引趙一清《注補》云："'致'字當依《孟子》作'欲'。"趙幼文《校箋》謂《册府元龜》卷五四八引正作"欲"。按，宋本《册府元龜》亦作"致"。中華再造善本影宋本亦作"致"。

［119］九有：九州。　有截：謂整齊統一。《詩・商頌・長發》："九有有截。"鄭箋："湯九州齊一截然。"

[120]巨橋：即鉅橋倉，殷紂王儲糧之倉。在今河北平鄉縣東南。《史記·殷本紀》謂紂王"厚賦稅以實鹿臺之錢，而盈鉅橋之粟"。卷四《周本紀》又謂周武王滅紂後，"命南宮括散鹿臺之財，發鉅橋之粟，以振貧弱萌隸"。

[121]濮上之音：亦即靡靡之樂也。《韓非子·十過》：師曠曰："此師延之所作與紂爲靡靡之樂也。及武王伐紂，師延東走濮水而自投，故聞此聲者，必於濮水之上。"後至春秋時，此濮水之濱爲衛國之地，即以靡靡之音聞名於世，男女亦多於此幽會。後世遂以"濮上之音"代指靡靡淫亂之音樂。《史記·樂書》云："桑間濮上之音，亡國之音也，其政散，其民流，誣上行私而不可止。"

[122]下夷：各本皆作"不夷"，盧弼《集解》引何焯校，改"不"爲"下"，校點本即從何校改。今從之。　于隸：百衲本、殿本、盧弼《集解》本、校點本1959年12月第1版皆作"于隸"，校點本1982年7月第2版卻誤作"子隸"。今改正。

[123]紂縣白旗：《史記》卷四《周本紀》謂周武王攻入殷都後，紂王自焚於鹿臺，武王"以黃鉞斬紂頭，縣太白之旗"。

[124]鳴條：地名。其地有二，一在今河南封丘縣東；一在今山西運城市東北。《史記》卷二《夏本紀》："湯遂率兵以伐夏桀。桀走鳴條，遂放而死。"

[125]異人：外人。《詩·小雅·頍弁》："豈伊異人？兄弟匪他。"

[126]魏室之大異：趙一清《注補》："《晉（書）·五行志》：'黃初元年，未央宮有燕生鷹，口爪俱赤，此與商紂、宋隱同象。景初元年，又有燕生巨轂於衛國李蓋家，形若鷹，吻似燕。'高堂隆所指即此二事。其後司馬氏誅曹爽，遂有魏室。"

[127]鷹揚之臣：凶狠覬覦之臣。

[128]晉鄭：春秋時的晉國與鄭國。《左傳·隱公六年》：周桓公言於王曰："我周之東遷，晉、鄭焉依。"杜預注："平王東徙，晉文侯、鄭武公左右王室，故曰晉、鄭焉依。"

［129］朱虚：即朱虚侯劉章，漢高祖劉邦之孫，齊悼惠王劉肥之次子。呂后死後，上將軍呂禄、相國呂産總握軍政大權，恐大臣諸王不服，因謀作亂。時呂禄女爲劉章妻，故章知其謀。劉章遂使人告其兄齊王襄，令其發兵西向；又與太尉周勃、丞相陳平等合謀内應，終於誅除諸呂，鞏固了劉氏政權。（見《史記》卷五二《齊悼惠王世家》）

［130］歷：指歷數，氣數。古人認爲每個王朝的歷數、命運是有一定規律的。

［131］掇録："掇"通"輟"。掇録，謂停止王朝之記録，亦即王朝之終止。

［132］沈淪：謂死亡。

［133］結草以報：《左傳・宣公十五年》載：秦桓公攻晋國，駐於輔氏（今陝西大荔縣東）。晋國魏顆在輔氏擊敗秦軍，俘虜秦力士杜回。以前魏顆之父魏武子有一愛妾，無子。魏武子病時，吩咐魏顆説："我死後一定把她嫁了。"但魏武子病危時又説："一定把她殉葬！"至魏武子死後，魏顆仍將她出嫁，説病人病重就昏亂，自己遵其清醒時的吩咐。及至輔氏之役，魏顆看到一老人結草絆倒杜回，故杜回被俘。夜里，魏顆夢見老人説："我是你所嫁女人之父。你遵行先人清醒時之吩咐，我以此作爲報答。"

［134］生："先生"之省稱。 伻：校點本作"追"，今從百衲本等作"伻"。 伯夷：殷末孤竹君之子。孟子曰："伯夷目不視惡色，耳不聽惡聲，非其君不事，非其民不使；治則進，亂則退，横政之所出，横民之所止，不忍居也。思與鄉人處，如以朝衣朝冠坐於塗炭也。當紂之時，居北海之濱，以待天下之清也。故聞伯夷之風者，頑夫廉，懦夫有立志。"（《孟子・萬章下》）

［135］史魚：春秋時衛國大夫。名鰌，字子魚。以剛直著稱。孔子曰："直哉史魚！邦有道，如矢；邦無道，如矢。"（《論語・衛靈公》）

［136］堅白：堅固而不被污染。《論語・陽貨》：子曰："不曰

堅乎，磨而不磷；不曰白乎，涅而不緇。"

[137] 謇謇：忠貞正直。《楚辭·離騷》"余固知謇謇之爲患兮"，王逸注："謇謇，忠貞貌。"

[138] 邴吉：漢武帝末之巫蠱案，丙吉受命治巫蠱郡邸獄。當時皇曾孫（後爲宣帝）僅生數月，因衛太子事牽連入獄，丙吉見而憐之，遂擇謹厚女徒細心保養。武帝遣使者悉誅詔獄人犯，使者至郡邸獄，邴吉閉門不納，不但保全了皇曾孫，也保住了其他人犯。武帝亦感悟，因赦天下。丙吉遂送皇曾孫至其外祖母史良娣家。至宣帝即位後，丙吉絕口不言保護之功，朝臣亦未有知者。及至宣帝得知後，才封丙吉爲博陽侯。而即將封時，丙吉疾病，宣帝憂吉不起，太子太傅夏侯勝曰："此未死也。臣聞有陰德者，必饗其樂以及子孫。今吉未獲報而疾勝，非其死疾也。"後果病愈。（見《漢書》卷七四《丙吉傳》）

[139] 貢禹：漢元帝時爲諫大夫、光祿大夫，多次上書抨擊朝廷奢侈，建議選賢能，誅奸臣，罷倡樂，修節儉，減賦役。貢禹至八十一歲時，體衰多病，遂上書言俸祿已多，官位亦尊，而自己已體衰多病，恐不能在位盡職，乞求退歸鄉里。元帝下詔不許，并稱贊貢禹"有伯夷之廉，史魚之直，守經據古，不阿當世"，望"其強飯慎疾以自輔"。後遂爲長信少府，又爲御史大夫，列於三公。（見《漢書》卷七二《貢禹傳》）

[140] 聽用我謀：見《詩·大雅·抑》。

[141] 曾是莫聽：可是這些話都不聽。見《詩·大雅·蕩》。

[142] 大命：指王朝的命運。

　　初，太和中，[1]中護軍蔣濟上疏曰"宜遵古封禪"。[2]詔曰："聞濟斯言，使吾汗出流足。"事寢歷歲，後遂議脩之，使隆撰其禮儀。帝聞隆沒，歎息曰："天不欲成吾事，高堂生舍我亡也。"子琛嗣爵。

始，景初中，[3]帝以蘇林、秦静等並老，[4]恐無能傳業者。乃詔曰："昔先聖既没，而其遺言餘教，著於六藝。六藝之文，禮又爲急，弗可斯須離者也。末俗背本，所由來久。故閔子譏原伯之不學，[5]荀卿醜秦世之坑儒，[6]儒學既廢，則風化曷由興哉？方今宿生巨儒，並各年高，教訓之道，孰爲其繼？昔伏生將老，[7]漢文帝嗣以鼂錯；《穀梁》寡疇，[8]宣帝承以十郎。[9]其科郎吏高才解經義者三十人，[10]從光禄勳隆、散騎常侍林、博士静，分受四經三禮，[11]主者具爲設課試之法。夏侯勝有言：[12]'士病不明經術，經術苟明，其取青紫如俯拾地芥耳。'[13]今學者有能究極經道，則爵禄榮寵，不期而至。可不勉哉！"數年，隆等皆卒，學者遂廢。

初，任城棧潛，[14]太祖世歷縣令，[一]嘗督守鄴城。時文帝爲太子，耽樂田獵，晨出夜還。潛諫曰："王公設險以固其國，都城禁衛，用戒不虞。《大雅》云：'宗子維城，[15]無俾城壞。'又曰：'猶之未遠，[16]是用大諫。'[17]若逸于遊田，晨出昏歸，以一日從禽之娛，而忘無垠之釁，愚竊惑之。"太子不悅，然自後游出差簡。黄初中，文帝將立郭貴嬪爲皇后，潛上疏諫，語在《后妃傳》。明帝時，衆役並興，戚屬疏斥，潛上疏曰："天生蒸民而樹之君，所以覆燾羣生，[18]熙育兆庶，故方制四海匪爲天子，裂土分疆匪爲諸侯也。始自三皇，爰暨唐、虞，咸以博濟加于天下，醇德以洽，黎元賴之。三王既微，[19]降逮于漢，治日益少，喪亂弘多，自時厥後，亦罔克乂。太祖濬哲神武，芟除暴亂，克復王綱，以開帝業。文帝受天明命，廓恢皇基，踐阼七載，每事未遑。陛下聖德，纂承洪緒，宜崇晏晏，[20]與民休息。而方隅匪寧，征夫遠戍，有事海外，縣旌萬里，六軍騷動，水陸轉運，百姓舍業，日費千金。大興殿舍，功作萬計，徂來之松，[21]刊山窮谷，怪石珷玞，[22]浮于河、淮，都圻之內，[23]盡爲甸服，[24]當供稾秸銍粟之調，[25]而爲苑囿擇禽之府，盛林莽之穢，豐鹿兔之藪；傷害農功，地繁茨棘，災疫流行，民物大潰，上減和氣，嘉禾不植。臣聞文王作豐，[26]經始勿亟，[27]百姓子來，[28]不日而成。靈沼、靈囿，[29]與民共之。今宮觀崇侈，彫鏤極妙，忘有虞之總期，[30]思殷辛之瓊室，[31]禁地千里，舉足投網，麗擬阿房，役百乾谿，[32]臣恐民力彫盡，下不堪命也。昔秦據殽函以制六合，[33]自以德高三皇，功兼五帝，欲號諡至萬葉，而二世顛覆，願爲黔首，[34]由枝幹既（杌）〔扤〕，[35]本實先拔也。蓋聖王之御世也，克明俊德，[36]庸勳親親；[37]俊乂在官，[38]則功業可隆，親親顯用，則安危同憂；深根固本，並爲幹翼，雖歷盛衰，內外有輔。昔成王幼沖，未能蒞政，周、呂、召、畢，[39]並在左右；今既無衛侯康叔之監，[40]分陝所任，[41]又非旦、奭。東宮未建，天下無副。願陛下留心關塞，永保無極，則海內幸甚。”後爲燕中尉，[42]辭疾不就，卒。

〔一〕潛字彥皇，見應璩《書林》[43]。

［1］太和：魏明帝曹叡年號（227—233）。

［2］中護軍：官名。曹操爲丞相後，於相府置護軍，掌武官選舉，並與領軍同掌禁軍，出征時監護諸將，隸屬領軍，後改名中護軍，職掌不變。後又以資輕者爲中護軍，資重者稱護軍將軍，亦可簡稱護軍。

［3］景初：魏明帝曹叡年號（237—239）。

［4］蘇林：魏明帝時曾爲散騎常侍。事見本書卷二一《劉劭傳》及裴注引《魏略》。　秦静：本書中僅見於此，據後文魏明帝詔，知其時爲博士。

［5］閔子：即閔子馬，又稱閔馬父。春秋時魯國大夫。　原伯：即原伯魯。春秋時周大夫。《左傳·昭公十八年》：魯有使者去參加曹平公葬禮，見到周大夫原伯魯，與之交談，發現他不愛學習。回魯國後，將情況告之閔子馬。閔子馬曰："周其亂乎！夫必多有是説，而後及其大人。大夫患失而惑，又曰：'可以無學，無學不害。'不害而不學，則苟而可，于是乎下陵上替，能無亂乎？夫學，殖也，不學將落，原氏其亡乎！"

［6］荀卿：戰國趙人，名況，時人尊稱荀卿。"荀""孫"音近，古籍中又稱爲孫卿。生卒年不詳，晚年在楚國被楚相春申君任命爲蘭陵令。楚考烈王二十五年（前238）春申君死，荀卿廢居蘭陵。其卒年當在此後不久。而秦始皇坑儒在秦三十五年（前212），是荀卿未見之事。魏明帝詔謂"荀卿醜秦世之坑儒"，實誤。或者《荀子·堯問》之末有"爲説者"之説，謂"孫卿迫於亂世，鰌於嚴刑，上無賢主，下遇暴秦，禮義不行，教化不成"云云。魏明帝蓋誤解此説而有詔文之言。楊倞《荀子注》已云："自'爲説者'已下，荀卿弟子之辭。"（參盧弼《集解》及其引姚範説）趙幼文《校箋》則謂"坑儒"或當爲"無儒"。《荀子·強國篇》曰："是何也？則其殆無儒邪！故曰粹而王，駁而霸，無一焉而亡，此亦秦之所短也。""無""坑"蓋涉形近致誤。

［7］伏生：《史記》卷一二一《儒林列傳》："伏生者，濟南人

也。故爲秦博士。孝文帝時，欲求能治《尚書》者，天下無有，乃聞伏生能治，欲召之。是時伏生年九十餘，老，不能行，於是乃詔太常，使掌故朝錯往受之。"

[8] 穀梁：即《春秋穀梁傳》，爲《春秋》三傳之一，與《春秋公羊傳》並爲今文經學。自漢武帝立《春秋公羊傳》後，傳《穀梁傳》者漸少。漢宣帝即位後，得知衛太子好《穀梁》，有意立之。而當時善於《穀梁傳》者僅蔡千秋等數人，宣帝"愍其學且絕，乃以千秋爲郎中户將，選郎十人從受"。後《穀梁》學遂興，並立於學官。（見《漢書》卷八八《儒林傳》）

[9] 十郎：殿本、盧弼《集解》本作"士郎"，百衲本、校點本作"十郎"，殿本《考證》亦云："宋本作'十郎'。"《漢書·儒林傳》亦作"十郎"。今從百衲本等。

[10] 科：選取。　郎吏：郎官及其他屬吏。

[11] 四經：指《周易》《尚書》《詩經》《春秋》。　三禮：指《周禮》《儀禮》《禮記》。

[12] 夏侯勝：西漢經學家，特善《尚書》，撰有《尚書説》。以下所引均見《漢書》卷七五《夏侯勝傳》。

[13] 地芥：顏師古注："地芥，謂草芥之横在地上者。俯而拾之，言其易而必得也。青紫，卿大夫之服也。"

[14] 任城：王國名。治所任城縣，在今山東微山縣西北。

[15] 宗子維城：此及以下各句，皆《詩·大雅·板》之句。鄭箋："宗子，謂王之適子。"

[16] 猶之未遠：毛傳："猶，圖也。"鄭箋："王之謀，不能圖遠，用是故我大諫王也。"

[17] 大諫：百衲本"諫"字作"簡"，殿本、盧弼《集解》本、校點本作"諫"。按，二字可通。朱駿聲《説文通訓定聲·乾部》："簡，叚借爲諫。"今從殿本等。

[18] 覆燾：覆蓋。《小爾雅·廣詁》："燾，覆也。"

[19] 三王：盧弼《集解》本作"三五"，百衲本、殿本、校

點本均作"三王"。今從百衲本等。

［20］晏晏：温和。錢大昭《辨疑》："《堯典》'文思安安'，《尚書考靈燿》作'文塞晏晏'。"

［21］徂來：山名。在今山東泰安市東南。自古山多松樹。《詩·魯頌·閟宮》："徂來之松，新甫之柏。"

［22］珷（wǔ）玞（fū）：似玉之美石。

［23］都圻（qí）：即京畿。京都及其周圍地區。

［24］甸服：古制稱離王城五百里的區域。

［25］稾秸銍粟：《尚書·禹貢》："五百里甸服。百里賦納總，二百里納銍，三百里納秸服，四百里粟，五百里米。"蔡沈《集傳》："禾本全曰總。刈禾曰銍，半稿也。半稿去皮曰秸。"

［26］豐：邑名。在今陝西長安縣西北灃河西岸。周文王建都於此。周武王時又遷於鎬。

［27］亟：同"急"。

［28］子來：像兒子似地來參加建築。《詩·大雅·靈臺》："經始靈臺，經之營之。庶民攻之，不日成之。經始勿亟，庶民子來。"朱熹《集傳》："雖文王心恐煩民，戒令勿亟，而民心樂之，如子趣父事，不召自來也。"

［29］靈沼靈囿：皆周文王在豐所建之沼池、園林。《孟子·梁惠王上》："文王以民力爲臺爲沼，而民歡樂之，謂其臺曰靈臺，謂其沼曰靈沼。"

［30］總期：虞舜以草蓋之明堂（議政之所）。《文選》張平子（衡）《東京賦》："黃帝合宮，有虞總期，固不如夏癸之瑶臺，殷辛之瓊室也。"薛琮注："黃帝明堂，以草蓋之，名曰合宮。舜之明堂，以草蓋之，名曰總章。"李善又注："《尸子》曰：'欲觀黃帝之行於合宮，觀堯舜之行於總章。'章、期一也。"

［31］瓊室：殷辛（紂王）用玉裝飾之室。《竹書紀年統箋》卷六：殷帝辛"九年，王師伐有蘇，獲妲己以歸，作瓊室，立玉門"。徐文靖箋："《六韜》曰：紂作瓊室、鹿臺，飾以美玉。"

［32］乾谿：邑名。在今安徽亳州市東南。春秋楚地。劉向《新序》卷九《善謀》謂楚靈王"起章華之臺，爲乾溪之役，百姓罷勞怨懟於下，群臣倍畔於上"。

［33］殽函：指殽山與函谷關。殽山在今河南洛寧縣西北，西接陝縣界，東接澠池縣。戰國秦及西漢初之函谷關，在今河南靈寶市東北王垛村。漢武帝元鼎三年（前114）徙置於今河南新安縣東北。

［34］願爲黔首：《史記》卷六《秦始皇本紀》謂趙高使其婿閻樂帶兵入望夷宫殺秦二世，"二世曰：'吾願得一郡爲王。'弗許。又曰：'願爲萬户侯。'弗許。曰：'願與妻子爲黔首，比諸公子。'閻樂曰：'臣受命於丞相，爲天下誅足下，足下雖多言，臣不敢報。'麾其兵進。二世自殺"。

［35］扤（wù）：各本皆作"杌"，盧弼《集解》引沈家本説"杌"當作"扤"。校點本即據沈説改，今從之。扤，動摇。

［36］克明俊德：《尚書·堯典》："克明俊德，以親九族。"孔傳："能明俊德之士任用之。"

［37］庸勳親親：酬賞勳勞，親愛親屬。《左傳·僖公二十四年》："庸勳親親，暱近尊賢，德之大者也。"

［38］俊乂（yì）：才德出衆之士。《尚書·皋陶謨》："俊乂在官。"孔傳："俊德治能之士並在官。"孔穎達疏："馬、王、鄭皆云，才德過千人爲俊，百人爲乂。"

［39］周吕召畢：指周公旦、吕尚、召公奭、畢公高。

［40］衛侯康叔：衛康叔名封，周武王同母少弟。周成王即位年幼，周公攝政，管叔、蔡叔乃與紂子武庚叛亂。周公以成王命興師討伐，殺武庚、管叔，放蔡叔，遂以武庚故地殷餘民封康叔爲衛君，是爲衛國。後康叔曾爲成王之司寇。（見《史記》卷三七《衛康叔世家》）

［41］陝：即陝陌，亦稱陝原。在今河南陝縣西南。周成王時，周、召二公分陝而治以此爲界。《史記》卷三四《燕召公世家》

云："自陝以西，召公主之；自陝以東，周公主之。"

　　[42] 燕：王國名。治所薊縣，在今北京城西南。　中尉：官名。王國之官，以典兵爲職，第六品。

　　[43] 應璩：見本書卷二一《王粲傳》及裴注引《文章叙録》。書林：書名。沈家本《三國志注所引書目》謂《隋書·經籍志》著録《書林》十卷，無撰人。《舊唐書·經籍志》《新唐書·藝文志》有夏赤松《書林》六卷，而無應書。

　　評曰："辛毗、楊阜，剛亮公直，正諫匪躬，亞乎汲黯之高風焉。[1]高堂隆學業脩明，志在匡君，[2]因變陳戒，發於懇誠，忠矣哉！及至必改正朔，俾魏祖虞，所謂意過其通者歟！[3]

　　[1] 汲黯：西漢濮陽（今河南濮陽縣西南）人。漢武帝時爲主爵都尉，常直言切諫，數次使武帝發怒。但武帝也稱贊他説："古有社稷之臣，至如黯，近之矣。"（《史記》卷一二〇《汲黯列傳》）

　　[2] 在：百衲本作"存"，殿本、盧弼《集解》本、校點本作"在"。今從殿本等。

　　[3] 意過其通：胡三省云："謂意料之説執之甚堅，反過其學之所通習者也。"（《通鑑》卷七三魏明帝景初元年注）

三國志 卷二六

魏書二十六

滿田牽郭傳第二十六

　　滿寵字伯寧，山陽昌邑人也。[1]年十八，爲郡督郵。[2]時郡內李朔等各擁部曲，[3]害于平民，太守使寵糾焉。朔等請罪，不復鈔略。守高平令。[4]縣人張苞爲郡督郵，貪穢受取，干亂吏政。寵因其來在傳舍，[5]率吏卒出收之，詰責所犯，[6]即日考竟，[7]遂棄官歸。
　　太祖臨兗州，[8]辟爲從事。[9]及爲大將軍，[10]辟署西曹屬，[11]爲許令。[12]時曹洪宗室親貴，有賓客在界，[13]數犯法，寵收治之。洪書報寵，寵不聽。洪白太祖，太祖召許主者。[14]寵知將欲原，乃速殺之。太祖喜曰："當事不當爾邪？"[15]故太尉楊彪收付縣獄，[16]尚書令荀彧、少府孔融等並屬寵：[17]"但當受辭，勿加考掠。"寵一無所報，考訊如法。數日，求見太祖，言之曰："楊彪考訊無他辭語。當殺者宜先彰其罪；此人有名海內，若罪不明，必大失民望，竊爲明

公惜之。"太祖即日赦出彪。初，或、融聞考掠彪，皆怒，及因此得了，更善寵。〔一〕

〔一〕臣松之以爲楊公積德之門，身爲名臣，縱有怨負，猶宜保祐，況淫刑所濫，而可加其楚掠乎？若理應考訊，荀、孔二賢豈其妄有相請屬哉？寵以此爲能，酷吏之用心耳。雖有後善，何解前虐？[18]

［1］山陽：郡名。治所昌邑縣，在今山東金鄉縣西北。

［2］督郵：官名。本名督郵書掾（或督郵曹掾），省稱督郵掾、督郵。漢置，郡府屬吏，秩六百石。主要職掌除督送郵書外，又代表郡守督察屬縣，宣達教令，並兼司獄訟捕亡等。每郡督郵皆分部，有二部、三部、四部、五部不等。

［3］部曲：私人武裝。

［4］高平：縣名。治所在今山東微山縣西北。

［5］傳（zhuàn）舍：官府置以供往來公差人員息宿之所。

［6］詰責：趙幼文《校箋》謂《太平御覽》卷二六六引"責"字作"其"。

［7］考竟：《釋名·釋喪制》云："獄死曰考竟。考得其情，竟其命於獄也。"

［8］兗州：漢末刺史治所即昌邑縣。

［9］從事：官名。漢代州牧刺史的佐吏，有別駕從事史、治中從事史、兵曹從事史、部從事史等，均可簡稱爲從事。

［10］大將軍：官名。東漢時常兼錄尚書事，與太傅、太尉等共同主持政務。漢末位在三公上。本書卷一《武帝紀》謂建安元年"九月，車駕出轘轅而東，以太祖爲大將軍，武平侯"。冬十月，"以袁紹爲太尉，紹恥班在公下，不肯受。公乃固辭，以大將軍讓紹。天子拜公司空，行車騎將軍"，則曹操爲大將軍尚不至一月。

[11] 西曹屬：漢魏諸公府置有西曹，掌府吏署用事。長官爲掾，次官爲屬；掾闕，則屬爲長官。

[12] 許：縣名。治所在今河南許昌市東。

[13] 賓客：依附豪强大族之人。

[14] 主者：指縣府中之主事官吏，如功曹等。

[15] 爾：百衲本作"耳"，殿本、盧弼《集解》本、校點本作"爾"。今從殿本等。

[16] 太尉：官名。東漢時與司徒、司空並爲三公，共同行使宰相職能，而位列三公之首，名位甚重；或與太傅並録尚書事，綜理全國軍政事務。

[17] 尚書令：官名。東漢時爲尚書臺長官，秩千石。掌奏、下尚書曹文書衆事，選用署置官吏；總典臺中綱紀法度，無所不統。名義上仍隸少府。　少府：官名。漢九卿之一，秩中二千石。東漢時，掌宮中御衣、寶貨、珍膳等。

[18] 何解前虐：梁章鉅《旁證》云："李光地曰：此松之之迂論也。以操之狠猾，若聞寬訊，其戮楊公必矣。"

時袁紹盛於河朔，[1]而汝南紹之本郡，[2]門生賓客布在諸縣，擁兵拒守。太祖憂之，以寵爲汝南太守。寵募其服從者五百人，率攻下二十餘壁，[3]誘其未降渠帥，[4]於坐上殺十餘人，一時皆平。得户二萬，兵二千人，令就田業。

建安十三年，[5]從太祖征荆州。[6]大軍還，留寵行奮威將軍，[7]屯當陽。[8]孫權數擾東陲，復召寵還爲汝南太守，賜爵關内侯。[9]關羽圍襄陽，寵助征南將軍曹仁屯樊城拒之，[10]而左將軍于禁等軍以霖雨水長爲羽所没。[11]羽急攻樊城，樊城得水，[12]往往崩壞，衆皆失色。或謂仁曰:"今日之危,非力所支。可及羽圍未合,乘輕船夜走,雖失城,尚可全身。"寵曰:"山水速疾,冀其不久。聞羽遣別將已在郟下,[13]自許以南,百姓擾擾,羽所以不敢遂進者,恐吾軍掎其後耳。今若遁去,洪河以南,[14]非復國家有也,君宜待之。"仁曰:"善。"寵乃沈白馬,與軍人盟誓。會徐晃等救至,寵力戰有功,羽遂退。進封安昌亭侯。[15]文帝即王位,遷揚武將軍。[16]破吳於江陵有功,[17]更拜伏波將軍,[18]屯新野。[19]大軍南征,到精湖,[20]寵帥諸軍在前,與賊隔水相對。寵敕諸將曰:[21]"今夕風甚猛,賊必來燒軍,[22]宜爲其備。"[23]諸軍皆警。夜半,賊果遣十部伏夜來燒,[24]寵掩擊破之。進封南鄉侯。黃初三年,[25]假寵節鉞。[26]五年,拜前將軍。[27]明帝即位,進封昌邑侯。太和二年,[28]領豫州刺史。[29]三年春,[30]降人稱吳大嚴,揚聲欲詣江北獵,孫權欲自出。寵度其必襲西陽而爲之備,[31]權聞之,退還。秋,使曹休從廬江南入合肥,[32]令寵向夏口。[33]寵上疏曰:"曹休雖明果而希用兵。今所從道,背湖旁江,易進難退,此兵之窪地也。[34]若入無彊口,[35]宜深爲之備。"寵表未報,休遂深入。賊果從無彊口斷夾石,[36]要休還路。[37]休戰不利,退走。會朱靈等從後來斷道,與賊相遇。賊驚走,休軍乃得還。是歲休薨,寵以前將軍代都督揚州諸軍事。[38]汝南軍民戀慕,大小相率,奔隨道路,不可禁止。護軍表上,[39]欲殺其爲首者。詔使寵將親兵千人自隨,其餘一無所問。四年,拜寵征東將軍。[40]其冬，孫權揚聲欲至合肥，寵表召兗、豫諸軍，皆集。賊尋退還，被詔罷兵。寵以爲"今賊大舉而還，非本意也，此必欲僞退以罷吾兵，[41]而倒還乘虛，掩不備也"。表不罷兵。後十餘日，權果更來，到合肥城，不克而還。其明年，吳將孫布遣人詣揚州求降，辭云："道遠不能自致，乞兵見迎。"刺史王淩騰布書，[42]請兵馬迎之。寵以爲必詐，不與兵，而爲淩作報書曰：[43]"知識邪正，欲避禍就順，去暴歸道，甚相嘉尚。今欲遣兵相迎，然計兵少則不足相衞，多則事必遠聞。且先密計以成本志，臨時節度其宜。"寵會被書當入朝，敕留府長史：[44]"若淩欲往迎，勿與兵也。"淩於後索兵不得，乃單遣一督將步騎七百人往迎之。布夜掩擊，督將迸走，死傷過半。初，寵與淩共事不平，淩支黨毀寵疲老悖謬，故明帝召之。既至，體氣康彊，見而遣還。〔一〕寵屢表求留，詔報曰："昔廉頗彊食，[45]馬援據鞍，[46]今君未老而自謂已老，何與廉、馬之相背邪？其思安邊境，惠此中國。"

〔一〕《世語》曰：王淩表寵年過耽酒，不可居方任。帝將召寵，給事中郭謀曰：[47]"寵爲汝南太守、豫州刺史二十餘年，[48]有勳方岳。[49]及鎮淮南，[50]吳人憚之。若不如所表，將爲所闚。可令還朝，問以方事以察之。"帝從之。寵既至，進見，飲酒至一石不亂。帝慰勞之，遣還。

[1]河朔：泛指黃河中下游地區，主要指當時之冀、并、青三州之地。

［2］汝南：郡名。治所平輿縣，在今河南平輿縣北。

［3］壁：壁壘，武裝據點。

［4］渠帥：頭領。《後漢書》卷一《光武帝紀上》"封其渠帥爲列侯"，李賢注："渠，大也。"

［5］建安：漢獻帝劉協年號（196—220）。

［6］荆州：漢末刺史治所襄陽縣，在今湖北襄陽市襄州區。

［7］奮威將軍：官名。漢雜號將軍之一。

［8］當陽：縣名。治所在今湖北荆門市西南。

［9］關內侯：爵名。漢制二十級爵之第十九級，次於列侯，祇有封户收取租税而無封地。魏文帝定爵制爲十等，關內侯在亭侯下，仍爲虚封，無食邑。

［10］征南將軍：官名。建安中曹操所置，爲四征將軍之一，秩二千石。　樊城：城名。在襄陽縣北，與襄陽隔漢水相對，在今湖北襄陽市。

［11］左將軍：官名。位如上卿，與前、後、右將軍掌京師兵衛和邊防屯警。

［12］得水：吴金華《校詁》云："猶今言遭受水淹也。"

［13］已在：百衲本"在"字作"坐"，殿本、盧弼《集解》本、校點本作"在"。今從殿本等。　郟：縣名。治所在今河南郟縣。

［14］洪河：大河。即黄河。

［15］亭侯：爵名。漢制，列侯大者食縣、邑，小者食鄉、亭。東漢後期遂以食鄉、亭者稱爲鄉侯、亭侯。

［16］揚武將軍：官名。東漢光武帝初置，漢末曹操亦置，主統兵出征。魏晉沿置，第四品。

［17］江陵：縣名。治所在今湖北江陵縣。

［18］伏波將軍：官名。第五品。

［19］新野：縣名。治所在今河南新野縣。

［20］南征：趙幼文《校箋》謂《太平御覽》卷三三〇引

"征"下有"吴"字。　精湖：湖名。在今江蘇高郵市北。盧弼《集解》謂"大軍南征，到精湖"爲黄初六年（225）之事，此傳誤書在黄初三年之前，已前後倒置。又承上文"文帝即王位"而言，益覺界限不明。蓋黄初初年吴方稱藩於魏，無大軍南征之事。

［21］敕：趙幼文《校箋》謂《太平御覽》卷二三〇（當作三三〇）引作"令"，《通典》作"謂"。

［22］燒軍：盧弼《集解》謂《太平御覽》卷三三〇引《魏志》作"燒營"。趙幼文《校箋》云："考《通典·兵八》'軍'字亦作'營'。竊疑'軍'字亦通。《國語·晋語》注'軍猶屯也'。疑承祚原作'軍'，或校者易'軍'爲'營'。故《通典》《御覽》有作'營'字者矣。"

［23］其備：趙幼文《校箋》謂《太平御覽》卷三三〇引"其"字作"之"，《通典》同。

［24］十部伏夜來燒：趙幼文《校箋》謂《太平御覽》引無"伏夜"二字，"燒"下有"營"字。

［25］黄初：魏文帝曹丕年號（220—226）。

［26］假寵節鉞：漢末、三國時期，皇帝賜給重臣的一種權力，加此號者，可代行皇帝旨意，掌握生殺特權。

［27］前將軍：官名。在漢代，與後、左、右將軍皆位如上卿，掌京師兵衛與邊防屯警。魏晋亦置，第三品，權位漸低，略高於一般雜號將軍，不典禁兵，不與朝政。

［28］太和：魏明帝曹叡年號（227—233）。

［29］豫州：魏文帝時刺史治所譙縣（今安徽亳州市），魏明帝時移治所於項縣，在今河南沈丘縣。又按，盧弼《集解》謂本書《賈逵傳》言"太和二年，帝使逵督前將軍滿寵、東莞太守胡質等四軍，從西陽直向東關"。此時豫州刺史乃賈逵，非滿寵。滿寵此時爲前將軍，《通鑑》太和二年亦言前將軍滿寵上疏請備無彊口，則滿寵爲豫州刺史或許在此之後。按，太和二年賈逵實爲豫州刺史，而《賈逵傳》在叙述賈逵援曹休軍後，即云"會病篤，謂左

右曰：'受國厚恩，恨不斬孫權以下見先帝。喪事一不得有所修作。'薨"。本書《明帝紀》載曹休與吳軍戰敗之事在太和二年九月。則賈逵之死當在九月之後。或許賈逵死後滿寵於太和二年末即任豫州刺史。

［30］三年：盧弼《集解》又謂本書《賈逵傳》《曹休傳》《明帝紀》均言曹休之敗在太和二年，曹休之死亦在此年，《明帝紀》明言休死於太和二年九月庚子。則此言"三年"顯誤。按，以下所敘之事，皆在太和二年九月以前。

［31］西陽：鎮戍名。在今安徽桐城縣東北（本盧弼《集解》引《讀史方輿紀要》卷二六）。

［32］廬江：郡名。魏時治所陽泉縣，在今安徽霍邱縣西（本洪亮吉《補三國志疆域志》）。　合肥：縣名。治所在今安徽合肥市西。

［33］夏口：地名。在今湖北武漢市，原漢水入長江處。

［34］窪地：《通鑑》卷七一魏明帝太和二年載滿寵此疏作"絓地"，胡三省注云："言其地險，師行由之，爲所冒掛，進退不可也。《孫子兵法·地形篇》曰：地形有通者，有掛者。我可以往，彼可以來，曰通；可以往，難以返，曰掛。"按，"絓"通"掛"，此當依《通鑑》作"絓"。

［35］無彊口：百衲本、殿本作"無疆口"，盧弼《集解》本、校點本作"無彊口"。今從《集解》本等。無彊口，地名。在今安徽桐城縣東北崇山鎮。

［36］夾石：地名。在今安徽桐城縣北。

［37］還路：盧弼《集解》本作"歸路"，百衲本、殿本、校點本作"還路"。今從百衲本等。

［38］都督揚州諸軍事：官名。統領揚州之軍事。揚州治所壽春縣，在今安徽壽縣。

［39］護軍：官名。此爲軍中監督官。

［40］征東將軍：官名。秩二千石，第二品。黃初中位次三公，

資深者爲大將軍。

[41] 罷（pí）：同"疲"。

[42] 騰：傳遞。玄應《一切經音義》卷一二："《説文》：'騰，傳也。'謂傳遞郵驛也。"

[43] 而爲淩作報書：百衲本無"爲淩"二字，殿本、盧弼《集解》本、校點本皆有。今從殿本等。

[44] 長史：官名。漢代，三公府設有長史，以輔助三公。將軍府之屬官亦有長史，以總理幕府。曹魏沿置。

[45] 廉頗：戰國時趙國名將。趙孝成王時封爲信平君，爲假相國。趙悼襄王即位後，卻用樂乘代廉頗。廉頗怒，攻走樂乘，遂出奔魏。而魏國多年不能用廉頗，趙國又多次被秦國所困，思得廉頗，廉頗亦想再爲趙所用。但廉頗已年老，趙王因遣使往見廉頗，看尚可用否。趙使見廉頗，"廉頗爲之一飯斗米，肉十斤，被甲上馬，以示尚可用"。（《史記》卷八一《廉頗藺相如列傳》）

[46] 馬援：東漢光武帝建武中曾爲伏波將軍，討交阯有功，封爲新息侯。建武二十四年（48），"武威將軍劉尚擊武陵五溪蠻夷，深入，軍沒，援因復請行。時年六十二，帝愍其老，未許之。援自請曰：'臣尚能被甲上馬。'帝令試之。援據鞍顧眄，以示可用"。（《後漢書》卷二四《馬援傳》）

[47] 給事中：官名。第五品。位在散騎常侍下、給事黃門侍郎上，或爲加官，或爲正官，無定員。

[48] 二十餘年：盧弼《集解》云："寵自建安初已爲汝南太守，至太和五年移鎮揚州，已三十餘年矣。"

[49] 方岳：胡三省云："自魏以下，以督州爲方岳之任，謂其職猶古之方伯岳牧也。"（《通鑑》卷七二魏明帝太和五年注）

[50] 淮南：郡名。治所壽春縣。而揚州刺史之治所亦在壽春縣，故滿寵督鎮揚州，亦可言鎮淮南。

1955

明年，吳將陸遜向廬江，論者以爲宜速赴之。寵曰：「廬江雖小，將勁兵精，守則經時。又賊舍船二百里來，後尾空縣，尚欲誘致，今宜聽其遂進，但恐走不可及耳。」整軍趨楊宜口。[1]賊聞大兵東下，即夜遁。時權歲有來計。青龍元年，[2]寵上疏曰：[3]「合肥城南臨江湖，北（遠）〔達〕壽春，[4]賊攻圍之，得據水爲勢；官兵救之，當先破賊大（輩）〔軍〕，[5]然後圍乃得解。賊往甚易，而兵往救之甚難，宜移城內之兵，其西三十里，[6]有奇險可依，更立城以固守，此爲引賊平地而掎其歸路，[7]於計爲便。」護軍將軍蔣濟議，[8]以爲：「既示天下以弱，且望賊煙火而壞城，此爲未攻而自拔。一至於此，劫略無限，必以淮北爲守。」[9]帝未許。寵重表曰：「孫子言，[10]兵者，詭道也。故能而示之以弱，不能驕之以利，示之以懾。此爲形實不必相應也。又曰『善動敵者形之』。[11]今賊未至而移城卻內，此所謂形而誘之也。引賊遠水，擇利而動，舉得於外，則福生於內矣。」尚書趙咨以寵策爲長，[12]詔遂報聽。其年，權自出，欲圍新城，[13]以其遠水，積二十日不敢下船。寵謂諸將曰：「權得吾移城，必於其衆中有自大之言，今大舉來欲要一切之功，雖不敢至，必當上岸耀兵以示有餘。」乃潛遣步騎六千，伏肥城隱處以待之。[14]權果上岸耀兵，寵伏軍卒起擊之，斬首數百，或有赴水死者。明年，權自將號十萬，至合肥新城。寵馳往赴，募壯士數十人，折松爲炬，灌以麻油，從上風放火，燒賊攻具，射殺權弟子孫泰。賊於是引退。三年春,權遣兵數千家佃於江北。至八月,寵以爲田向收熟,男女布野,其屯衞兵去城遠者數百里,可掩擊也。遣長史督二軍循江東下,[15]摧破諸屯,焚燒穀物而還。詔美之,因以所獲盡爲將士賞。

景初二年,[16]以寵年老徵還,遷爲太尉。[17]寵不治產業,家無餘財。詔曰:"君典兵在外,專心憂公,[18]有行父、祭遵之風。[19]賜田十頃,穀五百斛,錢二十萬,以明清忠儉約之節焉。"寵前後增邑,凡九千六百户,封子孫二人亭侯。正始三年薨,[20]諡曰景侯。子偉嗣。偉以格度知名,[21]官至衞尉。〔一〕[22]

〔一〕《世語》曰:偉字公衡。偉子長武,有寵風,年二十四,爲大將軍掾。[23]高貴鄉公之難,以掾守閶闔掖門,[24]司馬文王弟安陽亭侯幹欲入,[25]幹妃,偉妹也。長武謂幹曰:"此門近,公且來,無有入者,可從東掖門。"幹遂從之。文王問幹入何遲,幹言其故。參軍王羨亦不得入,[26]恨之。既而羨因王左右啓王,滿掾斷門不內人,宜推劾。壽春之役,偉從文王至許,以疾不進。子從,求還省疾,事定乃從歸,由此內見恨。收長武考死杖下,偉免爲庶人。時人冤之。偉弟子奮,晉元康中至尚書令、司隸校尉。[27]寵、偉、長武、奮,皆長八尺。

苟綽《冀州記》曰:奮性清平,有識檢。[28]

《晉諸公贊》曰:奮體量通雅,有寵風也。

[1] 楊宜口:趙一清《注補》云:"'楊''陽'古通。《水經·決水注》:陽泉水受決水東北流,逕陽泉縣故城東,又西北流,左入決水,謂之陽泉口。蓋即此楊宜口也。"魏陽泉縣治所在今安

徽霍邱縣東北。

〔2〕青龍：魏明帝曹叡年號（233—237）。

〔3〕寵上疏：滿寵此疏，《通鑑》載於魏明帝太和六年（232）。

〔4〕北達：各本作"北遠"。趙幼文《校箋》謂《太平御覽》卷一六九引"遠"字作"達"。今從趙引改。

〔5〕大軍：各本作"大輩"。盧弼《集解》云："'輩'當作'軍'。"趙幼文《校箋》云："《御覽》引'輩'字作'軍'。"今從盧、趙説改。

〔6〕其西：趙幼文《校箋》云："《御覽》引作'今城西'，無'其'字。"

〔7〕此爲：趙幼文《校箋》云："《御覽》'此爲'二字作'所謂'。"按，《太平御覽》實作"此所謂"。 歸路：趙幼文《校箋》云："《御覽》引'路'下有'也'字。"

〔8〕護軍將軍：官名。掌禁兵，主武官選舉，隸屬領軍。資重者稱護軍將軍，資輕者稱中護軍。（本《宋書·百官志》）

〔9〕以淮北爲守：胡三省云："濟言望風移戍，吳必劫掠無限，將限淮以自守也。"（《通鑑》卷七二魏明帝太和六年注）

〔10〕孫子言：以下孫子之言，爲《孫子兵法·計篇》之節引。

〔11〕善動敵者形之：此爲《孫子兵法·勢篇》之語。謂善於調動敵人，必以假象騙之。

〔12〕尚書：官名。曹魏置吏部、左民、客曹、五兵、度支等五曹尚書，秩皆六百石，第三品。其中吏部職要任重，徑稱爲吏部尚書，其餘諸曹均稱尚書。 趙咨：此趙咨蓋與司馬朗同鄉（河內溫縣），又有與司馬朗同徙之另一趙咨。本書卷一五《司馬朗傳》還謂趙咨官至太常。裴松之又注云："咨字君初。"魏文帝初，有孫吳使者趙咨至魏。本書卷四七《吳主孫權傳》謂趙咨爲都尉。裴注引《吳書》又謂"咨字德度，南陽人"。顯與前一趙咨爲兩人。

〔13〕新城：即合肥新城。在今安徽合肥市西北。

[14]肥城：百衲本作"肥池"，殿本、盧弼《集解》本、校點本作"肥城"。殿本《考證》云："肥城，《通鑑》作'肥水'。"今從殿本等。肥城，蓋指合肥舊城。

[15]長史督二軍：殿本、盧弼《集解》本作"長史督二軍"，百衲本作長史督三軍，殿本《考證》謂宋本作"長吏督三軍"，校點本作"長吏督三軍"。趙幼文《校箋》謂《册府元龜》卷三七六、卷四二一（當作四二〇）引"吏"字作"史"，"三"字作"二"。今從殿本等。

[16]景初：魏明帝曹叡年號（237—239）。

[17]太尉：官名。其職掌，曹魏前期基本同於東漢。第一品。

[18]憂公：趙幼文《校箋》謂《太平御覽》卷四二五、《册府元龜》卷三七六引"公"字作"國"。"憂國"蓋當時成語，當據改。

[19]行父：即季孫行父，亦稱季文子。春秋魯國執政，歷魯宣、成、襄三公，凡執政三十四年。《左傳·襄公五年》：季文子卒，其家"無衣帛之妾，無食粟之馬，無藏金玉，無重器備。君子是以知季文子之忠于公室也：'相三君矣，而無私積，可不謂忠乎？'" 祭（zhài）遵：東漢初潁川潁陽（今河南許昌市西）人，初隨漢光武帝劉秀轉戰河北。建武二年（26）為征虜將軍，封潁陽侯。建武九年進攻隗囂，死於軍中。《後漢書》卷二〇《祭遵傳》云："遵為人廉約小心，克己奉公，賞賜輒盡與士卒，家無餘財，身衣韋褲，布被，夫人裳不加緣，帝以是重焉。"祭遵死後，"帝每歎曰：'安得憂國奉公之臣如祭征虜者乎！'"

[20]正始：魏少帝齊王曹芳年號（240—249）。

[21]格度：品格氣度。

[22]衛尉：官名。秩中二千石，第三品，掌宮門及宮中警衛。（本洪飴孫《三國職官表》）

[23]大將軍掾：官名。大將軍府之屬吏。而大將軍府有西曹掾、東曹掾、倉曹掾、賊曹掾等。此未知何曹。

[24] 閶（chāng）闔掖門：皇宮正門稱閶闔門，兩旁的側門稱掖門。

[25] 司馬文王：即司馬昭。

[26] 參軍：官名。曹魏時，大將軍、大司馬、太尉及諸開府將軍，均置參軍，爲重要幕僚。此當爲司馬昭大將軍府之參軍。

[27] 元康：晉惠帝司馬衷年號（291—299）。 尚書令：官名。晉代仍爲尚書臺長官，第三品。已綜理朝廷政務，爲政務長官，參議大政，職如宰相。 司隸校尉：官名。秩比二千石，第三品。掌糾察京師百官違法者，並治所轄各郡，相當於州刺史。

[28] 識檢：識鑒與品行。

田豫字國讓，漁陽雍奴人也。[1]劉備之奔公孫瓚也，豫時年少，自託於備，備甚奇之。備爲豫州刺史，[2]豫以母老求歸，備涕泣與別，曰："恨不與君共成大事也。"

公孫瓚使豫守（東）〔泉〕州令，[3]瓚將王門叛瓚，爲袁紹將萬餘人來攻。衆懼欲降。豫登城謂門曰："卿爲公孫所厚而去，意有所不得已也；今還作賊，乃知卿亂人耳。夫挈瓶之智，[4]守不假器，吾既受之矣；何不急攻乎？"門慚而退。瓚雖知豫有權謀，而不能任也。瓚敗而鮮于輔爲國人所推，行太守事，素善豫，以爲長史。時雄傑並起，輔莫知所從。豫謂輔曰："終能定天下者，必曹氏也。宜速歸命，無後禍期。"輔從其計，用受封寵。太祖召豫爲丞相軍謀掾，[5]除潁陰、朗陵令，[6]遷弋陽太守，[7]所在有治。

鄢陵侯彰征代郡，[8]以豫爲相。[9]軍次易北，[10]虜伏騎擊之，軍人擾亂，莫知所爲。豫因地形，回車結圜陣，弓弩持滿於內，疑兵塞其隙。胡不能進，散去。追擊，大破之，遂前平代，皆豫策也。

遷南陽太守。[11]先時，[12]郡人侯音反，衆數千人在山中爲羣盜，大爲郡患。前太守收其黨與五百餘人，[13]表奏皆當死。豫悉見諸繫囚，慰諭，開其自新之路，一時破械遣之。諸囚皆叩頭，願自效，即相告語，[14]羣賊一朝解散，[15]郡內清靜。具以狀上，[16]太祖善之。

文帝初，北狄彊盛，侵擾邊塞，乃使豫持節、護烏丸校尉，[17]牽招、解儁并護鮮卑。[18]自高柳以東，[19]濊貊以西，[20]鮮卑數十部，比能、彌加、素利割地統御，[21]各有分界；乃共要誓，[22]皆不得以馬與中國市。豫以戎狄爲一，非中國之利，乃先搆離之，使自爲讎敵，互相攻伐。素利違盟，出馬千匹與官，爲比能所攻，求救於豫。豫恐遂相兼并，爲害滋深，宜救善討惡，示信衆狄。單將銳卒，深入虜庭，胡人衆多，鈔軍前後，斷截歸路。豫乃進軍，去虜十餘里結屯營，多聚牛馬糞然之，從他道引去。胡見烟火不絕，以爲尚在，去，行數十里乃知之。追豫到馬城，[23]圍之十重，豫密嚴，使司馬建旌旗，[24]鳴鼓吹，將步騎從南門出，胡人皆屬目往赴之。豫將精銳自北門出，鼓譟而起，[25]兩頭俱發，出虜不意，虜衆散亂，皆棄弓馬步走，追討二十餘里，僵尸蔽地。[26]又烏丸王骨進桀黠不恭，豫因出塞案行，單將麾下百餘騎入進部。進逆拜，遂使左右斬進，顯其罪惡以令衆。衆皆怖慴不敢動,便以進弟代進。自是胡人破膽,威震沙漠。山賊高艾,衆數千人,寇鈔,爲幽、冀害,[27]豫誘使鮮卑素利部斬艾,傳首京都。封豫長樂亭侯。爲校尉九年,其御夷狄,恒摧抑兼并,乖散彊猾,凡逋亡姦宄,爲胡作計不利官者,豫皆構刺攪離,使凶邪之謀不遂,聚居之類不安。事業未究,而幽州刺史王雄支黨欲令雄領烏丸校尉,[28]毀豫亂邊,爲國生事。遂轉豫爲汝南太守,加殄夷將軍。[29]

　　太和末,公孫淵以遼東叛,[30]帝欲征之而難其人,中領軍楊暨舉豫應選。[一][31]乃使豫以本官督青州諸軍,[32]假節,[33]往討之。會吳賊遣使與淵相結,帝以賊衆多,又以渡海,詔豫使罷軍。豫度賊船垂還,歲晚風急,必畏漂浪,東隨無岸,[34]當赴成山。[35]成山無藏船之處,輒便循海,案行地形,[36]及諸山島,徼截險要,列兵屯守。自入成山,登漢武之觀。[37]賊還,果遇惡風,船皆觸山沈没,波蕩著岸,無所逃竄,[38]盡虜其衆。初,諸將皆笑於空地待賊,及賊破,競欲與謀,求入海鉤取浪船。豫懼窮虜死戰,皆不聽。初,豫以太守督青州,青州刺史程喜内懷不服,軍事之際,多相違錯。喜知帝寶愛明珠,乃密上:"豫雖有戰功,而禁令寬弛,所得器仗珠金甚多,放散皆不納官。"由是功不見列。

　　[一]臣松之案:暨字休先,滎陽人,[39]事見《劉曄傳》。暨子肇,晉荆州刺史。[40]山濤《啓事》稱肇有才能。[41]肇子潭字道元,次歆字公嗣。潭子彧字長文,次經字仲武,皆見《潘岳

集》。[42]

[1] 漁陽：郡名。治所漁陽縣，在今北京密雲縣西南。 雍奴：縣名。治所在今天津市武清區西北。

[2] 豫州：刺史治所譙縣，在今安徽亳州市。

[3] 泉州：各本皆作"柬州"。陳景雲《辨誤》云："'柬'疑當作'泉'，泉州，縣名。屬漁陽郡。"盧弼《集解》亦以陳説爲是。今從陳、盧説改。泉州縣治所在今天津武清區西南。

[4] 挈瓶之智：《左傳·昭公七年》："人有言曰：'雖有挈瓶之知，守不假器，禮也。'"楊伯峻注："知"同"智"。挈，垂也。挈瓶即垂瓶者，汲水者。挈瓶之智猶言小智小慧，保守之而不與人爲禮。

[5] 丞相軍謀掾：官名。丞相府之僚屬，主參議軍政。

[6] 潁陰：縣名。治所在今河南許昌市。 朗陵：縣名。治所在今河南確山縣西南。

[7] 弋陽：郡名。治所弋陽縣，在今河南潢川縣西。

[8] 代郡：東漢治所高柳縣，在今山西陽高縣西北。曹魏移治所於代縣，在今河北蔚縣東北。

[9] 相：官名。此爲侯國相，由朝廷委派，相當於縣、令長。

[10] 易：縣名。治所在今河北雄縣西北。

[11] 南陽：郡名。治所宛縣，在今河南南陽市。

[12] 先時：盧弼《集解》本作"先是"，百衲本、殿本、校點本作'先時'。今從百衲本等。

[13] 前太守：盧弼《集解》謂前太守東里袞。見本書卷一《武帝紀》建安二十四年裴注引《曹瞞傳》。

[14] 告語：趙幼文《校箋》謂《北堂書鈔》卷三九、《太平御覽》卷六四四引"告"字作"報"。按，《北堂書鈔》引實作"告"。

[15] 一朝解散：趙幼文《校箋》謂《北堂書鈔》《太平御覽》引俱無"一朝"二字。按，《北堂書鈔》實有"一朝"二字，又

《太平御覽》卷二六一引亦有"一朝"二字。

[16] 狀上：趙幼文《校箋》謂《太平御覽》卷二六一引"上"字作"聞"。

[17] 持節：漢朝官吏奉使外出時，由皇帝授予節杖，以提高其威權。漢末三國，則爲皇帝授予出征或出鎮的軍事長官的一種權力。至晉代，此種權力明確爲可殺無官位之人，若軍事，可殺二千石以下官員。如皇帝派遣大臣出巡或祭吊等事務時，加持節，則表示權力和尊崇。　護烏丸校尉：官名。亦作護烏桓校尉。漢武帝時已置烏桓校尉，監領烏桓，後不常設。東漢光武帝建武中，復置護烏丸校尉，秩比二千石，屯上谷廣寧縣（今河北張家口市）。常領烏丸等部與度遼將軍等共戍衛邊塞。魏、晉沿置，屯地有所不同。田豫任此職，屯昌平縣，在今北京昌平區東南。（見本書卷三〇《烏丸鮮卑傳》）

[18] 護鮮卑：謂護鮮卑校尉。見下文《牽招傳》。

[19] 高柳：舊縣名。西漢置爲縣，治所在今山西高陽縣西北。東漢廢，魏亦不置。

[20] 濊貊：古部族名。居於今朝鮮江原道境内。

[21] 比能彌加素利：皆鮮卑之部落首領。見本書卷三〇《烏丸鮮卑傳》。殿本《考證》云："《太平御覽》'素利'下有'等'字。"趙幼文《校箋》謂此見《太平御覽》卷二八五。又上句"鮮卑數十部"上同卷《太平御覽》有"時"字。

[22] 要誓：百衲本作"誓要"，殿本、盧弼《集解》本、校點本作"要誓"。今從殿本等。趙幼文《校箋》又謂《太平御覽》卷二八五引"誓"字作"盟"。又下句"皆不得"，《太平御覽》引無"皆"字。

[23] 馬城：舊縣名。西漢置爲縣，治所在今河北懷安縣西。東漢末廢，魏亦不置。

[24] 密嚴：趙幼文《校箋》謂《太平御覽》卷二八五引無"嚴"字。　司馬：官名。此爲護烏丸校尉之司馬，主參贊軍務。

［25］起：趙幼文《校箋》謂《太平御覽》卷二八五引作"赴"。《通典·兵六》亦作"赴"。

［26］僵尸蔽地：盧弼《集解補》："林國贊曰：考《鮮卑傳》及《劉放傳》注引《魏氏春秋》，素利求救於豫，豫率兵進討，破走比能。事在黃初五年。既而豫復討比能，還至馬城，被圍七日，用孫資計，虜乃解去。事在太和二年。本傳合二事而一，又云比能爲豫大破，殊誤。"

［27］幽：州名。刺史治所薊縣，在今北京城西南。　冀：州名。東漢末州牧刺史之治所常設在鄴縣，魏黃初中移治所於信都縣，在今河北冀縣。

［28］王雄：見本書卷二四《崔林傳》及裴注引《王氏譜》。

［29］殄夷將軍：官名。魏置，第五品。

［30］遼東：郡名。治所襄平縣，在今遼寧遼陽市老城區。

［31］中領軍：官名。第三品，掌禁軍，主五校、中壘、武衛三營。（本洪飴孫《三國職官表》）

［32］青州：刺史治所臨菑縣，在今山東淄博市東北臨淄區北。

［33］假節：漢末三國時期，皇帝賜予臣下的一種權力。至晋代，此種權力明確爲因軍事可殺犯軍令者。

［34］隨：《廣雅·釋詁》："隨，行也。"

［35］成山：山名。在今山東榮成市東北海上。（本謝鍾英《補三國疆域志補注》）

［36］地形：盧弼《集解》本、校點本作"地勢"，百衲本、殿本作"地形"。今從百衲本等。

［37］漢武：漢武帝。《漢書》卷六《武帝紀》謂太始三年（前94）漢武帝"幸琅邪，禮日成山"。顏師古注引如淳曰："祭日於成山也。"

［38］逃竄：校點本作"蒙竄"，百衲本、殿本、盧弼《集解》本皆作"逃竄"。今從百衲本等。

［39］滎陽：百衲本、盧弼《集解》本作"滎陽"，殿本、校

點本作"滎陽"。今從殿本等。滎陽縣治所在今河南滎陽市東北。

［40］荆州：晋刺史治所江陵縣，在今湖北江陵縣。

［41］山濤：魏末爲"竹林七賢"之一。西晋初，任吏部尚書、尚書僕射等。任選職十餘年，所選拔之人物，皆親作評語，時人稱爲《山公啓事》。（見《晋書》卷四三《山濤傳》）

［42］《潘岳集》：沈家本《三國志注所引書目》謂《隋書·經籍志》著録《潘岳集》十卷，《舊唐書·經籍志》《新唐志·藝文志》亦同。

後孫權號十萬衆攻新城，征東將軍滿寵欲率諸軍救之。豫曰："賊悉衆大舉，非徒投射小利，欲質新城以致大軍耳。宜聽使攻城，挫其鋭氣，不當與争鋒也。城不可拔，衆必罷怠；罷怠然後擊之，可大克也。若賊見計，必不攻城，勢將自走。若便進兵，適入其計。又大軍相向，當使難知，不當使自畫也。"豫輒上狀，天子從之。會賊遁走。後吴復來寇，豫往拒之，賊即退。諸軍夜驚，云："賊復來！"豫卧不起，令衆"敢動者斬"。有頃，竟無賊。

景初末，增邑三百，并前五百户。正始初，遷使持節、護匈奴中郎將，[1] 加振威將軍，[2] 領并州刺史。[3] 外胡聞其威名，相率來獻。州界寧肅，百姓懷之。徵爲衛尉。屢乞遜位，太傅司馬宣王以爲豫克壯，[4] 書喻未聽。豫書答曰："年過七十而以居位，譬猶鐘鳴漏盡而夜行不休，[5] 是罪人也。"[6] 遂固稱疾篤。拜太中大夫，[7] 食卿禄。年八十二薨。子彭祖嗣。［一］

〔一〕《魏略》曰：豫罷官歸，居魏縣。[8]會汝南遣健步詣征北，[9]感豫宿恩，過拜之。豫爲殺雞炊黍，送詣至陌頭，[10]謂之曰："罷老，苦汝來過。[11]無能有益，若何？"健步愍其貧羸，流涕而去，還爲故吏民說之。汝南爲具資〔絹〕數千匹，[12]遣人餉豫，豫一不受。會病，立戒其妻子曰：[13]"葬我必於西門豹〔墓〕邊。"[14]妻子難之，言："西門豹古之神人，[15]那可葬於其邊乎？"豫言："豹所履行與我敵等耳，使死而有靈，必與我善。"妻子從之。汝南聞其死也，悲之，既爲畫像，又就爲立碑銘。

[1] 使持節：漢末三國，皇帝授予出征或出鎮的軍事長官的一種權力。至晉代，此種權力明確爲可誅殺二千石以下官員。若皇帝派遣大臣出巡或祭吊等事務時，加使持節，則表示權力和尊崇。護匈奴中郎將：官名。東漢置，漢末罷。魏明帝太和五年（231）復置，仍監護南匈奴事務，多以并州刺史兼任，使持節或假節，第四品。晉亦沿置，仍四品。

[2] 振威將軍：官名。東漢置，爲雜號將軍，統兵出征。魏、晉沿置，皆四品。

[3] 并州：刺史治所晉陽縣，在今山西太原市西南營西古城。

[4] 太傅：官名。上公，位在三公上，第一品，掌善導，無常職，不常設。　司馬宣王：司馬懿。魏末其子司馬昭爲晉王後，追尊他爲宣王。　克壯：强盛，强壯。如《後漢書》卷四四《胡廣傳》謂胡廣"時年已八十，而心力克壯"。

[5] 漏盡：刻漏已盡。古代用漏壺滴水來計時間。漏壺中插入一根標竿，稱爲箭。箭下用一隻箭舟托着，浮在水面上。水滴出或滴入壺中時，箭就下沉或上升，藉以指示時刻。前者稱沉箭漏，後者稱浮箭漏。而以浮箭漏使用最多。

[6] 是罪人：蔡邕《獨斷》卷下云："鼓以動衆，鐘以止衆。夜漏盡，鼓鳴則起；晝漏盡，鐘鳴則息也。"又趙一清《注補》：

《困學紀聞》云："《文選·放歌行》注引崔元始《正論》永寧詔曰：'鐘鳴漏盡，洛陽城中不得有夜行者。'永寧，漢安帝年號，元始，崔寔字也。《後漢紀》不載此詔。"一清案：豫所言乃漢家故事，想其時尚行此制。

[7] 太中大夫：官名。秩千石，第七品。掌顧問應對，參謀議政。

[8] 魏縣：治所在今河北大名縣西南。

[9] 健步：善於速行之兵士。　征北：蓋指征北小城，漢末公孫瓚築，在今北京大興區。

[10] 送詣至：趙幼文《校箋》謂《太平御覽》卷八一七引無"至"字。《册府元龜》卷六八二引無"詣"字。　陌頭：路上。

[11] 苦：百衲本作"若"，殿本、盧弼《集解》本、校點本作"苦"。今從殿本等。

[12] 資絹：各本皆無"絹"字。盧弼《集解》謂《太平御覽》卷八一七引《魏略》"資"下有"絹"字。今據補。

[13] 立：百衲本作"立"，殿本、盧弼《集解》、校點本作"亟"。盧弼云："'亡'疑作'亟'。"按，古稱病重爲病，病輕爲疾。《説文·疒部》："病，疾加也。"《玉篇·疒部》："病，疾甚也。"故無須言"病亟"。今從百衲本。

[14] 西門豹墓：各本皆無"墓"字。趙一清《注補》云："'豹'下脱'祠'字。"校點本即據趙説增"祠"字。西門豹祠，在今河北臨漳縣西南鄴鎮。趙幼文《校箋》則謂《册府元龜》卷七九二引"豹"下有"墓"字。按，趙一清説無根據。今從趙幼文説據《册府元龜》補"墓"字，而西門豹墓未詳其處。

[15] 西門豹：戰國魏文侯時爲鄴令。曾破除當地"河伯娶婦"的迷信，並開水渠十二條，引漳水灌溉，造福於該地。（見《史記》卷一二六《滑稽列傳》褚少孫補）

豫清儉約素，賞賜皆散之將士。每胡、狄私遺，悉簿藏官，不入家；家常貧匱。雖殊類，咸高豫節。〔一〕嘉平六年，[1]下詔褒揚，賜其家錢穀，語在《徐邈傳》。

〔一〕《魏略》曰：鮮卑素利等數來客見，多以牛馬遺豫；豫（轉）〔輒〕送官。[2]胡以爲前所與豫物顯露，不如持金。乃密懷金三十斤，謂豫曰："願避左右，我欲有所道。"豫從之，胡因跪曰："我見公貧，故前後遺公牛馬，公輒送官，今密以此上公，可以爲家資。"豫張袖受之，答其厚意。胡去之後，皆悉付外，具以狀聞。於是詔褒之曰："昔魏絳開懷以納戎〔略〕，[3]今卿舉袖以受狄金，朕甚嘉焉。"乃即賜絹五百匹。[4]豫得賜，分以其半藏小府，後胡復來，以半與之。

[1] 嘉平：魏少帝齊王曹芳年號（249—254）。

[2] 輒：各本皆作"轉"。盧弼《集解》云："《書鈔》三十八'轉'作'輒'。"按，《北堂書鈔》卷三八陳禹謨補引《魏略》實作"轉"。趙幼文《校箋》則謂《太平御覽》卷八一七引作"輒"，疑作"輒"是，與下文"公輒送官"，語正相承。按，趙說有理，今從《太平御覽》改。

[3] 魏絳：即魏莊子。春秋時晉國大夫。晉悼公時，他力主與戎狄和好。《國語·晉語七》云："（悼公）五年，無終子嘉父使孟樂因魏莊子納虎豹之皮以和諸戎。公曰：'戎狄無親而好得，不若伐之。'魏絳曰：'勞師於戎而失諸華，雖有功，猶得獸而失人也，安用之？且夫戎狄薦處，貴貨而易土。予之貨而獲其土，其利一也；邊鄙耕農不儆，其利二也；戎狄事晉，四鄰莫不震動，其利三也。君其圖之！'公說，故使魏絳撫諸戎，於是乎伯。"又云：悼公十二年，"公錫魏絳女樂一八、歌鍾一肆，曰：'子教寡人和諸戎狄

而正諸華，於今八年，七合諸侯，寡人無不得志，請與子共樂之。'" 戎賂：各本皆無"賂"字。盧弼《集解》引何焯説，《册府元龜》"戎"下有"賂"字。校點本即從何説增，今從之。趙幼文《校箋》謂何焯所言《册府元龜》見卷四〇六。

[4] 絹：盧弼《集解》謂《北堂書鈔》引作"青綾"。趙幼文《校箋》謂此見《北堂書鈔》卷六一。《群書治要》卷二六引作"青縑"。按，《北堂書鈔》卷六一引實作"絹"。

牽招字子經，安平觀津人也。[1]年十餘歲，詣同縣樂隱受學。後隱爲車騎將軍何苗長史，[2]招隨卒業。值京都亂，苗、隱見害，招俱與隱門生史路等觸蹈鋒刃，[3]共殯斂隱屍，送喪還歸。道遇寇鈔，路等皆悉散走。賊欲斫棺取釘，招垂淚請赦。賊義之，乃釋而去。由此顯名。

冀州牧袁紹辟爲督軍從事，[4]兼領烏丸突騎。紹舍人犯令，[5]招先斬乃白，紹奇其意而不見罪也。紹卒，又事紹子尚。建安九年，太祖圍鄴。尚遣招至上黨，[6]督致軍糧。未還，尚破走，到中山。[7]時尚外兄高幹爲并州刺史，招以并州左有恒山之險，[8]右有大河之固，帶甲五萬，北阻彊胡，勸幹迎尚，并力觀變。幹既不能，而陰欲害招。招聞之，間行而去，道隔不得追尚，遂東詣太祖。太祖領冀州，辟爲從事。

太祖將討袁譚，而柳城烏丸欲出騎助譚。[9]太祖以招嘗領烏丸，遣詣柳城。到，值峭王嚴，[10]以五千騎當遣詣譚。又遼東太守公孫康自稱平州牧，[11]遣使韓忠齎單于印綬往假峭王。[12]峭王大會羣長，忠亦在坐。

峭王問招：“昔袁公言受天子之命，假我爲單于；今曹公復言當更白天子，假我真單于；遼東復持印綬來。如此，誰當爲正？”招答曰：“昔袁公承制，得有所拜假；中間違錯，天子命曹公代之，言當白天子，更假真單于，是也。遼東下郡，何得擅稱拜假也？”忠曰：“我遼東在滄海之東，擁兵百萬，又有扶餘、濊貊之用；[13]當今之勢，彊者爲右，曹操獨何得爲是也？”招呵忠曰：“曹公允恭明哲，[14]翼戴天子，伐叛柔服，寧靜四海，汝君臣頑嚚，[15]今恃險遠，背違王命，欲擅拜假，侮弄神器，方當屠戮，何敢慢易咎毀大人？”[16]便捉忠頭頓築，拔刀欲斬之。峭王驚怖，徒跣抱招，以救請忠，左右失色。招乃還坐，爲峭王等說成敗之效，禍福所歸。皆下席跪伏，敬受敕教，便辭遼東之使，罷所嚴騎。

太祖滅譚於南皮，[17]署招軍謀掾，[18]從討烏丸。至柳城，拜護烏丸校尉。還鄴，遼東送袁尚首，縣在馬市，招覩之悲感，設祭頭下。太祖義之，舉爲茂才。[19]從平漢中，[20]太祖還，留招爲中護軍。[21]事罷，還鄴，拜平虜校尉，[22]將兵督青、徐州郡諸軍事，[23]擊東萊賊，[24]斬其渠率，東土寧靜。

文帝踐阼，拜招使持節、護鮮卑校尉，[25]屯昌平。[26]是時，邊民流散山澤；又亡叛在鮮卑中者，處有千數。招廣布恩信，招誘降附。建義中郎將公孫集等，[27]率將部曲，咸各歸命；使還本郡。又懷來鮮卑素利、彌加等十餘萬落，皆令款塞。[28]

大軍欲征吳，召招還，至，值軍罷，拜右中郎將，[29]出爲雁門太守。[30]郡在邊陲，雖有候望之備，而寇鈔不斷。招旣教民戰陣，[31]又表復烏丸五百餘家租調，[32]使備鞍馬，遠遣偵候。虜每犯塞，勒兵逆擊，來輒摧破，於是吏民膽氣日銳，荒野無虞。又搆閒離散，使虜更相猜疑。鮮卑大人步度根、泄歸泥等與軻比能爲隙，將部落三萬餘家詣郡附塞。敕令還擊比能，殺比能弟苴羅侯，及叛烏丸歸義侯王同、王寄等，大結怨讎。是以招自出，率將歸泥等討比能於雲中故郡，[33]大破之。招通河西鮮卑附頭等十餘萬家，[34]繕治陘北故上館城，[35]置屯戍以鎮內外，[36]夷虜大小，莫不歸心，諸叛亡雖親戚不敢藏匿，咸悉收送。於是野居晏閉，寇賊靜息。招乃簡選有才識者，詣太學受業，還相授敎，數年中庠序大興。[37]郡所治廣武，井水鹹苦，民皆擔輂遠汲流水，[38]往返七里。招準望地勢，因山陵之宜，鑿原開渠，注水城內，[39]民賴其益。

　　明帝即位，賜爵關內侯。太和二年，護烏丸校尉田豫出塞，爲軻比能所圍於故馬邑城，[40]移招求救。[41]招即整勒兵馬，欲赴救豫。并州以常憲禁招，招以爲節將見圍，不可拘於吏議，自表輒行。又並馳布羽檄，[42]稱陳形勢，云"當西北掩取虜家，然後東行，會誅虜身"。檄到，豫軍踴躍。又遺一通於虜蹊要，[43]虜即恐怖，種類離散。軍到故平城，[44]便皆潰走。比能復大合騎來，到故（平）〔武〕州塞北。[45]招潛行撲討，大斬首級。招以蜀虜諸葛亮數出，而比能狡猾，能相交通，表爲防備，議者以爲縣遠，未之信也。會亮時在祁山，[46]果遣使連結比能。比能至故北地石城，[47]與相首尾。帝乃詔招，使從便宜討之。時比能已還漠南，招與刺史畢軌議曰：“胡虜遷徙無常。若勞師遠追，則遲速不相及；若欲潛襲，則山溪艱險，資糧轉運，難以密辦。可使守新興、雁門二牙門，[48]出屯陘北，外以鎮撫，內令兵田，儲畜資糧，秋冬馬肥，州郡兵合，乘釁征討，計必全克。”未及施行，會病卒。招在郡十二年，威風遠振。其治邊之稱，次于田豫，百姓追思之。而漁陽傅容在雁門有名績，繼招後，在遼東又有事功云。

招子嘉嗣。次子弘，亦猛毅有招風，以隴西太守隨鄧艾伐蜀有功，[49]咸熙中爲振威護軍。[50]嘉與晉司徒李胤同母，[51]早卒。〔一〕

〔一〕按《晉書》：弘後爲揚州、涼州刺史，[52]以果烈死事於邊。嘉子秀，字成叔。

荀綽《冀州記》曰：秀有雋才，性豪俠有氣，弱冠得美名。於太康中爲衛瓘、崔洪、石崇等所提攜，[53]以新安令、博士爲司空從事中郎。[54]與帝舅黃門侍郎王愷素相輕侮。[55]愷諷司隸荀愷，[56]令都官誣奏秀夜在道中載高平國守士田興妻。[57]秀即表訴被誣陷之由，[58]論愷穢行，文辭（尤）〔兀〕屬。[59]于時朝臣雖多證明，秀名譽由是而損。後張華請爲長史，[60]稍遷至尚書。[61]河間王以秀爲平北將軍，[62]假節，在馮翊遇害。[63]世人玩其辭賦，惜其材幹。

[1] 安平：東漢王國名，曹魏改爲郡。治所信都縣，在今河北

冀縣。　觀津：縣名。治所在今河北武邑縣東南。

　　[2] 車騎將軍：官名。東漢時位比三公，常以貴戚充任。出掌征伐，入參朝政，漢靈帝時常作贈官。

　　[3] 俱輿：盧弼《集解》云："二字似衍一字。"按，作"俱輿"亦通，猶言同輿。

　　[4] 冀州：東漢末州牧刺史治所常設在鄴，在今河北臨漳縣西南鄴鎮東一里半。　督軍從事：官名。州府屬官。袁紹爲冀州牧時置，主監督軍事。

　　[5] 舍人：秦漢時王公貴官之侍從賓客、左右親近，皆稱舍人。

　　[6] 上黨：郡名。東漢末治所壺關縣，在今山西長治市北。

　　[7] 中山：郡名。治所盧奴縣，在今河北定州市。

　　[8] 恒山：在今河北曲陽縣西北與山西接壤處。《周禮·夏官·職方氏》："正北曰并州，其山鎮曰恒山。"《爾雅·釋山》："恒山爲北岳。"自漢代至明代祭祀北岳恒山皆在曲陽。清順治中移祀北岳於今山西渾源縣境恒山，曲陽縣西北之恒山遂通稱大茂山。

　　[9] 柳城：舊縣名。西漢時爲縣，屬遼西郡。東漢省。舊治所在今遼寧朝陽市西南十二臺營子。(本《〈中國歷史地圖集〉釋文匯編（東北卷）》)

　　[10] 峭王：遼東屬國之烏丸首領蘇僕延，自稱峭王。(見本書卷三〇《烏丸鮮卑傳》)

　　[11] 平州：東漢末公孫度據遼東，自號平州牧，治所襄平縣（今遼寧遼陽市老城）。曹魏時曾一度分幽州東部置平州，治所仍在襄平縣，不久仍廢入幽州。(本《晉書·地理志》)

　　[12] 假：授予。《漢書》卷八八《儒林轅固傳》"乃假固利兵"，顏師古注："假，給與也。"

　　[13] 扶餘：古部族名。分佈甚廣，約在今嫩江中下游、北流松花江以及拉林河、阿什河流域一帶。

　　[14] 允恭：誠信而恭勤。《爾雅·釋詁》："允，信也。"又：

1974

"允，誠也。"

[15] 頑嚚（yín）：愚昧無知。《廣雅·釋詁一》："頑、嚚，愚也。"

[16] 大人：指曹操。

[17] 南皮：縣名。治所在今河北南皮縣東北。

[18] 軍謀掾：官名。東漢末曹操置，爲司空、丞相府之僚屬，以參議軍政。

[19] 茂才：即秀才，東漢人避光武帝劉秀諱改，爲漢代薦舉人材科目之一。東漢之制，州牧刺史歲舉一人。

[20] 漢中：郡名。治所南鄭縣，在今陝西漢中市東。

[21] 中護軍：官名。曹操爲丞相後，於相府置護軍，掌武官選舉，並與領軍同掌禁軍，出征時監護諸將，隸屬領軍，後改名中護軍，職掌不變。以後又以資輕者爲中護軍，資重者稱護軍將軍，亦可簡稱護軍。

[22] 平虜校尉：官名。漢末建安初曹操置，爲領兵武職，隨從征伐。

[23] 徐州：刺史治所郯縣，在今山東郯城縣。

[24] 東萊：郡名。治所黃縣，在今山東龍口市東南舊黃縣東黃城集。

[25] 護鮮卑校尉：官名。魏文帝初置，秩比二千石，第四品。掌鮮卑各部事務，統兵。

[26] 昌平：縣名。治所在今北京昌平區東南。

[27] 建義中郎將：官名。東漢末袁紹所置，秩比二千石。曹魏亦沿置，第四品。

[28] 款塞（sài）：叩邊塞門。《廣雅·釋言》："款，叩也。"謂前來歸服。

[29] 右中郎將：官名。秩比二千石。東漢時領右署中郎、侍郎、郎中，職掌訓練、管理、考覈後備官員，出居外朝。曹魏雖不置五官、左、右三郎署，但仍置其官。第四品。

[30] 雁門：郡名。曹魏時治所廣武縣，在今山西代縣西南古城。

[31] 陣：校點本作"陳"，百衲本、殿本、盧弼《集解》本均作"陣"。今從百衲本等。

[32] 復：免除。　租調：田租户調。建安九年（204）曹操頒布田租户調令，對自耕小農收取田租户調，田租爲每畝四升，調爲每户絹二匹、綿二斤。

[33] 雲中故郡：漢代雲中郡治所雲中縣，在今内蒙古托克托縣東北。東漢末廢省。

[34] 河西：地區名。指黃河上游以西之地，即今甘肅河西走廊一帶。東漢中葉即有北部鮮卑遷至河西一帶，與敕勒、匈奴諸族雜處，是爲河西鮮卑，亦即十六國時期的秃髮鮮卑。

[35] 陘（xíng）：即陘嶺，又名西陘山、句注山、雁門山。在今山西代縣西北。　上館：謝鍾英《補三國疆域志補注》引宋白曰："'上館'當作'下館'。《地形志》下館即故陰館城也。"陰館，縣名。漢雁門郡之治所，在今山西朔州市東南夏關城。

[36] 内外：東漢末，陘嶺以北被少數民族騷擾，已爲荒外之地。此内外，即指陘嶺南北地區。

[37] 庠序：學校。《孟子·滕文公上》："設爲庠序學校以教之。庠者，養也。校者，教也。序者，射也。夏曰校，殷曰序，周曰庠，學則三代共之。"

[38] 擔輂：擔，肩挑或背負。吴金華《校詁》謂"擔輂"即"擔捷"，同義之字平列。《淮南子·人間訓》："再鼓，負輂粟而至。"高誘注："輂，擔也。"《一切經音義》卷一一"負捷"條引《淮南子》作"捷載粟米而至"。又云："許叔重曰：捷，擔之也。今皆作'輂'。"

[39] 注水城内：謝鍾英云："今代州西雁門山下有水東南流，逕州城西，又南入於滹沱。疑即招所鑿故渠。"（《補三國疆域志補注》）

[40]馬邑城：按，《田豫傳》及本書卷三十《烏丸鮮卑傳》、《通鑑》卷七一魏明帝太和二年均作"馬城"。盧弼《集解》云："按此傳文義，是爲并州雁門郡之馬邑。馬邑漢末已廢，故傳言'故馬邑城'也。然下文又言'軍到故平城'，平城在大同縣東，則又似爲幽州代郡之馬城。馬邑、馬城地屬二州，相距祇數百里，虜騎出沒忽東忽西爲恒有之事，而馬城馬邑又僅一字之差，故兩傳所書各異也。"馬邑縣漢末廢，治所在今山西朔州市。

[41]移：不相統屬之官署之間往來之文書。

[42]羽檄：古代在軍事文書上插鳥羽以示警急，必須加速傳遞，謂之羽檄。

[43]遺：盧弼《集解》本作"移"，百衲本、殿本、校點作"遺"。今從百衲本等。　蹊要：必經之要道。《廣雅·釋宫》："蹊，道也。"

[44]平城：縣名。漢代治所在今山西大同市東北古城。東漢末移治於今代縣東平城堡。所謂"故平城"，指漢代之治所。

[45]武州：各本皆作"平州"。梁章鉅《旁證》云："陳景雲曰：塞北無平州，招時守雁門，控御北荒，以上文故平城、馬邑二事觀之，則'平'當作'武'，武州亦雁門屬縣也。《史記》'單于入武州塞'，崔浩云在平城西百里。"今從陳氏説改"平"爲"武"。武州縣，西漢置，治所在今山西左雲縣。東漢移治所於今偏關縣東北賈堡。末年廢。陳氏所云之武州，乃西漢之武州。

[46]祁山：山名。在今甘肅禮縣東。

[47]北地：郡名。西漢時治所馬嶺縣，在今甘肅慶陽縣西北馬嶺鎮。東漢移治所於富平縣，在今寧夏吴忠市西南黄河東岸。石城：地名。確切地址未詳。當在東漢富平縣附近。

[48]新興：郡名。治所九原縣，在今山西忻州市。　牙門：官名。即牙門將。魏文帝黄初中置，爲統兵武職，位在裨將軍下。蜀漢、孫吴、兩晉亦置。魏、晋皆五品。

[49]隴西：郡名。治所原在狄道（今甘肅臨洮縣），漢安帝

永初五年（111）徙治所於襄武縣，在今甘肅隴西縣東南。

[50] 咸熙：魏元帝曹奐年號（264—265）。　振威護軍：官名。曹魏置，統兵，職同將軍，位低於同號將軍。

[51] 司徒：官名。兩晉時與丞相通職，一般不並置，爲名譽宰相，第一品。加錄尚書事銜者爲真宰相。　李胤：見本書卷八《公孫度傳》裴注引《晉陽秋》及《晉書》卷四四《李胤傳》。據二書所載，李胤生後，其父即遣妻。胤母遂嫁牽招，又生牽嘉。

[52] 涼州：刺史治所姑臧縣，在今甘肅武威市。

[53] 太康：晉武帝司馬炎年號（280—289）。

[54] 新安：縣名。治所在今河南澠池縣東。　博士：官名。掌以經學教諸子弟。第五品。　從事中郎：官名。三國時，三公府、將軍府皆置爲屬吏，秩六百石，第六品。其職依時、依府而異，或爲主吏，或分掌諸曹，或掌機密，或參謀議，地位較高，員不定。晉制，領兵之公府置，故常帶將軍號，公及位從公以上加兵者置二人。

[55] 黃門侍郎：官名。即給事黃門侍郎，東漢時，秩六百石。掌侍從左右，給事禁中，關通中外。初無員數，漢獻帝定爲六員，與侍中出入禁中，近侍帷幄，省尚書奏事。三國沿置，魏定爲五品，西晉因之。

[56] 司隸：即司隸校尉。

[57] 都官：官名。即都官從事，司隸校尉的屬官，秩僅百石，權勢頗重，掌監察舉劾百官。

[58] 誣陷：百衲本"誣"字作"謠"，殿本、盧弼《集解》本、校點本作"誣"。今從殿本等。

[59] 亢厲：各本皆作"尤厲"。梁章鉅《旁證》云："陳景雲曰：'尤'當作'亢'，見《晉書·牽秀傳》。"今從陳説改。趙幼文《校箋》云："《廣雅·釋詁一》：'亢，極也。'"

[60] 張華請爲長史：《晉書》卷六〇《牽秀傳》作"司空張華請爲長史"。

[61] 尚書：官名。西晉初，置吏部、三公、客曹、駕部、屯田、度支六曹尚書，秩皆六百石，第三品。其中吏部職要任重，徑稱吏部尚書，其餘諸曹均稱尚書。

[62] 河間王：司馬顒。　平北將軍：官名。建安中曹操置，魏晉時與平東、平西、平南將軍合稱四平將軍，地位較高。

[63] 馮（píng）翊（yì）：郡名。治所臨晉縣，在今陝西大荔縣。

　　郭淮字伯濟，太原陽曲人也。[一][1]建安中舉孝廉，[2]除平原府丞。[3]文帝爲五官將，[4]召淮署爲門下賊曹，[5]轉爲丞相兵曹議令史。[6]從征漢中。太祖還，留征西將軍夏侯淵拒劉備，[7]以淮爲淵司馬。[8]淵與備戰，淮時有疾不出。淵遇害，軍中擾擾，淮收散卒，推盪寇將軍張郃爲軍主，[9]諸營乃定。其明日，備欲渡漢水來攻。諸將議衆寡不敵，備便乘勝，[10]欲依水爲陣以拒之。淮曰：“此示弱而不足挫敵，非算也。不如遠水爲陣，引而致之，半濟而後擊，備可破也。”既陣，備疑不渡，[11]淮遂堅守，示無還心。以狀聞，太祖善之，假郃節，復以淮爲司馬。文帝即王位，賜爵關內侯，轉爲鎮西長史。[12]又行征羌護軍，[13]護左將軍張郃、冠軍將軍楊秋討山賊鄭甘、盧水叛胡，[14]皆破平之。關中始定，[15]民得安業。

〔一〕按郭氏譜：淮祖全，大司農；[16]父縕，[17]雁門太守。

[1] 太原：郡名。治所晉陽縣，在今山西太原市古城營西古城。　陽曲：西漢置，治所在今山西定襄縣東南侍陽。東漢末移治

所於今山西太原市北陽曲鎮（一説移於今山西陽曲縣東北故縣村）。

［2］孝廉：漢代選拔官吏的主要科目。孝指孝子，廉指廉潔之士。原本爲二科，後混同爲一科，也不再限於孝子和廉士。東漢後期定制爲不滿四十歲者不得察舉；被舉者先詣公府課試，以觀其能。郡國每年要向中央推舉一至二人。

［3］平原：郡名。治所平原縣，在今山東平原縣西南。　府丞：官名。即郡府之丞，爲郡太守之副，佐掌衆事。秩六百石。

［4］五官將：即五官中郎將。漢代主管五官郎，職掌宿衛殿門，出充車騎，屬光禄勳，不置僚屬，秩比二千石。漢末曹丕爲此官，置僚屬，並爲丞相之副。

［5］門下賊曹：官名。爲賊曹長官之省稱。漢代郡縣置，因與長官關係親近，冠以"門下"，爲門下五吏之一，掌盜賊警衛事。東漢末之將軍府亦有置者。曹丕爲五官中郎將能置僚屬，故亦置此官。

［6］丞相兵曹議令史：官名。東漢末曹操丞相府所置，爲兵曹屬吏。兵曹掌兵事。

［7］征西將軍：官名。東漢和帝時置，地位不高，與雜號將軍同。獻帝建安中曹操執政時，列爲四征將軍之一，地位提高，秩二千石。

［8］司馬：官名。將軍府之屬官，掌參贊軍務，管理府内武職，位僅次長史。

［9］盪寇將軍：官名。東漢末置，爲雜號將軍，統兵出征。

［10］備便乘勝：趙幼文《校箋》謂《太平御覽》卷二八五引無此四字，《季漢書》同。疑此四字當在"其明日"句下。備便乘勝欲渡漢水來攻，則上下文義方順，此或傳抄而誤也。

［11］不渡：盧弼《集解》謂《太平御覽》卷二八五引"不"下有"敢"字。

［12］鎮西長史：官名。即鎮西將軍府之長史。

［13］征羌護軍：官名。東漢末曹操所置，職責是監督諸軍。

〔14〕冠軍將軍：官名。東漢末置，統兵出征。 盧水叛胡：盧水胡爲少數民族名。東漢以來居於盧水（約在今青海西寧市西）一帶的匈奴族後裔，被稱爲盧水胡。至東漢末，分佈甚廣，不限於盧水一帶。（本唐長孺《魏晋雜胡考》）

〔15〕關中：地區名。指函谷關以内之地，包括今陝西和甘肅、寧夏、内蒙古之部分地區。

〔16〕大司農：官名。秩中二千石，漢九卿之一。掌全國租賦收入和國家財政開支；原屬少府管理的帝室財政開支，東漢時亦并歸大司農。

〔17〕緼：殿本《考證》云："北宋本'緼'作'蘊'。"

　　黄初元年，奉使賀文帝踐阼，而道路得疾，故計遠近爲稽留。及羣臣歡會，帝正色責之曰："昔禹會諸侯於塗山，[1]防風後至，[2]便行大戮。今溥天同慶而卿最留遲，何也？"淮對曰："臣聞五帝先教，導民以德；夏后政衰，始用刑辟。今臣遭唐虞之世，是以自知免於防風之誅也。"[3]帝悦之，擢領雍州刺史，[4]封射陽亭侯，五年爲真。安定羌大帥辟蹏反，[5]討破降之。每羌、胡來降，淮輒先使人推問其親理，男女多少，年歲長幼；及見，一二知其款曲，[6]訊問周至，咸稱神明。

　　太和二年，蜀相諸葛亮出祁山，遣將軍馬謖至街亭，[7]高詳屯列柳城。[8]張郃擊謖，淮攻詳營，皆破之。又破隴西名羌唐蹏於枹罕，[9]加建威將軍。[10]五年，蜀出鹵城。[11]是時，隴右無穀，[12]議欲關中大運，淮以威恩撫循羌、胡，家使出穀，平其輸調，軍食用足，轉揚武將軍。青龍二年，諸葛亮出斜谷，[13]並田于蘭坑。[14]是時司馬宣王屯渭南；淮策亮必爭北原，[15]宜先據之，議者多謂不然。淮曰："若亮跨渭登原，連兵北山，隔絕隴道，搖蕩民、夷，此非國之利也。"宣王善之，淮遂屯北原。塹壘未成，蜀兵大至，淮逆擊〔走〕之。[16]後數日，亮盛兵西行，諸將皆謂欲攻西圍，淮獨以爲此見形於西，欲使官兵重應之，必攻陽遂耳。其夜果攻陽遂，有備不得上。

正始元年，蜀將姜維出隴西。淮遂進軍，追至彊中，[17]維退，遂討羌迷當等，按撫柔氏三千餘落，拔徙以實關中。遷左將軍。涼州休屠胡梁元碧等，[18]率種落二千餘家附雍州。淮奏請使居安定之高平，[19]爲民保障，其後因置西川都尉。[20]轉拜前將軍，領州如故。

五年，夏侯玄伐蜀，淮督諸軍爲前鋒。淮度勢不利，輒拔軍出，故不大敗。還假淮節。八年，隴西、南安、金城、西平諸羌餓何、燒戈、伐同、蛾遮塞等相結叛亂，[21]攻圍城邑，南招蜀兵，涼州名胡治無戴復叛應之。討蜀護軍夏侯霸督諸軍屯爲翅。[22]淮軍始到狄道，[23]議者僉謂宜先討定枹罕，內平惡羌，外折賊謀。淮策維必來攻霸，[24]遂入楓中，[25]轉南迎霸。維果攻爲翅，會淮軍適至，維遁退。進討叛羌，斬餓何、燒戈，降服者萬餘落。九年，遮塞等屯河關、白土故城，[26]據河拒軍。淮見形上流，密於下渡兵據白土城，擊，大破之。治無戴圍武威，[27]家屬留在西海。[28]淮進軍趣西海，[29]欲掩取其累重，[30]會無戴折還，與戰於龍夷之北，[31]破走之。[32]令居惡虜在石頭山之西，[33]當大道止，斷絕王使。淮還過討，大破之。姜維出石營，[34]從彊川，乃西迎治無戴，留陰平太守廖化於成重山築城，[35]斂破羌保質。淮欲分兵取之。諸將以維衆西接彊胡，化以據險，分軍兩持，兵勢轉弱，進不制維，退不拔化，非計也，不如合而俱西，及胡、蜀未接，[36]絕其內外，此伐交之兵也。[37]淮曰："今往取化，出賊不意，維必狼顧。比維自致，足以定化，且使維疲於奔命。兵不遠西，而胡交自離，此一舉而兩全之策也。"乃別遣夏侯霸等追維於沓中，[38]淮自率諸軍就攻化等。維果馳還救化，皆如淮計。進封都鄉侯。[39]

嘉平元年，遷征西將軍，都督雍、涼諸軍事。是歲，與雍州刺史陳泰協策，降蜀牙門將句安等於翅上。[40]二年，詔曰："昔漢川之役，[41]幾至傾覆，淮臨危濟難，功書王府。在關右三十餘年，[42]外征寇虜，內綏民夷。比歲以來，摧破廖化，禽虜句安，功績顯著，朕甚嘉之。今以淮為車騎將軍、儀同三司，持節、都督如故。"[43]進封陽曲侯，邑凡二千七百八十戶，分三百戶，封一子亭侯。〔一〕正元二年薨，[44]追贈大將軍，[45]諡曰貞侯。子統嗣。統官至荊州刺史，[46]薨。子正嗣。咸熙中，開建五等，[47]以淮著勳前朝，改封汾陽子。〔二〕

〔一〕《世語》曰：淮妻，王淩之妹。淩誅，妹當從坐，

〔侍〕御史往收。[48]督將及羌、胡渠帥數千人叩頭請淮表留妻，淮不從。妻上道，莫不流涕，人人扼腕，欲劫留之。淮五子叩頭流血請淮，淮不忍視，乃命左右追妻。於是追者數千騎，數日而還。淮以書白司馬宣王曰："五子哀母，不惜其身；若無其母，是無五子；[49]無五子，亦無淮也。今輒追還，若於法未通，當受罪於主者，覬展在近。"書至，宣王亦宥之。[50]

〔二〕《晉諸公贊》曰：淮弟配，字仲南，有重名，位至城陽太守。[51]裴秀、賈充皆配女壻。子展，字泰舒。有器度幹用，歷職著績，終於太僕。[52]次弟豫，字泰寧，相國參軍，[53]知名，早卒。女適王衍。配弟鎮，字季南，謁者僕射。[54]鎮子奕，字泰業。《山濤啟事》稱奕高簡有雅量，歷位雍州刺史、尚書。

[1] 塗山：山名。在今安徽懷遠縣南淮河南岸，與荊山隔淮相對。

[2] 防風：趙幼文《校箋》謂《世說新語·方正篇》注引"風"下有"氏"字。按，防風氏，古代傳說之部落酋長。按，《竹書紀年》所載，禹會諸侯於塗山，在禹之五年。而禹殺防風氏是在八年禹會諸侯於會稽山（在今浙江紹興市東南）之時。《國語·魯語下》孔子也說："昔禹致群神於會稽之山，防風氏後至，禹殺而戮之。"魏文帝此說，將兩事混而為一。

[3] 自知：趙幼文《校箋》謂《世說新語·方正篇》注引無"自"字。

[4] 雍州：刺史治所長安縣，在今陝西西安市西北。

[5] 安定：郡名。治所臨涇縣，在今甘肅鎮原縣東南。

[6] 一二：殿本作"一一"，百衲本、盧弼《集解》本、校點本作"一二"。今從百衲本等。按，一二，亦謂一一；逐一。如《文選》揚子雲《長楊賦》："僕嘗倦談，不能一二其詳，請略舉其凡。" 款曲：詳情。

〔7〕街亭：地名。在今甘肅秦安縣東北九十里之隴城鎮。

〔8〕柳城：地名。謝鍾英《補三國疆域志補注》云："柳城當與街亭相近。"

〔9〕枹罕：縣名。治所在今甘肅臨夏縣西南枹罕鎮。

〔10〕建威將軍：官名。西漢末新莽時置，爲領兵將領。東漢、魏、晋沿置。魏、晋爲四品。

〔11〕鹵城："鹵"爲"西"之訛（説見本書卷九《夏侯淵傳》"鹵城"注）。西城，即西縣城。西縣治所在今甘肅天水市西南。

〔12〕隴右：地區名。指隴山以西之地。約當今甘肅隴山、六盤山以西和黃河以東一帶。

〔13〕斜（yé）谷：斜谷在今陝西眉縣西南，爲古褒斜道之北口。古褒斜道，北起斜谷，南至褒谷（在褒城鎮北），總計四百七十里，爲秦蜀間險要之道。（本《讀史方輿紀要》卷五六）

〔14〕蘭坑：地名。謝鍾英《補三國疆域志補注》謂蘭坑與後文所説之陽遂，皆近五丈原。蘭坑當在渭水之南，陽遂當在渭水之北。五丈原則在今陝西岐山縣南，渭水南岸，斜谷口西側。

〔15〕北原：地名。又名積石原，在今岐山縣南渭水北岸。

〔16〕逆擊走之：各本皆作"逆擊之"。殿本《考證》云："《太平御覽》作'逆擊走之'。"吳金華《校詁》亦謂"逆擊之"文義不完，應從《太平御覽》卷三三二補"走"字。趙幼文《校箋》又謂《通典・兵十》引"擊"下亦有"走"字。今從諸家説補"走"字。

〔17〕彊中：地名。盧弼《集解》云："彊中即彊川。"胡三省云："彊川口在彊臺山南。彊臺山即臨洮之西傾山。"（《通鑑》卷七八魏元帝景元四年注）臨洮縣即今甘肅岷縣，則彊中當在今岷縣之西南。

〔18〕休屠：少數民族名。爲"休屠各"之省稱，故"休屠"又稱"屠各"。匈奴族之後裔，西漢即有匈奴休屠王。東漢以後，在今甘肅、寧夏、陝西、山西等地皆有散居之休屠。

[19] 高平：縣名。治所在今寧夏固原縣。

[20] 西川：各本皆作"西川"，校點本據陳景雲《三國志辨誤》改爲"西州"。盧弼《集解》謂仍應作"西川"。《續漢書·郡國志》安定郡有三水縣，王先謙《集解》謂三水縣魏爲西川縣，見《太平寰宇記》，故《晉書·地理志》安定郡有西川縣。按此説正確，當從。西川縣治所在今寧夏固原縣北。　都尉：官名。西漢時郡置都尉，輔佐郡守並掌本郡軍事。東漢廢除，僅在邊郡或關塞之地置都尉及屬國都尉，並漸漸分縣治民，職如太守。魏、晉諸郡皆置，第五品。

[21] 南安：郡名。治所獂（huán）道，在今甘肅隴西縣東南渭水東岸。　金城：郡名。曹魏時治所在榆中縣，在今甘肅榆中縣西北黄河南岸。　西平：郡名。治所西都縣，在今青海西寧市。

[22] 討蜀護軍：官名。魏晉時沿襲曹操之制，護軍又爲統軍武職，地位稍低於將軍，常隨征伐目的而置號，討蜀護軍爲征討蜀國之統兵將領。　爲翅：地名。胡三省云："據《郭淮傳》，麴山在翅上。翅，爲翅也。爲翅，要地也，魏兵守之。"（《通鑑》卷七五魏邵陵厲公嘉平元年注）據此，爲翅在今甘肅岷縣東。

[23] 狄道：縣名。治所在今甘肅臨洮縣。

[24] 攻霸：百衲本作"攻親"，殿本、盧弼《集解》本、校點本作"攻霸"。今從殿本等。

[25] 洮中：地名。在今甘肅臨洮縣南。

[26] 河關：縣名。在今甘肅臨夏縣西北。　白土：舊縣名。時治所在今青海循化縣北黄河北岸。後廢。

[27] 武威：郡名。治所武威縣，在今甘肅武威市。

[28] 西海：郡名。治所居延縣，在今内蒙古額濟納旗東南。

[29] 趣：校點本作"趨"，百衲本、殿本、盧弼《集解》本作"趣"。按，二字義同，今從百衲本等。

[30] 累重：家屬與資財。

[31] 龍夷：地名。謝鍾英《補三國疆域志補注》云："按當

時兵勢，龍夷當在武威西海之間。"

［32］破走之：盧弼《集解補》云："《水經·河水注》：逆水出允吾縣東南，逕廣武城西，故廣武都尉治，郭淮破叛羌治無戴於此處也。允吾爲金城郡治，廣武在其北。此可補史闕。"

［33］令（lián）居：縣名。治所在今甘肅永登縣西北。　石頭山：當在令居縣一帶。

［34］石營：地名。在今甘肅武山縣西南。

［35］陰平：郡名。治所陰平縣，在今甘肅文縣西北。　成重山：當在今甘肅岷縣一帶。

［36］接：盧弼《集解》本作"集"，百衲本、殿本、校點本均作"接"。今從百衲本等。

［37］伐交：此指敵之兩軍尚未相合即攻擊之。《孫子兵法·謀攻篇》："故上兵伐謀，其次伐交。"曹操注："交，將合也。"

［38］沓中：地名。在今甘肅曲舟縣西北。

［39］都鄉侯：爵名。列侯食邑爲都鄉（近城之鄉）者，稱都鄉侯，位次於縣侯，高於鄉侯。

［40］翅上：地名。在今甘肅岷縣東。此地又有麴山，姜維曾依山築城，稱爲麴城。故《晉書》卷二《文帝紀》載此事云："淮攻維別將句安於麴。"

［41］漢川之役：漢川指漢中。即指建安二十四年（219）夏侯淵戰死於漢中之役。

［42］關右：地區名。即關西，指函谷關以西之地。　三十餘年：趙幼文《校箋》謂《世說新語》注引"三"字作"二"，疑作"二"字是。按，《世說新語·方正》注引實作"三十餘年"。

［43］車騎將軍：官名。東漢時位比三公，常以貴戚充任。出掌征伐，入參朝政，漢靈帝時常作贈官。魏、晉時位次驃騎將軍，在諸名號將軍上，多作爲軍府名號，加授大臣、重要州郡長官，無具體職掌，二品。開府者位從公，一品。　儀同三司：官非三公，而授予儀制同於三公的待遇。

［44］正元：魏少帝高貴鄉公曹髦年號（254—256）。

［45］大將軍：官名。東漢時，常兼錄尚書事，與太傅、太尉等共同主持政務。漢末，位在三公上。曹魏時爲上公，第一品。

［46］荆州：曹魏後期刺史治所新野縣，在今河南新野縣。

［47］五等：公、侯、伯、子、男五等封爵。

［48］侍御史：官名。掌察舉非法，受公卿群吏奏事，有違失者，舉劾之。秩六百石，第七品。又按，各本原作"御史"。趙幼文《校箋》謂《世說新語·方正篇》注引"御"上有"侍"字。《太平御覽》卷五二〇引同。蓋北宋以前有"侍"字，今據增。

［49］無五子：趙幼文《校箋》謂《世說新語》注引作"五子若亡"。

［50］宣王亦宥之：趙幼文《校箋》謂《世說新語》注引作"宣王乃表原之"。

［51］城陽：郡名。治所東武縣，在今山東諸城市。

［52］太僕：官名。秩中二千石，掌皇帝車馬，兼掌官府畜牧，東漢尚兼掌兵器製作、織綬等。魏、晋因之，第三品。

［53］相國參軍：官名。相國府之屬官，職任頗重。

［54］謁者僕射（yè）：官名。秩比千石，第五品。爲謁者臺長官，名義上屬光禄勳。掌侍從皇帝左右，關通内外，職權頗重。

評曰：滿寵立志剛毅，勇而有謀。田豫居身清白，規略明練。牽招秉義壯烈，威績顯著。郭淮方策精詳，垂問秦、雍。[1]而豫位止小州，[2]招終於郡守，未盡其用也。

［1］垂問：留名。《漢書》卷八一《匡衡傳》："然衆庶論議令問休譽不專在將軍者何也？"顏師古注："令，善；問，名；休，美也。"

［2］小州：指并州。